Carl-Link-Textsammlung

QUINT – Qualitätsentwicklung Integrationsplatz

Handbuch – Ausgabe für Hessen

1. Auflage 2007

Eine Marke von
Wolters Kluwer Deutschland

Abgeschlossen nach dem Rechtsstand Oktober 2006

Bibliografische Informationen Der Deutschen Bibliothek
Die Deutsche Bibliothek verzeichnet diese Publikation in der Deutschen Nationalbibliografie; detaillierte bibliografische Daten sind im Internet über **http://dnb.ddb.de** abrufbar.

Impressum

Herausgeber: Hessisches Sozialministerium
Dostojewskistr. 4
65187 Wiesbaden

Institut für Kinder- und Jugendhilfe gGmbH
Saarstr. 1
55122 Mainz

Telefon: 06131 94797-0
Fax: 06131 94797-77
E-Mail: institut@ikj-mainz.de
Homepage: www.ikj-mainz.de

Autorinnen und Autoren: Daniela Adams, Albert Haaser, Elisabeth Honervogt, Ilka Müller, Gabriele Paries

Korrektorat und Layout: Dominique Pleimling, Jan Rhein

Fotos: Wolters Kluwer Deutschland GmbH

Herstellung/Verlag: © Wolters Kluwer Deutschland GmbH, München
Carl Link – eine Marke von Wolters Kluwer Deutschland

Adolf-Kolping-Straße 10
96317 Kronach

E-Mail: info@wolterskluwer.de

Abgeschlossen nach dem Rechtsstand Oktober 2006

Verlags-Nr. 2806.26

ISBN 978-3-556-01095-2

Vorwort

Die Hessische Landesregierung hat die Integration von Kindern mit Behinderung in den Kindergärten vor Ort konsequent und erfolgreich umgesetzt. Allen Kindern soll die Chance gegeben werden, im Alltag miteinander zu leben und zu lernen. Durch das gemeinsame Aufwachsen wird Integration damit für die Jüngsten unserer Gesellschaft zu einer alltäglichen Lebenserfahrung.

Die gemeinsame Erziehung, Bildung und Betreuung von Kindern mit und ohne Behinderung in den Kindergärten ist in Hessen von der Ausnahme zum Regelfall und damit zur flächendeckenden Normalität geworden. Durch die Umsetzung der Rahmenvereinbarung Integrationsplatz aus dem Jahr 1999 konnte mittlerweile jedem Kind mit Behinderung ein Integrationsplatz in einem Kindergarten zur Verfügung gestellt werden. Allen Kindern mit Behinderung in Hessen soll die richtige Förderung zur Verfügung stehen, damit sie sich gemeinsam mit anderen entfalten und entwickeln können.

Hierfür ist aber nicht nur der erfolgte quantitative Ausbau der Integrationsplätze von Bedeutung, sondern auch deren qualitative Ausgestaltung. Im Auftrag des Hessischen Sozialministeriums wurde von August 2001 bis Dezember 2003 unter der Trägerschaft des Instituts für Kinder- und Jugendhilfe Mainz das Modellprojekt QUINT (Qualitätsentwicklung Integrationsplatz) in drei Regionen durchgeführt, um gemeinsam mit der Praxis entsprechende Hilfen zur Umsetzung des Eingliederungsanspruches zu entwickeln und somit zur Qualifizierung der Integration beizutragen. Mein herzlicher und ausdrücklicher Dank gilt hier allen, die sich im QUINT-Beirat und in den beteiligten Projekteinrichtungen an dieser Arbeit beteiligt haben.

QUINT richtet seinen Fokus bewusst auf das einzelne Kind und versucht in einer Kombination aus Hilfeplanung, Beobachtung und Dokumentation dem besonderen, individuellen Hilfebedarf des Kindes Rechnung zu tragen. Als ein Planungs- und Reflexionsverfahren ist QUINT für den Bereich der Integration von Kindern mit Behinderung und Kindern, die von einer Behinderung bedroht sind, entwickelt worden. Viele Aspekte der hier entwickelten Instrumente sowie die Grundsystematik des Verfahrens sind auch auf andere Kinder, die keine Integrationsmaßnahme in Anspruch nehmen, bei denen jedoch die Fachkräfte in der Kindertageseinrichtung einen besonderen Bedarf sehen, anwendbar. In diesen Fällen kann QUINT durch eine gezielte Beobachtung und Beschreibung der Entwicklung zu einer Früherkennung beitragen.

Nachdem das Projekt in den drei Modellregionen erfolgreich abgeschlossen wurde, bot das Hessische Sozialministerium im Zuge der Implementierung in der Zeit von August 2004 bis Mai 2006 allen hessischen Landkreisen und Kommunen die Chance, das vom Institut für Kinder- und Jugendhilfe erarbeitete Konzept zu erproben und in bestehende Systeme vor Ort zu integrieren. QUINT verließ damit den geschützten Rahmen eines Modellprojektes, um sich nun deutlich stärker als zuvor in regionale Gegebenheiten und den konkreten Arbeitsalltag einer Kindertagesstätte einzupassen.

Mit der Implementierung von QUINT gelang es, Inhalte eines Modellprojektes auf sehr breiter Basis für die Fachkräfte in hessischen Kindertageseinrichtungen zugänglich und nutzbar zu machen. Im Zuge der Implementierung suchte QUINT den Dialog mit den in der Fortbildung Tätigen, den Fachberatungen, den Fachkräften in Kindertagesstätten, Kreisen und Kommunen sowie Gremien auf Landesebene. Das Kernstück der Implementierung war die Vermittlung von QUINT im Rahmen von Fortbildungen, die für Kindertageseinrichtungen mit Integrationsplätzen im Jahr 2005 angeboten wurden.

Ein wesentliches Vermittlungsinstrument stellte das QUINT-Handbuch dar. Es galt als Grundlage für die Fortbildungen der Kindertageseinrichtungen und wurde allen teilnehmenden Jugendämtern, Multiplikatoren und Multiplikatorinnen sowie den Kindertagesstätten zur Verfügung gestellt. Mithilfe aller an der Implementierung beteiligten Personen konnte der erste Entwurf des Handbuches, der in der Implementierungsphase erprobt wurde, überarbeitet werden. Das Ergebnis dieser Überarbeitung halten Sie nun in der Hand. An dieser Stelle möchte ich es nicht versäumen, mich bei allen Beteiligten für die engagierte Mitarbeit während der Implementierungsphase recht herzlich zu bedanken.

Das nun vorliegende Handbuch beinhaltet eine praxisbezogene Anleitung zum Hilfeplanverfahren, zur Beobachtung und Dokumentation von Entwicklung sowie zur Moderation von Verbesserungsprozessen und begleitet insgesamt die Anwendung des Qualitätsentwicklungsverfahrens „QUINT" in den Einrichtungen. Dieses Handbuch soll Ihnen in Ihrer Einrichtung helfen, die Qualitätsentwicklung im Bereich der Integration von Kindern mit Behinderung zu sichern und weiterzuentwickeln.

Abschließend wünsche ich Ihnen viel Erfolg bei der Integrationsarbeit von Kindern mit Behinderung und hoffe, dass Sie dieses Handbuch „oft in die Hand" nehmen und hiermit konstruktiv arbeiten werden.

Silke Lautenschläger
Hessische Sozialministerin

Vom Modellprojekt zur Implementierung

Das Praxisprojekt QUINT verfolgte in Zusammenhang mit der Zusatzvereinbarung zur Rahmenvereinbarung Integrationsplatz[Fn.1] das Ziel, gemeinsam mit der Praxis einen geeigneten Weg zur Umsetzung des Anspruchs auf Eingliederungshilfe jeden Kindes mit Behinderung durch eine Qualitätsentwicklung des Integrationsplatzes zu erarbeiten und kompatibel mit Verfahren der Frühförderung zu gestalten. In den drei Modellregionen Lahn-Dill-Kreis, Stadt Wetzlar und Landkreis Limburg-Weilburg machten sich 15 Kindertageseinrichtungen und drei Frühförderstellen im Zeitraum von August 2001 bis Dezember 2003 unter wissenschaftlicher und fachlicher Begleitung auf den Weg, ein Verfahren zur Hilfeplanung in Kombination mit einem Dokumentationssystem zu entwickeln und zu erproben.

Das Angebot der Implementierung von QUINT, welches das Hessische Sozialministerium an die Jugendamtsbezirke richtete, stieß auf positive Resonanz. Mit einer Beteiligung von 23 Gebietskörperschaften, 1 047 Fachkräften aus 635 Einrichtungen und 90 Multiplikatorinnen und Multiplikatoren, die sich für den Transfer von QUINT in die Kindertageseinrichtungen einsetzten, wurden alle Erwartungen übertroffen!

Die in diesem Buch veröffentlichten Handreichungen sind im Modellprojekt entstanden und im Zeitraum der Implementierung von August 2004 bis Mai 2006 erprobt, evaluiert und optimiert worden. Das Modellprojekt war von Beginn an geprägt durch unterschiedliche Blickwinkel der Beteiligten und einen regen Dialog. So verschieden die Blickwinkel auch waren, so unbestritten war auch das gemeinsame Anliegen: die Qualitätsentwicklung des Integrationsplatzes zum Wohle der Kinder und ihrer Familien zu verbessern, damit in Hessen weiterhin und immer besser Kinder mit und ohne Behinderung in Kindertageseinrichtungen gemeinsam aufwachsen sowie von- und miteinander lernen.

Der Transfer von QUINT aus einer kleinen Modellregion in zahlreiche Landkreise und Kommunen Hessens ist gelungen! Dazu haben die Zusammenarbeit und das Engagement einzelner Menschen, Institutionen und Verbände ganz entscheidend beigetragen. Wir bedanken uns bei allen, die in der Zeit von August 2001 bis Mai 2006 QUINT mitentwickelt, sich mit QUINT auseinandergesetzt, Rückmeldungen und Anregungen gegeben und die Implementierung von QUINT durch ihre aktive Unterstützung möglich gemacht haben.

Ihr Institut für Kinder- und Jugendhilfe

---

1. Vertrag zwischen den Vertragspartnern der Rahmenvereinbarung Integrationsplatz (Kommunalen Spitzenverbänden, der Liga der Freien Wohlfahrtspflege und dem Landeswohlfahrtsverband als ehemaliger Kostenträger) und dem Hessischen Sozialministerium.

Zielsetzungen und Aufbau des QUINT-Handbuchs

Das QUINT-Handbuch hat sich zum Ziel gesetzt, Erfahrungen und Inhalte des Modellprojektes QUINT zu **bündeln**, zu **systematisieren** und für alle Kindertageseinrichtungen mit Integrationsplätzen in Hessen aufzubereiten und **zur Verfügung zu stellen**.

Das QUINT-Handbuch gibt **konkrete Anregungen**, wie die Qualität am Integrationsplatz kontinuierlich verbessert werden kann. Dieses Handbuch möchte bei der Durchführung von Integrationsmaßnahmen **praktische Hilfestellung** geben. Neben Fachtexten finden Sie auf der beigefügten CD-ROM Instrumente und Vorlagen für die konkrete Umsetzung von QUINT.

Das QUINT-Handbuch fördert den **Dialog**, indem das Verfahren an vielen Stellen den Austausch zwischen allen Beteiligten in der Integration fördert und den Schnittstellen zwischen den beteiligten Institutionen und Personen besondere Aufmerksamkeit widmet.

Das QUINT-Handbuch wendet sich ausdrücklich an **alle Mitarbeiterinnen und Mitarbeiter**[Fn.2] in der Kindertageseinrichtung. Integration und ihre Qualität sind Aufgaben, die nur im Team zufriedenstellend und erfolgreich bewältigt werden können.

Der Name „**Hand**buch" ist in diesem Fall Programm: Es soll möglichst oft **zur Hand** genommen werden. Je häufiger dies geschieht und je mehr unterschiedliche Hände in der Einrichtung danach greifen, umso eher erfüllt es seinen Zweck.

Zur besseren Handhabbarkeit verwenden wir im Text folgende Lesehilfen:

- Folgendes Symbol verweist auf fachliche Empfehlungen, die sogenannten **Quintessenzen**:

- **Erkenntnisleitende Fragen**, die einladen, sich im Team mit einem Thema auseinanderzusetzen, haben wir mit folgendem Symbol gekennzeichnet:

- Dieses Symbol steht für konkrete **Beispiele**:

- **Tipps** finden Sie über folgendes Symbol:

---

2. Aufgrund der überwiegenden Anzahl von Frauen in den betreffenden Berufen und Funktionen wird zur besseren Lesbarkeit im Folgenden die weibliche Bezeichnung benutzt. Diese schließt natürlich auch männliche Kollegen mit ein.

Inhaltsübersicht

Vorwort 3
Silke Lautenschläger
Vom Modellprojekt zur Implementierung 5
Zielsetzungen und Aufbau des QUINT-Handbuchs 6

1 Allgemeine Grundlagen der Integration in Hessen 10
Daniela Adams, Albert Haaser, Gabriele Paries
1.1 Geschichtliche Entwicklung der Integration in Hessen 10
1.2 Grundlagen der Sozialgesetzgebung 20
1.3 Die Rahmenvereinbarung Integrationsplatz 28
1.4 Empfehlungen zur Umsetzung der Rahmenvereinbarung Integrationsplatz 40
1.5 Verordnung über Mindestvoraussetzungen in Tageseinrichtungen für Kinder 48
1.6 Regionale Vereinbarungen und Regelungen 56

2 Einführung in QUINT 60
Daniela Adams
2.1 Das QUINT-Leitbild 60
2.2 Das Qualitätsentwicklungsverfahren QUINT 66
2.3 Einordnung von QUINT in den Hessischen Bildungs- und Erziehungsplan 69
2.4 Hinweise und Voraussetzungen für die Einführung von QUINT
    in der Kindertageseinrichtung 71

3 Beobachtung 75
Daniela Adams, Elisabeth Honervogt, Ilka Müller
3.1 Wahrnehmung 76
3.2 Unstrukturierte und strukturierte Beobachtung 79
3.3 Der Beobachtungsprozess 80
3.4 Achtung – typische Fehler! 83

4 Dokumentation individueller Entwicklung 86
Daniela Adams
4.1 Dokumentation – wozu? 87
4.2 Das Dokumentationssystem QUINT 90
4.3 Allgemeine Hinweise zu den Bögen 99
4.4 Glossar 100

5 Entwicklungspsychologische Grundlagen 118
Ilka Müller, Elisabeth Honervogt
5.1 Zum Verständnis von Entwicklung 118
5.2 Zum Verlauf von Entwicklung 119
5.3 Entwicklungsbereiche 120
5.4 Die Entwicklung eines Kindes in den ersten sechs Jahren 121
5.5 Anregungen für die Erstellung eines Entwicklungsberichts 136

6 Individuelle Hilfeplanung **140**
Daniela Adams
6.1 Begriffsklärung 140
6.2 Beteiligte an der Hilfeplanung 142
6.3 Interdisziplinäre Zusammenarbeit 144
6.4 Grundhaltungen für eine partnerschaftliche Zusammenarbeit in der Hilfeplanung 145
6.5 Das Hilfeplangespräch 146
6.6 Zielorientierung in der Hilfeplanung 149
6.7 Glossar zum Hilfeplan-Leitfaden 155

7 Anregungen für die Zusammenarbeit mit Eltern **161**
Daniela Adams, Ilka Müller
7.1 Begleitung von Eltern eines Kindes mit Behinderung 161
7.2 Information und Austausch mit allen Eltern in der Kindertageseinrichtung 165

8 Strukturelle Rahmenbedingungen **168**
Daniela Adams
8.1 Hinweise zum Umgang mit den Strukturbögen 168
8.2 Glossar 171

9 Auswertung **174**
Daniela Adams
9.1 Einzelfallauswertung 174
9.2 Auswertungen, die über den Einzelfall hinausgehen 179

10 Verbesserungsprozesse **181**
Daniela Adams
10.1 Verbesserungsprozesse auf der Ebene des einzelnen Kindes und seiner Familie 181
10.2 Verbesserungsprozesse in der Einrichtung 186
10.3 Verbesserungsprozesse in der Gebietskörperschaft 192

Die QUINT-Essenzen im Überblick **193**

Fachliteratur **195**

Literatur für Kinder **201**

Internetlinks **204**

Stichwortverzeichnis **206**

Anhang **209**

Hilfeplan-Leitfaden **210**

Verlaufsbogen **216**

Allgemeine Grundlagen der Integration in Hessen

Inhalte dieses Kapitels

1	**Allgemeine Grundlagen der Integration in Hessen**	10
1.1	Geschichtliche Entwicklung der Integration in Hessen	10
1.2	Grundlagen der Sozialgesetzgebung	20
1.2.1	Kindertageseinrichtungen und Kindertagespflege im Kinder- und Jugendhilferecht	20
1.2.2	Bestimmungen zur Integration von Kindern mit Behinderungen	22
1.3	Die Rahmenvereinbarung Integrationsplatz	28
1.4	Empfehlungen zur Umsetzung der Rahmenvereinbarung Integrationsplatz	40
1.5	Verordnung über Mindestvoraussetzungen in Tageseinrichtungen für Kinder	48
1.6	Regionale Vereinbarungen und Regelungen	56

1 Allgemeine Grundlagen der Integration in Hessen

Daniela Adams, Albert Haaser, Gabriele Paries

Dieses Kapitel richtet sich besonders an Einrichtungen, die noch keine oder wenig Erfahrung mit der Durchführung von Integrationsmaßnahmen haben.

Hier finden Sie Orientierungshilfen zu den historischen und rechtlichen Hintergründen sowie zu den formalen Rahmenbedingungen des Integrationsplatzes in Hessen.

1.1 Geschichtliche Entwicklung der Integration in Hessen

Gabriele Paries

Der lange Weg zur Integration

Die Entwicklung der Integration von Kindern mit Behinderung in Tageseinrichtungen und deren Institutionalisierung in Hessen

Die breite hessenweite Umsetzung der Ergebnisse des Modellprojektes „QUINT – Qualitätsentwicklung Integrationsplatz" in die Praxis der Kindertageseinrichtungen markiert einen entscheidenden Entwicklungsschritt auf dem langen Weg zur Integration. Anlass genug einmal zurückzublicken, welche Stationen auf diesem Weg lagen.

Dieser Rückblick konzentriert sich auf die Entwicklung der Integration in den Kindertageseinrichtungen und verzichtet auf die ebenso spannenden Bereiche der Frühförderung und der Schule.

Aufbau von Sonderkindergärten

Die Behindertenverbände und hier besonders die Lebenshilfeverbände haben nach dem Zweiten Weltkrieg bundesweit Einrichtungen für Menschen mit Behinderung unter großem persönlichem Einsatz der Mitglieder aufgebaut. Zu diesen Einrichtungen gehörten auch die Sonderkindergärten, in denen ausschließlich Kinder mit Behinderung betreut wurden. Mit dem Aufbau dieser Einrichtungen ist es den Verbänden gelungen, den Kindern eine Förderung anzubieten, sie aus der Isolation und teilweise aus dem Versteck in der Familie herauszuholen und gleichzeitig betroffenen Familien eine öffentliche Unterstützung zu gewährleisten. Die Verbände hatten sich zur Aufgabe gemacht, den Kindern in ihren Einrichtungen eine gezielte Förderung anzubieten und sie nicht nur zu verwahren und zu pflegen. Sie erkannten damit das prinzipielle Recht der Menschen mit Behinderung auf Bildung und Förderung an. Diese Leistung der Verbände darf nicht in Vergessenheit geraten und muss bei der heutigen Bewertung in der Auseinandersetzung um das Thema der Integration Berücksichtigung finden.

In Hessen traten zum 1.1.1973 die „Richtlinien für Sonderkindertagesstätten" in Kraft. Diese Einrichtungen waren ausschließlich Kindern mit Behinderung vorbehalten und bestanden damit aus „Sondergruppen". Eine rechtliche Grundlage zur Integration wurde mit diesen Richtlinien noch nicht geschaffen. Es wurde lediglich in einem Abschnitt darauf hingewiesen, dass „eine natürliche Gemeinschaft mit nicht behinderten Kindern zu ermöglichen" ist und „Sonderkindergärten in enger Verbindung mit den allgemeinen Kindergärten stehen" sollen.

Aufbruch zur Integration

Bereits Anfang der 1970er-Jahre gelangte die Diskussion über ungehinderten Zugang der Menschen mit Behinderung zu allen gesellschaftlichen Einrichtungen und die damit verbundene Integration in die Gesellschaft aus anderen westlichen Staaten in die Bundesrepublik Deutschland. Die Bürgerrechtsbewegung in den USA mit ihrer Forderung des Rechtsgrundsatzes auf Integration, die bereits in den skandinavischen Ländern durchgesetzte „Normalisierung der Lebensbezüge der Behinderten" und die Psychiatriereform mit der Dezentralisierung der Behinderteneinrichtungen in Italien gaben wesentliche Impulse für die sich entwickelnde Auseinandersetzung mit dem Thema in Deutschland. So veröffentlichte der Deutsche Bildungsrat im Oktober 1973 erstmals Empfehlungen der Bildungskommission „Zur pädagogischen Förderung behinderter und von Behinderung bedrohter Kinder und Jugendlicher" und positionierte damit die Kindertagesstätte nicht nur in das Bildungssystem, sondern auch als eine wesentliche Institution zur Eingliederung des Kindes mit Behinderung in die Gesellschaft. Die Empfehlungen beinhalteten unter anderem ein System der pädagogischen Frühförderung, das richtungsweisend für die Ausgestaltung der Integration in den folgenden Jahren wurde.

In Hessen entwickelte sich die Integration von Kindern mit Behinderung in Kindertageseinrichtungen in den 1970er-Jahren durch mutige Einrichtungen, die ohne formale Absicherung Kinder mit Behinderung aufnahmen (so z. B. ab 1974 der Städtische Kindergarten „Fabula" in Bad König-Zell).

1977 wurde der erste integrative Kindergarten der Evangelisch-Französisch-Reformierten Gemeinde in Frankfurt eröffnet, der sowohl konzeptionell als auch strukturell die Integration von Kindern mit Behinderung auf formale Füße stellte. So verfügte die Einrichtung ausschließlich über Integrative Gruppen, bestehend aus zehn Kindern ohne Behinderung und fünf Kindern mit Behinderung. Diese Form der gemeinsamen Betreuung, Förderung und Erziehung war durchaus umstritten, zumal der Kindergarten auch Kinder mit schwerer Behinderung aufnahm. So wurden Bedenken laut, dass die Kinder mit (schwerer) Behinderung nicht ausreichend gefördert werden könnten, wenn die Aufmerksamkeit der Erzieherinnen gleichzeitig auf so viele Kinder ohne Behinderung gerichtet sei.

Das Hessische Sozialministerium unterstützte von Anfang an die integrative Arbeit dieser Einrichtung und sicherte durch Verhandlungen mit dem damaligen Kostenträger für Eingliederungshilfe nach dem Bundessozialhilfegesetz (BSHG), dem Landeswohlfahrtsverband Hessen (LWV), die Finanzierung.

Erste Forschungsprojekte zur Integration

1979 wurde das Deutsche Jugendinstitut (DJI) in München vom Bundesministerium für Bildung und Wissenschaft beauftragt, eine Untersuchung mit dem Titel „Integration von Kindern mit besonderen Problemen" durchzuführen. Die wissenschaftlichen Untersuchungen des DJI sowie weiterer Forschungsgruppen erbrachten stets, dass Integration im Elementarbereich mit positiven Ergebnissen für Kinder mit *und* ohne Behinderung in Modellversuchen realisierbar ist. Das „Für und Wider" der Integration konnte also von der Wissenschaft zugunsten der Integration geklärt werden. Offenblieben die Fragen nach den Varianten der Integration, den Bedingungen, den Realisierungshilfen, den Voraussetzungen und Folgen. Ganz ausgeklammert wurden die rechtlichen und finanziellen Fragestellungen.

In Hessen wurde die teilweise emotional geführte (fach)öffentliche Diskussion in Bezug auf die Integration kontrovers fortgesetzt. Um sie zu versachlichen, wurde das Institut für Sonder- und Heilpädagogik der Johann-Wolfgang-Goethe-Universität in Frankfurt unter der Leitung von Prof. Dr. Helmut Reiser 1982 vom Hessischen Sozialministerium beauftragt, „Interaktionsprozesse in integrativen Kindergartengruppen" wissenschaftlich zu begleiten und auszuwerten. Als hauptsächlicher Untersuchungsgegenstand wurden von der Forschungsgruppe die „Szenen der Interaktionen in Integrativen Gruppen" definiert. Der Integrationsprozess wurde auf vier Ebenen untersucht: auf der innerpsychischen Ebene, der interaktionellen (handlungsbezogenen) Ebene, der gesellschaftlichen Ebene und der institutionellen Ebene. Die Ergebnisse des Forschungsprojektes wurden 1985 in der DJI-Reihe „Integration behinderter Kinder" unter dem Titel „Integrative Prozesse in Kindergartengruppen" veröffentlicht und trugen wesentlich zur Weiterentwicklung der Integration in Hessen bei. Die Ergebnisse wurden von den Fachkräften des Elementarbereiches antizipiert; das Forschungsprojekt als solches geriet in den darauffolgenden Jahren weitgehend in Vergessenheit.

Ein Jahr später, 1986, veröffentlichte das Hessische Sozialministerium in der Reihe „Kindergarten" eine Broschüre mit dem Titel „Miteinander leben – behinderte und nicht behinderte Kinder im Kindergarten", die die Ergebnisse des oben genannten Forschungsprojektes vorstellte und mit praxisnahen Anregungen zur Umsetzung der Integration in die Praxis angereichert war. In dem Kapitel „Rechtliche und finanzielle Voraussetzungen" wird betont, dass der integrative Kindergarten sowohl zur Jugendhilfe gehört, als auch den Anforderungen der Eingliederungshilfe nach BSHG gerecht werden muss. Diese doppelte Aufgabenstellung der integrativ arbeitenden Einrichtungen wird bis heute in der Praxis unterschiedlich gewichtet und führt nach wie vor in der Fachöffentlichkeit zu kontroversen Diskussionen.

Integrative Gruppen

In den 1980er-Jahren entwickelte sich die Integration in Hessen über die Verbreitung der „Integrativen Gruppen", die sich aus 10–11 Kindern ohne Behinderung und 4–5 Kindern mit Behinderung zusammensetzten. Durch die Unterstützung des Sozialministeriums und dem LWV als Kostenträger wurden viele Sondergruppen in den Sonderkindertagesstätten in Integrative Gruppen umgewandelt. Dies bedeutete, dass erstmals Kinder ohne Behinderung in die Sonderkindergärten aufgenommen wurden. Die heilpädagogische Ausrichtung dieser Einrichtungen war nach wie vor unstrittig. So wurden zu Beginn dieser Entwicklung die Kinder *ohne* Behinderung in die Sondereinrichtung integriert. Hinzu kam, dass zunächst verstärkt Eltern ihre Kinder in diesen Einrichtungen anmeldeten, die sehr wohl Probleme bei ihren Kindern erkannten, sie aber nicht als behindert ansehen wollten. Erst mit dem quantitativen Ausbau der Integrativen Gruppen gelang es zunehmend, ein Gleichgewicht zwischen Heilpädagogik und allgemeiner Pädagogik herzustellen.

Die Integrativen Gruppen wurden nicht nur in den Sonderkindergärten aufgebaut, sondern auch in den Regeleinrichtungen. Hier vollzog sich die umgekehrte Entwicklung. Zunächst wurden in den meisten Regelkindergärten nur Kinder mit sogenannter leichter Behinderung aufgenommen. Der Schwerpunkt lag auf der allgemeinen Pädagogik. Es ging im Wesentlichen darum, die Kinder mit Behinderung sozial in die Kindergartengruppe zu integrieren. Hier wurde der Anspruch der Kinder mit Behinderung auf Eingliederungshilfe oft nicht ausreichend wahrgenommen. Erst im Laufe der weiteren Entwicklung und mit zunehmender Erfahrung der Erzieherinnen gelang es, in den Prozess der Integration auch heilpädagogische Angebote aufzunehmen.

Ein Hindernis auf diesem Weg war und ist die Finanzierung von Krankengymnastik, Therapien usw. durch die Krankenkassen *in* den Einrichtungen. Die unterschiedliche Rechtssystematik der Kassen und der Jugendhilfe verhinderte in den letzten 20 Jahren bis heute eine eindeutige Klärung in die gewünschte Richtung. Als sinnvoll wird von allen Beteiligten angesehen, dass die Therapien in der

Kindertageseinrichtung durchgeführt, in den Tagesablauf der Kinder integriert und Absprachen/Kooperationsgespräche zwischen Erzieherinnen und Therapeuten sichergestellt werden. Unter dem finanziellen Druck, dem die Krankenkassen ausgesetzt sind, konnten bisher keine eindeutigen, sinnvollen Regelungen festgeschrieben werden. So bleibt den Einrichtungen nur der Weg, individuelle Lösungen zu finden. Diese Situation erschwert den Rechtsanspruch der Kinder mit Behinderung auf Eingliederungshilfe in Kindertageseinrichtungen.

Um die Umsetzung der Rahmenbedingungen und die Finanzierung der Integrativen Gruppen zu sichern, wurden bereits 1983 „Vorläufige Richtlinien für Integrative Gruppen in Sonder- und Regelkindergärten im Lande Hessen" vom Hessischen Sozialministerium erlassen. Einrichtungen mit Integrativen Gruppen waren damit „Teilstationäre Einrichtungen" im Sinne des BSHG. Für die Betreuung der Kinder mit Behinderung in Integrativen Gruppen zahlte der Kostenträger LWV nach einem bestimmten Schlüssel pro Kind einen individuellen Tagessatz. Die Eltern der Kinder zahlten keine Kindergartengebühren. Zusätzlich bezuschusste das Sozialministerium die Integrativen Gruppen. Grundsätzlich handelte es sich bei den Integrativen Gruppen um eine sogenannte Mischfinanzierung: Der Jugendhilfeteil (Kinder ohne Behinderung) wurde vom Träger, von der Kommune und den Eltern getragen, der BSHG-Teil (Kinder mit Behinderung) wurde vom LWV als Kostenträger finanziert und ein Landeszuschuss rundete die Finanzierungsstruktur ab.

Einzelintegration

Neben den Integrativen Gruppen entwickelte sich in den 1980er-Jahren in den Regeleinrichtungen auch die Einzelintegration. So nahmen Kindertageseinrichtungen aus ihrem Einzugsgebiet ein oder zwei Kinder mit Behinderung in eine Gruppe mit reduzierter Gruppenstärke auf. Auch hier wurden in der Regel zuerst die Kinder mit „leichterer" Behinderung aufgenommen. Der Schwerpunkt der pädagogischen Angebote lag ebenfalls bei der sozialen Integration des Kindes mit Behinderung in die Kindergartengruppe.

Außerdem zeigte sich in der Praxis, dass Kinder als „Regelkind" aufgenommen wurden und die Behinderung oder drohende Behinderung erst im Kindergarten wahrgenommen und ein entsprechendes Anerkennungsverfahren über die Gesundheitsämter in die Wege geleitet wurde. Auf der einen Seite wurde diese Praxis begrüßt, da eine frühzeitige Förderung dieser Kinder die Chancen zur Rehabilitation erhöht; auf der anderen Seite wurde den Kindertageseinrichtungen vorgeworfen, dass sie „künstlich" Kinder zu Behinderten machten, um sich bessere Rahmenbedingen in ihrer Einrichtung zu verschaffen. Dieser Vorwurf wird in gewissen Abständen immer wieder öffentlich diskutiert – und zwar insbesondere dann, wenn Zahlen veröffentlicht werden, die eine erhebliche Zunahme von Kindern mit Behinderung in Regeleinrichtungen belegen und damit die Kostenfrage gestellt wird.

Kritiker der Einzelintegration brachten das Argument vor, dass die Erzieherinnen, die hin und wieder ein Kind mit Behinderung betreuen, nicht über die nötige Qualifikation und Erfahrung verfügen, um den Kindern gerecht zu werden. Auch wurde befürchtet, dass die Eltern des Kindes mit Behinderung sich isoliert fühlen könnten, wenn sie keinen Kontakt zu gleichermaßen betroffenen anderen Eltern aufnehmen könnten.

Die Praxis zeigte, dass gerade die Eltern der Kinder mit Behinderung die wohnortnahe Betreuung ihres Kindes forderten. Die nicht ausreichende Qualifizierung der Erzieherinnen hingegen wird bis heute angemahnt.

Diese Form der Integration erkannte der Kostenträger LWV als „Ambulante Maßnahme" im Sinne des BSHG an und finanzierte sie pro Kind mit einer Pauschale. Die Eltern mussten die gleichen Kindergartengebühren bezahlen wie die Eltern von Kindern ohne Behinderung. Das Sozialministerium zahlte für diese Form der Integration keine Zuschüsse an die Träger.

1991 wurden die „Richtlinien für die gemeinsame Förderung behinderter und nicht behinderter Kinder in Kindertageseinrichtungen" vom Hessischen Sozialministerium erlassen. Sie beinhalteten die Rahmenbedingungen und die Kostenübernahme sowohl für die Integrative Gruppe als auch für die Einzelintegration. Mit diesem Schritt wurde die Einzelintegration in Hessen endgültig rechtlich abgesichert.

Hilfreich für die Entwicklung insbesondere der Einzelintegration war der Ausbau der „Heilpädagogischen Fachberatung" an den Frühförderstellen, deren Förderung das Hessische Sozialministerium sicherstellte. Die Frühförderstellen bieten den Erzieherinnen Unterstützung bei der Integrationsaufgabe an, führen direkte Förderangebote für die Kinder mit Behinderung durch und beraten deren Familien.

Unterschiedliche Betreuungsangebote

In der Praxis existierten damit in Hessen mehrere Formen der Betreuung der Kinder mit Behinderung nebeneinander:
- Sonderkindergärten ausschließlich mit Kindern mit Behinderung
- Sonderkindergärten mit Integrativen Gruppen
- Regelkindergärten mit Integrativen Gruppen
- Kindergärten ausschließlich mit Integrativen Gruppen
- Einzelintegration

Diese Formen unterschieden sich in ihren Rechtsgrundlagen, in den jeweiligen Rahmenbedingungen und in der Finanzierung.

Da Kindertageseinrichtungen insgesamt in ihrer Struktur und in ihrer konzeptionellen Entwicklung Prozessen unterliegen, kam es immer häufiger vor, dass Einrichtungen nicht nur von einer Betreuungsform in die andere wechselten, sondern auch Mischformen auf Zeit entwickelten. Zum Beispiel fehlte während eines Zeitabschnittes in der Integrativen Gruppe das vierte und fünfte Kind, sodass daraus formal eine Regelgruppe mit Einzelintegration hätte werden müssen – und bei Aufnahme des vierten Kindes wiederum eine Integrative Gruppe.

Welche Kinder in welcher Betreuungsform aufgenommen wurden, unterlag in der Regel einem Zufallsprinzip oder den Angeboten in der Region des Wohnortes. Kinder mit schwerster Behinderung wurden oft in den Sondergruppen aufgenommen, was zu einer nicht wünschenswerten und vertretbaren Konzentration dieser Kinder führte.

Hinzu kam, dass durch das entstehende wohnortnahe Angebot die Sensibilität der Beteiligten in Bezug auf die oft langen Fahrtzeiten und die damit erhöhten Kosten bei den zentralen Angeboten (Sonderkindertagesstätten/Sondergruppen) wuchs.

Insgesamt musste der LWV als Kostenträger feststellen, dass die Sondergruppen und insbesondere die reinen Sonderkindertagesstätten die teuerste Form der Betreuung der Kinder mit Behinderung darstellten und die Einzelintegration zunächst am kostengünstigsten war. Vor diesem Hintergrund wird verständlich, dass der LWV den Ausbau der Integration stark forcierte und insbesondere die Umwandlung der Sondergruppen in Integrative Gruppen unterstützte. Die Eröffnung von neuen Sonderkindertagesstätten oder von Sondergruppen wurde vom LWV und vom Sozialministerium auf dem Wege der Verhandlungen mit den Trägern verhindert.

Der Vorwurf insbesondere an den LWV, die Integration nur aus Gründen der Kostenersparnis voranzutreiben, wurde von Behindertenverbänden immer wieder erhoben. Sicherlich kann man sagen, dass die Entwicklung der Integration bis heute in Hessen nicht in dieser Konsequenz erfolgt wäre, wenn nicht gleichzeitig damit eine Kostendämpfung angestrebt worden wäre. Dass es letztendlich nicht zu einer tatsächlichen Kostenreduzierung kam, liegt allein daran, dass durch die Öffnung der Regelkindergärten für Kinder mit Behinderung die Zahl der Integrationen sprunghaft anstieg.

Doppelter Rechtsanspruch

Zu Beginn des Jahres 1996 trat die Änderung des SGB VIII in Kraft, die den Rechtsanspruch eines Kindes ab dem vollendeten dritten Lebensjahr festschrieb. Obwohl der Gesetzgeber noch eine dreijährige Übergangsregelung ermöglichte und das Land Hessen auch davon Gebrauch machte, wurde gleich zu Beginn der neuen Regelung vom Landesjugendamt eindeutig klargestellt, dass dieser Rechtsanspruch für **alle** Kinder gilt – und somit auch für Kinder mit Behinderung.

Seit diesem Zeitpunkt wurde der Begriff des „doppelten Rechtsanspruchs" für Kinder mit Behinderung geprägt. Er beinhaltet, dass Kinder mit Behinderung sowohl einen Anspruch auf Eingliederungshilfe als auch einen Anspruch auf einen Kindergartenplatz haben, der die Betreuung, Bildung und Erziehung einschließt.

Es war vorauszusehen, dass die Einzelintegration durch diesen Rechtsanspruch auch der Kinder mit Behinderung auf einen Kindergartenplatz noch einmal einen großen Schub erhielt. Die Folge dieses Gesetzes war insbesondere, dass ein genereller, quantitativer Ausbau von Kindergartenplätzen erfolgte, von denen natürlich auch die Kinder mit Behinderung profitierten.

Rahmenvereinbarung Einzelintegration

Im laufenden Jahr 1996 wurde eine „Rahmenvereinbarung zur Integration einzelner Kinder mit Behinderung [...] in Tageseinrichtungen für Kinder in Hessen" zwischen dem Landeswohlfahrtsverband (LWV), der Liga der Freien Wohlfahrtspflege und den Kommunalen Spitzenverbänden, genannt „Rahmenvereinbarung Einzelintegration", unterzeichnet und in Kraft gesetzt. In dieser Rahmenvereinbarung wurden qualitative Voraussetzungen für die Bereitstellung von Einzelintegrationsmaßnahmen festgelegt, die der Träger der Einrichtung zu erfüllen hatte. Insbesondere die Absenkung der Gruppenstärke von 25 Kindern auf 20 Kinder inklusive der Kinder mit Behinderung war von Wichtigkeit. Definiert wurden außerdem räumliche und personelle Voraussetzungen und die Höhe des Festbetrags, den ein Träger vom LWV erhielt. Der Festbetrag enthielt unter anderem eine Summe zur Qualifizierung von Mitarbeiterinnen und Mitarbeitern (Fortbildungsmittel).

Während des Aushandlungsprozesses der Rahmenvereinbarung wurde unter anderem um diesen Punkt mit Erfolg hart gerungen. Entscheidend für die Aufnahme dieses Punktes in die Rahmenvereinbarung war, dass Erzieherinnen in Regeleinrichtungen kaum oder keine Erfahrungen mit Kindern mit Behinderung aufwiesen. Die „mangelnde" Qualifikation der Erzieherinnen wurde von den Kritikern der Einzelintegration immer wieder vorgetragen; dem sollte begegnet werden. Zusätzlich zu der Rahmenvereinbarung wurden deshalb auch noch „Hinweise zum Einsatz der Fördermittel für Fortbildung [...]" veröffentlicht, die detaillierte Aussagen zu förderungsfähigen Fortbildungsangeboten machten. Aus fachlicher Sicht war die Förderung der Fortbildung und damit die Qualifizierung der Erzieherinnen absolut notwendig.

In den 1990er-Jahren entstanden auf Betreiben des Hessischen Sozialministeriums, des Landesjugendamts (LJA) und des LWV in den Kreisen und Kommunen „Planungskonferenzen", in denen die Versorgungsstrukturen der Region beraten wurden und eine Abstimmung über die Fortbildungsangebote erfolgte. Der Aufbau dieser Planungskonferenzen wurde mit dem weitreichenden Ausbau der Integrationsangebote notwendig. Die bisher ausschließlich zentrale Steuerung des Ausbaus der Integration über das Sozialministerium, das LJA und den LWV war nicht mehr leistbar. Allerdings gab es keine Verpflichtung vonseiten der Kommunen und Kreise, diese Konferenzen aufzubauen, sodass sich in Hessen die „Integrationslandschaft" qualitativ und quantitativ sehr unterschiedlich weiterentwickelte.

Die fachöffentliche Diskussion um die Integration verschärfte sich nach Inkrafttreten der „Rahmenvereinbarung Einzelintegration" noch einmal. Sie konzentrierte sich auf den Punkt, ob Regeleinrichtungen wirklich in der Lage sind, Kinder mit Behinderung angemessen und qualifiziert unter den bestehenden Rahmenbedingungen zu betreuen und ob nicht doch die Sondergruppe die adäquate Form der Betreuung darstellt. Eine größere Akzeptanz erfuhr dagegen die Betreuungsform der Integrativen Gruppe, da inzwischen immer mehr Sondergruppen mit guten Erfolgen in diese Betreuungsform umgewandelt worden waren.

In der Praxis wurde deutlich, dass Einrichtungen, die sich auf den Weg gemacht hatten, einzelne Kinder mit Behinderung zu betreuen, auch aufgrund der Fortbildungsangebote immer qualifizierter wurden und zunehmend bereit waren, Kinder mit schwerer Behinderung aufzunehmen. Sicherlich gab es auch Fälle, in denen Kinder von der Einzelintegration in Integrative Gruppen der ehemaligen Sonderkindertagesstätten wechselten, da die Belastung für die Erzieherinnen sich als zu groß herausstellte. Insgesamt aber wuchsen die Kindertageseinrichtungen an dieser Aufgabe und dies kam auch den Kindern ohne Behinderung zugute.

Rahmenvereinbarung Integrationsplatz

Auf den Steuerungsebenen des Landes (Sozialministerium, Kommunale Spitzenverbände, LWV und LJA) wurde immer dringender die Frage erörtert, ob es sinnvoll und angemessen sei, diese unterschiedlichen Betreuungsformen mit unterschiedlichen Rahmenbedingungen und Finanzierungssystemen aufrechtzuerhalten. Es kristallisierte sich die Auffassung heraus, ein einheitliches System zu schaffen, das der Integration einen einheitlichen Rahmen sichert, sowohl in der Finanzierung als auch in den qualitativen Voraussetzungen. Einigkeit herrschte in der Auffassung, die letzten noch bestehenden Sonderkindertagesstätten auslaufen zu lassen und die Sondergruppen soweit wie möglich in Integrative Gruppen umzuwandeln oder aufzulösen, das heißt, nicht mehr zu finanzieren. Diese Diskussion brachte verständlicherweise die Träger von noch bestehenden Sonderkindergärten/Sondergruppen auf und erzeugte erheblichen Widerstand.

Ein weiteres Anliegen war, die wohnortnahe Betreuung von Kindern mit Behinderung auszubauen, um damit die oft langen Beförderungszeiten der Kinder zu minimieren und gleichzeitig die enorm angestiegenen Fahrtkosten zu reduzieren.

Der LWV kündigte Mitte 1998 fristgerecht die „Rahmenvereinbarung Integrationsplatz" zum Ende des Jahres mit dem Ziel, eine neue einheitliche Rahmenvereinbarung für alle Integrationsmaßnahmen mit allen Vertragspartnern zu erarbeiten.

Die Kommunalen Spitzenverbände und der LWV beabsichtigten, gleichzeitig mit einer neuen Rahmenvereinbarung die Zuständigkeit des überörtlichen Sozialhilfeträgers LWV für die Integration auf den örtlichen Sozialhilfeträger zu übertragen und sich damit zu entlasten.

Nach außerordentlich schwierigen Vertragsverhandlungen wurde die „Rahmenvereinbarung Integrationsplatz" Mitte 1999 von den Kommunalen Spitzenverbänden und dem LWV unterzeichnet. Die Liga der Freien Wohlfahrtspflege weigerte sich zunächst, die neue Rahmenvereinbarung mit zu unterzeichnen, da sie sowohl inhaltliche Kritikpunkte nicht hinreichend ausgeräumt sah, als auch finanzielle Benachteiligungen für ihre Einrichtungen befürchtete.

Ein Kritikpunkt war, dass in der Rahmenvereinbarung die Fortbildungsverpflichtung nicht ausreichend sichergestellt wurde und dafür nicht separat ausgewiesene Mittel zur Verfügung gestellt wurden.

Das Hessische Sozialministerium schaltete sich massiv in die Nachverhandlungen mit der Liga ein und erwirkte, dass eine sogenannte Zusatzvereinbarung abgeschlossen wurde, in der sich das Land unter anderem zu einer Förderung des Integrationsplatzes verpflichtete. Mit dieser Förderung pro Platz können die Träger den Fortbildungsanspruch gewährleisten – sie werden allerdings nicht dazu verpflichtet. Außerdem sicherte das Land in der Zusatzvereinbarung zu, die Qualifizierung der Integration voranzutreiben und eine Arbeitsgruppe zur Umsetzung der Rahmenvereinbarung federführend unter Beteiligung aller Vertragspartner zu installieren. Unter diesen Bedingungen trat dann die Liga der Freien Wohlfahrtspflege nachträglich der Rahmenvereinbarung bei.

Maßnahmepauschale

Kernpunkt der „Rahmenvereinbarung Integrationsplatz" ist, dass nicht mehr unterschiedliche Betreuungsformen finanziert werden, sondern dass der einzelne Platz für das Kind mit Behinderung vom örtlichen Sozialhilfeträger (Kostenträger) mit einer Pauschale bezuschusst wird. Es werden also nicht mehr die gesamten Kosten eines Platzes vom Kostenträger übernommen. Hintergrund ist der „doppelte Rechtsanspruch" dieser Kinder, nach dem auch Kinder mit Behinderung einen Anspruch auf einen „ganz normalen" Kindergartenplatz haben, der von der Jugendhilfe (Träger/Jugendhilfeträger) zu finanzieren ist. So teilen sich die Jugendhilfe und die Sozialhilfe die Kosten für einen Integrationsplatz, allerdings zulasten der Jugendhilfe.

Mit der Einführung einer Kostenpauschale/Maßnahmepauschale aufseiten der Sozialhilfe wurde das Problem umgangen zu definieren, welcher Teil der Intervention innerhalb eines Tagesablaufes in einer Kindertageseinrichtung ein rein pädagogischer sei und welcher ein heilpädagogischer, der dann vom Sozialhilfeträger zu finanzieren ist. In den Verhandlungen zur Rahmenvereinbarung war man nämlich zunächst von der Pflegeversicherung „inspiriert" worden, welche die pflegerischen Handgriffe genau definiert und daraus Kosten ableitet. Glücklicherweise scheiterten diese Überlegungen. Auch die Vorstellung, dass Kinder mit Behinderung in Kategorien nach ihrer Behinderungsart klassifiziert werden könnten und sich daraus unterschiedliche Kostenpauschalen ableiten lassen, wurde verworfen. Entscheidend dafür war die fachliche Einsicht, dass auch Kindergartenkinder mit Behinderung sich in einer starken Entwicklungsphase befinden und der individuelle Hilfebedarf des einzelnen Kindes letztlich vorrangig zu betrachten ist – und nicht seine medizinisch definierte Behinderung.

Unbeantwortet war damit die Frage, wie der individuelle Hilfebedarf definiert werden kann. Da es für diese Fragestellung noch keine Lösungen gab, wurde die Kostenpauschale nicht differenziert. Man vertraute darauf, dass in der Praxis Kinder mit sehr unterschiedlichem Hilfebedarf aufgenommen werden und damit ein Ausgleich erzielt werden kann. Dies erwies sich aber nicht durchgängig als realistisch, denn gerade in Einrichtungen, in welche nur bis zu zwei Kinder aufgenommen werden, erhöht sich die Wahrscheinlichkeit, dass beide Kinder entweder einen geringen Hilfebedarf haben oder beide einen sehr hohen. Daraus ergibt sich eine Ungerechtigkeit in der Finanzierung des Platzes und in der Belastung der Erzieherinnen.

Umsetzung der Rahmenvereinbarung in die Praxis

Als die Rahmenvereinbarung in Kraft trat, wurde die Kritik vonseiten der Behindertenverbände massiv. Sie befürchteten, dass jetzt nur noch Integrationsplätze in Regeleinrichtungen bereitgestellt würden und dass die Integrativen Gruppen abgeschafft werden sollten und damit die Existenz der Kindertageseinrichtungen, die sich aus Sonderkindergärten entwickelt hatten, bedroht war. Unterschriftenlisten, Veranstaltungen, Zeitungsartikel und Protestschreiben an die politisch Verantwortlichen trübten zu Beginn der Umsetzung der Rahmenvereinbarung das Klima erheblich.

Die strukturellen und finanziellen Voraussetzungen der Integration hatten sich in der Tat erheblich durch die Rahmenvereinbarung verändert und bedeuteten für die Träger insbesondere von Sondergruppen und Integrativen Gruppen eine massive Veränderung der gewohnten Strukturen ihrer Einrichtungen. Um diese Träger in ihrem Umstrukturierungsprozess zu unterstützen, wurde vonseiten des Landesjugendamtes und des Hessischen Sozialministeriums intensive Beratung angeboten. Ebenfalls wurden auf diesem Hintergrund in der oben genannten Arbeitsgruppe Integration mit den Vertragspartnern Empfehlungen zur Umsetzung der Rahmenvereinbarung entwickelt und veröffentlicht.

Die Rahmenvereinbarung sah für die noch existierenden Sondergruppen und Sonderkindertagesstätten eine Übergangsfrist von drei Jahren, also bis Mitte 2002, bis zur endgültigen Umstrukturierung vor. Die letzte noch existierende Sonderkindertagesstätte „Schloss Wolfsgarten" in Langen wurde bereits Ende 1998 geschlossen, da aufgrund der Lage eine Umstrukturierung in eine integrative Betreuungsform nicht möglich war. Die letzten Sondergruppen wurden allerdings erst mit Auslaufen der Übergangsfrist in Integrative Gruppen umgewandelt. Diese Integrativen Gruppen bestanden wie bisher aus bis zu fünf Kindern mit Behinderung und zehn Kindern ohne Behinderung. Die personelle Besetzung hatte sich formal verbessert, hingegen hatte sich die Finanzierung dieser „neuen" Integrativen Gruppen für einige Träger verschlechtert.

Grundsätzlich ist es also durchaus für Träger möglich, weiterhin Integrative Gruppen mit bis zu fünf Kindern mit Behinderung zu betreiben. Das Problem einiger Träger besteht darin, dass, wenn die Anzahl der Kinder mit Behinderung abnimmt, sofort auch die Bezuschussung gekürzt wird, und somit die Planungssicherheit nicht mehr wie früher gewährleistet ist.

Modellprojekt QUINT – Qualitätsentwicklung Integrationsplatz

Mit der oben genannten Zusatzvereinbarung zur Rahmenvereinbarung Integrationsplatz hatte sich das Hessische Sozialministerium auch verpflichtet, die Qualitätsentwicklung der Integration voranzutreiben. Vor diesem Hintergrund wurde 2001 das Modellprojekt QUINT mit einer Laufzeit von $2^1/_2$ Jahren vom Sozialministerium initiiert und finanziert.

QUINT sollte primär dem Anspruch des Kindes mit Behinderung auf Eingliederungshilfe Rechnung tragen. Die Qualitätsentwicklung setzt in QUINT daher am Einzelfall an.

Aufgegriffen wurde in dem Projekt insbesondere die Fragestellung nach dem individuellen Hilfebedarf eines Kindes, die in den Verhandlungen zur Rahmenvereinbarung Integrationsplatz nicht berücksichtigt werden konnte. Dieser individuelle Hilfebedarf sollte definiert und daraus ein Hilfeplanverfahren abgeleitet werden, das eine regelmäßige Reflexion des Hilfeprozesses ermöglicht. Den Erzieherinnen sollten hierfür entsprechende Instrumente an die Hand gegeben werden.

Die Entwicklung des Verfahrens und der Instrumente erfolgte im Dialog mit der Praxis (Kindertageseinrichtungen, Fachberatung und Frühförderstellen) in einer Modellregion in Hessen.

Bereits während des Modellprojektes regte sich bei einem Teil der Fachöffentlichkeit Widerstand gegen standardisierte Verhaltensbeschreibungen, die in einem Teil der entwickelten Instrumente enthalten sind. Es entstand eine Kontroverse, ob diese Form der Dokumentation für die Erzieherin hilfreich ist oder ob damit die Kinder bewertet und stigmatisiert werden. Da das Modellprojekt QUINT in öffentlichen Veranstaltungen eine Plattform für weitere Auseinandersetzungen rund um das Thema der Integration bot, wurden Probleme wie unzureichende Rahmenbedingungen der Kindertageseinrichtungen beklagt und teilweise dem Projekt angelastet. Deutlich wurde, dass auch in dieser Entwicklungsphase der Integration noch längst nicht alle offenen Fragen zufriedenstellend beantwortet werden können.

Das Hessische Sozialministerium beschloss 2004 im Anschluss an das Modellprojekt die landesweite Implementierung der QUINT-Ergebnisse. Das Angebot der Implementierung ist als eine Möglichkeit zur Qualitätsentwicklung vor Ort bei den Jugendhilfeträgern auf große Resonanz gestoßen.

In der ersten Implementierungsphase wurde deutlich, dass bereits viele Jugendhilfeträger in den letzten Jahren seit Bestehen der Rahmenvereinbarung eigene Verfahren zur Qualifizierung und Strukturierung der Integrationsprozesse entwickelt haben. So besteht die Chance, die Praxisentwicklung mit der Forschungsentwicklung zu verknüpfen und damit einen entscheidenden Schritt auf dem Weg zur Integration weiterzukommen.

Neuverhandlungen

Da sich in der Praxis der Umsetzung der Rahmenvereinbarung in der Tat einige Mängel und Schwachstellen des Vertragstextes herausstellten, wurde bereits in der Arbeitsgruppe Integration unter Federführung des Sozialministeriums darüber nachgedacht, eine Neufassung zu entwickeln. Diese Arbeitsgruppe erarbeitete dann auch eine entsprechende Empfehlung.

Die Vertragspartner der Rahmenvereinbarung verhandelten auf der Basis der Empfehlungen der Arbeitsgruppe, doch scheiterten die Verhandlungen nach mehreren Anläufen. Diesmal stimmte der Hessische Städtetag nicht zu. So ist die Rahmenvereinbarung Integrationsplatz in der ersten Fassung nach wie vor gültig. Wann es zu einer Neuaufnahme von Verhandlungen kommt, ist derzeit nicht absehbar.

Bewertung der Integrationsentwicklung

Die Integration vollzieht sich vor allem auch im Bewusstsein der handelnden Menschen. So haben z. B. Bürgermeister vor dem Ausbau der Einzelintegration nicht gewusst, ob in ihrer Kommune Kinder mit Behinderung leben, da sie nicht für deren Betreuung zuständig waren. Auch haben zu Beginn der Integrationsentwicklung Eltern von Kindern ohne Behinderung die Auffassung vertreten, ihre Kinder könnten im Kontakt mit den Kindern mit Behinderung Schaden nehmen. Erzieherinnen haben sich anfänglich geweigert, „diese" Kinder zu betreuen, da ihnen jegliche Erfahrung im Umgang fehlte. Die Behindertenverbände übten zunächst erhebliche Kritik an den Integrationsbemühungen des Landes, da sie Nachteile für die Kinder mit Behinderung befürchteten.

Solange für Kinder mit Behinderung zwei Rechtssystematiken gelten, das SGB VIII *und* das SGB XII, Kinder sich aber nicht teilen lassen, müssen in der Umsetzung der Gesetze sowohl im Verwaltungshandeln wie in der Praxis der Einrichtungen Wege gefunden werden, welche die Kinder nicht in die eine oder andere Richtung benachteiligen. Hessen ist hier auf einem guten Weg, auch wenn die Entwicklung weiter vorangetrieben werden muss.

Heute ist die Integration von Kindern mit Behinderung in den Tageseinrichtungen in Hessen weit vorangeschritten. Keiner der Beteiligten am Integrationsprozess zweifelt mehr an der grundsätzlichen Bedeutung der Integration sowohl für die Kinder mit Behinderung als auch für die Kinder ohne Behinderung. Die Kreise, Kommunen und Verbände haben in den letzten Jahren verstärkt die Qualifizierung der Integration weiterentwickelt. Durch die sehr breit angelegte Implementierung der Ergebnisse des QUINT-Projektes und die damit verbundene Qualifizierung von mehr als 1 000 Erzieherinnen durch gezielte Fortbildungsmaßnahmen ist es gelungen, der Integration von Kindern mit Behinderung noch einmal einen entscheidenden Impuls zu geben.

Grundsätzlich kann festgestellt werden, dass Hessen bisher das einzige Bundesland ist, in dem es ein einheitliches Finanzierungssystem zur Betreuung von Kindern mit Behinderung in Kindertageseinrichtungen gibt, die wohnortnahe Versorgung systematisch ausgebaut wurde, Sondergruppen/ Sonderkindergärten nicht mehr angeboten werden und weitgehend alle Träger von Einrichtungen die Integration als Aufgabe anerkannt haben.

Die Integrationsentwicklung hat in Hessen immer wieder auch zu starken Kontroversen geführt; sie vollzieht sich nicht ohne die Überwindung von Widerständen und nicht ohne die Bereitschaft, auch aus Fehlern zu lernen.

Wenn wir die Integration als eine gesamtgesellschaftliche Aufgabe definieren, dann kann die Kindertageseinrichtung einen wesentlichen Teil dazu beitragen. Diese Chance gilt es auch in Zukunft zu nutzen.

1.2 Grundlagen der Sozialgesetzgebung

Daniela Adams, Albert Haaser

1.2.1 Kindertageseinrichtungen und Kindertagespflege im Kinder- und Jugendhilferecht

Das Kinder- und Jugendhilferecht zählt als Teil des Sozialrechts zum öffentlichen Recht.

Zentrale Rechtsquelle des Kinder- und Jugendhilferechts ist das Achte Buch Sozialgesetzbuch (SGB VIII), das die Förderung von Kindern und Jugendlichen und die Unterstützung der Familie durch die Kinder- und Jugendhilfe in den Vordergrund stellt. Im Zusammenhang mit QUINT werden an dieser Stelle die elementaren Inhalte dieser Rechtsquelle zusammengefasst. Den kompletten Gesetzestext finden Sie beispielsweise auf der Homepage des Bundesministeriums der Justiz (*www.gesetze-im-internet.de/sgb_8/index.html*).

Ziel des Gesetzgebers ist es, dass junge Menschen verantwortliche und gemeinschaftsfähige Persönlichkeiten werden (§ 1 SGB VIII). Demnach hat jeder junge Mensch ein Recht auf Förderung seiner Entwicklung und auf Erziehung zu einer eigenverantwortlichen und gemeinschaftsfähigen Persönlichkeit. Die Kinder- und Jugendhilfe soll junge Menschen in ihrer individuellen und sozialen Entwicklung fördern und dazu beitragen, Benachteiligungen zu vermeiden oder abzubauen (§ 1 Abs. 3 Nr. 1 SGB VIII). Sie soll die Eltern und andere Erziehungsberechtigte bei der Erziehung beraten und unterstützen (§ 1 Abs. 3 Nr. 2) und Kinder und Jugendliche vor Gefahren für ihr Wohl schützen (§ 1 Abs. 3 Nr. 3).

Grundlage der Arbeit in Tageseinrichtungen für Kinder und Kindertagespflege ist § 22 SGB VIII. Sie sollen die Entwicklung des Kindes zu einer eigenverantwortlichen und gemeinschaftsfähigen Persönlichkeit fördern, die Erziehung und Bildung in der Familie unterstützen und ergänzen sowie den Eltern dabei helfen, Erwerbstätigkeit und Kindererziehung besser miteinander vereinbaren zu können (§ 22 Abs. 2 SGB VIII). Die §§ 22 bis 25 SGB VIII geben den Rahmen wieder, in welcher Weise eine Förderung durch Kindertageseinrichtungen stattzufinden hat. Dieser Rahmen wird wie folgt gesteckt:

Nach § 22 Abs. 3 SGB VIII umfasst der Förderungsauftrag die Erziehung, Bildung und Betreuung des Kindes und bezieht sich auf die soziale, emotionale, körperliche und geistige Entwicklung des Kindes. Er schließt die Vermittlung orientierender Werte und Regeln ein. Die Förderung soll sich am Alter und Entwicklungsstand, den sprachlichen und sonstigen Fähigkeiten, an der Lebenssituation sowie den Interessen und Bedürfnissen des einzelnen Kindes orientieren und seine ethnische Herkunft berücksichtigen.

Die Träger der öffentlichen Jugendhilfe sollen nach § 22 a Abs. 1 SGB VIII die Qualität der Förderung in ihren Einrichtungen sicherstellen, u. a. durch die Entwicklung einer pädagogischen Konzeption und durch Evaluation. Nach § 22 a Abs. 2 sollen sie ferner sicherstellen, dass die Fachkräfte in ihren Einrichtungen mit den Erziehungsberechtigten, Kindertagespflegepersonen, Institutionen wie der Familienberatung sowie Schulen zum Wohl der Kinder und zur Sicherung der Kontinuität des Erziehungsprozesses zusammenarbeiten. Die Erziehungsberechtigten sind an den Entscheidungen in wesentlichen Angelegenheiten der Erziehung, Bildung und Betreuung zu beteiligen. Dadurch soll dem Grundrecht der Eltern aus Artikel 6 des Grundgesetzes Rechnung getragen werden. Denn schließlich ist es ihr Recht, ihre Kinder zu erziehen.

Das Angebot der Tageseinrichtungen für Kinder soll sich pädagogisch und organisatorisch an den Bedürfnissen der Kinder und ihrer Familien orientieren (§ 22 a Abs. 3).

Die in § 22 a SGB VIII geregelten Anforderungen richten sich zunächst an die Träger der öffentlichen Jugendhilfe. Diese sollen jedoch durch geeignete Maßnahmen die Realisierung des Förderungsauftrags auch in den Einrichtungen anderer Träger sicherstellen (§ 22 a Abs. 5).

§ 24 Abs. 1 SGB VIII gibt Kindern ab dem dritten Lebensjahr bis zum Schuleintritt einen Anspruch auf den Besuch einer Tageseinrichtung. Außerdem haben die Träger der öffentlichen Jugendhilfe darauf hinzuwirken, dass für diese Altersgruppe ein bedarfsgerechtes Angebot an Ganztagsplätzen oder ergänzend Plätze in Kindertagespflege zur Verfügung stehen.

Für Kinder im Alter unter drei Jahren und im schulpflichtigen Alter ist ein bedarfsgerechtes Angebot an Plätzen in Tageseinrichtungen und in Kindertagespflege vorzuhalten (§ 24 Abs. 2 SGB VIII). Hinsichtlich der Unter-Dreijährigen bestimmt § 24 Abs. 3 näher, welche Bedarfskriterien im Einzelnen zugrunde zu legen sind (Erwerbstätigkeit der Erziehungsberechtigten, Ausbildung usw.). Hier sind bis zum Jahr 2010 Übergangslösungen möglich (§ 24 a SGB VIII).

Grundsätzlich haben die Leistungsberechtigten, die Eltern bzw. das Kind, ein Wahlrecht hinsichtlich der Einrichtungen und Dienste verschiedener Träger und dürfen Wünsche hinsichtlich der Gestaltung äußern. Der Wahl und den Wünschen soll entsprochen werden, wenn sie nicht mit unverhältnismäßigen Mehrkosten verbunden sind (§ 5 SGB VIII). Das Gesetz schweigt hinsichtlich dessen, was unter „unverhältnismäßig" zu verstehen ist. Jedenfalls sind nur geringfügig höhere Kosten an sich kein Grund, dem Wunsch der Leistungsberechtigten nicht zu entsprechen.

So weit der mit dem SGB VIII bundesgesetzlich vorgegebene Rahmen. Nach § 26 SGB VIII ist das Nähere über Inhalt und Umfang der Aufgaben und Leistungen im Bereich der Förderung von Kindern in Kindertageseinrichtungen und Tagespflege der Regelung durch Landesrecht vorbehalten. Für Hessen sind hier insbesondere das Hessische Kindergartengesetz und das Hessische Ausführungsgesetz zum Kinder- und Jugendhilfegesetz zu erwähnen (beide Gesetze sollen ab 2007 in ein neues Hessisches Kinder- und Jugendhilfegesetzbuch einfließen).

1.2.2 Bestimmungen zur Integration von Kindern mit Behinderungen

Die oben beschriebenen Vorschriften des Kinder- und Jugendhilferechts erstrecken sich gleichermaßen auf Kinder mit und ohne Behinderung. Daneben gibt es Bestimmungen, die von den Einrichtungen und ihren Trägern spezielle Integrationsleistungen für Kinder mit Behinderung bzw. für Kinder, die von Behinderung bedroht sind, erwarten oder besondere Eingliederungshilfen vorsehen. Im Folgenden sind die relevanten gesetzlichen Grundlagen für solche Aufgaben und Leistungen zusammengestellt:

Grundgesetz für die Bundesrepublik Deutschland

vom 23. Mai 1949 (BGBl. S.1), zuletzt geändert durch Gesetz vom 26. Juli 2002 (BGBl. I S. 2863)

Art. 3 (Gleichheit vor dem Gesetz)

...

(3) Niemand darf wegen seines Geschlechtes, seiner Abstammung, seiner Rasse, seiner Sprache, seiner Heimat und Herkunft, seines Glaubens, seiner religiösen oder politischen Anschauungen benachteiligt oder bevorzugt werden. Niemand darf wegen seiner Behinderung benachteiligt werden.

Sozialgesetzbuch (SGB) Neuntes Buch (IX) – Rehabilitation und Teilhabe behinderter Menschen –

vom 19. Juni 2001 (BGBl. I S. 1046), zuletzt geändert durch Gesetz vom 24. April 2004 (BGBl. I S. 606)

§ 2 Behinderung

(1) Menschen sind behindert, wenn ihre körperliche Funktion, geistige Fähigkeit oder seelische Gesundheit mit hoher Wahrscheinlichkeit länger als sechs Monate von dem für das Lebensalter typischen Zustand abweichen und daher ihre Teilhabe am Leben in der Gesellschaft beeinträchtigt ist. Sie sind von Behinderung bedroht, wenn die Beeinträchtigung zu erwarten ist.

(2) Menschen sind im Sinne des Teils 2 schwerbehindert, wenn bei ihnen ein Grad der Behinderung von wenigstens 50 vorliegt und sie ihren Wohnsitz, ihren gewöhnlichen Aufenthalt oder ihre Beschäftigung auf einem Arbeitsplatz im Sinne des § 73 rechtmäßig im Geltungsbereich dieses Gesetzbuches haben.

(3) Schwerbehinderten Menschen gleichgestellt werden sollen behinderte Menschen mit einem Grad der Behinderung von weniger als 50, aber wenigstens 30, bei denen die übrigen Voraussetzungen des Absatzes 2 vorliegen, wenn sie infolge ihrer Behinderung ohne die Gleichstellung einen geeigneten Arbeitsplatz im Sinne des § 73 nicht erlangen oder nicht behalten können (gleichgestellte behinderte Menschen).

§ 55 Leistungen zur Teilhabe am Leben in der Gemeinschaft

(1) Als Leistungen zur Teilhabe am Leben in der Gemeinschaft werden die Leistungen erbracht, die den behinderten Menschen die Teilhabe am Leben in der Gesellschaft ermöglichen oder si-

chern oder sie so weit wie möglich unabhängig von Pflege machen und nach den Kapiteln 4 bis 6 nicht erbracht werden.

(2) Leistungen nach Absatz 1 sind insbesondere

1. Versorgung mit anderen als den in § 31 genannten Hilfsmitteln oder den in § 33 genannten Hilfen,
2. heilpädagogische Leistungen für Kinder, die noch nicht eingeschult sind,
3. Hilfen zum Erwerb praktischer Kenntnisse und Fähigkeiten, die erforderlich und geeignet sind, behinderten Menschen die für sie erreichbare Teilnahme am Leben in der Gemeinschaft zu ermöglichen,
4. Hilfen zur Förderung der Verständigung mit der Umwelt,
5. Hilfen bei der Beschaffung, dem Umbau, der Ausstattung und der Erhaltung einer Wohnung, die den besonderen Bedürfnissen der behinderten Menschen entspricht,
6. Hilfen zu selbstbestimmtem Leben in betreuten Wohnmöglichkeiten,
7. Hilfen zur Teilhabe am gemeinschaftlichen und kulturellen Leben.

§ 56 Heilpädagogische Leistungen

(1) Heilpädagogische Leistungen nach § 55 Abs. 2 Nr. 2 werden erbracht, wenn nach fachlicher Erkenntnis zu erwarten ist, dass hierdurch

1. eine drohende Behinderung abgewendet oder der fortschreitende Verlauf einer Behinderung verlangsamt oder
2. die Folgen einer Behinderung beseitigt oder gemildert werden können. Sie werden immer an schwerstbehinderte und schwerstmehrfachbehinderte Kinder, die noch nicht eingeschult sind, erbracht.

(2) In Verbindung mit Leistungen zur Früherkennung und Frühförderung (§ 30) und schulvorbereitenden Maßnahmen der Schulträger werden heilpädagogische Leistungen als Komplexleistung erbracht.

Sozialgesetzbuch (SGB) Zwölftes Buch (XII) – Sozialhilfe –

vom 27. Dezember 2003 (BGBl. I S. 3022), zuletzt geändert durch Gesetz vom 24. März 2006 (BGBl. I S. 558)

§ 53 Leistungsberechtigte und Aufgabe

(1) Personen, die durch eine Behinderung im Sinne von § 2 Abs. 1 Satz 1 des Neunten Buches wesentlich in ihrer Fähigkeit, an der Gesellschaft teilzuhaben, eingeschränkt oder von einer solchen wesentlichen Behinderung bedroht sind, erhalten Leistungen der Eingliederungshilfe, wenn und solange nach der Besonderheit des Einzelfalles, insbesondere nach Art oder Schwere der Behinderung, Aussicht besteht, dass die Aufgabe der Eingliederungshilfe erfüllt werden kann. Personen mit einer anderen körperlichen, geistigen oder seelischen Behinderung können Leistungen der Eingliederungshilfe erhalten.

(2) Von einer Behinderung bedroht sind Personen, bei denen der Eintritt der Behinderung nach fachlicher Erkenntnis mit hoher Wahrscheinlichkeit zu erwarten ist. Dies gilt für Personen, für die vorbeugende Gesundheitshilfe und Hilfe bei Krankheit nach den §§ 47 und 48 erforderlich ist, nur, wenn auch bei Durchführung dieser Leistungen eine Behinderung einzutreten droht.

(3) Besondere Aufgabe der Eingliederungshilfe ist es, eine drohende Behinderung zu verhüten oder eine Behinderung oder deren Folgen zu beseitigen oder zu mildern und die behinderten Menschen in die Gesellschaft einzugliedern. Hierzu gehört insbesondere, den behinderten Menschen die Teilnahme am Leben in der Gemeinschaft zu ermöglichen oder zu erleichtern, ihnen die Ausübung eines angemessenen

Berufs oder einer sonstigen angemessenen Tätigkeit zu ermöglichen oder sie so weit wie möglich unabhängig von Pflege zu machen.

(4) Für die Leistungen zur Teilhabe gelten die Vorschriften des Neunten Buches, soweit sich aus diesem Buch und den aufgrund dieses Buches erlassenen Rechtsverordnungen nichts Abweichendes ergibt. Die Zuständigkeit und die Voraussetzungen für die Leistungen zur Teilhabe richten sich nach diesem Buch.

§ 54 Leistungen der Eingliederungshilfe

(1) Leistungen der Eingliederungshilfe sind neben den Leistungen nach den §§ 26, 33, 41 und 55 des Neunten Buches insbesondere

1. Hilfen zu einer angemessenen Schulbildung, insbesondere im Rahmen der allgemeinen Schulpflicht und zum Besuch weiterführender Schulen einschließlich der Vorbereitung hierzu; die Bestimmungen über die Ermöglichung der Schulbildung im Rahmen der allgemeinen Schulpflicht bleiben unberührt,
2. Hilfe zur schulischen Ausbildung für einen angemessenen Beruf einschließlich des Besuchs einer Hochschule,
3. Hilfe zur Ausbildung für eine sonstige angemessene Tätigkeit,
4. Hilfe in vergleichbaren sonstigen Beschäftigungsstätten nach § 56,
5. nachgehende Hilfe zur Sicherung der Wirksamkeit der ärztlichen und ärztlich verordneten Leistungen und zur Sicherung der Teilhabe der behinderten Menschen am Arbeitsleben.

Die Leistungen zur medizinischen Rehabilitation und zur Teilhabe am Arbeitsleben entsprechen jeweils den Rehabilitationsleistungen der gesetzlichen Krankenversicherung oder der Bundesagentur für Arbeit.

(2) Erhalten behinderte oder von einer Behinderung bedrohte Menschen in einer stationären Einrichtung Leistungen der Eingliederungshilfe, können ihnen oder ihren Angehörigen zum gegenseitigen Besuch Beihilfen geleistet werden, soweit es im Einzelfall erforderlich ist.

Sozialgesetzbuch (SGB) Achtes Buch (VIII) – Kinder- und Jugendhilfe (SGB VIII) –

in der Fassung der Bekanntmachung vom 8. Dezember 1998 (BGBl. I S. 3546), zuletzt geändert durch Gesetz vom 8. September 2005 (BGBl. I S. 2729)

§ 22a Förderung in Tageseinrichtungen

...

(4) Kinder mit und ohne Behinderung sollen, sofern der Hilfebedarf dies zulässt, in Gruppen gemeinsam gefördert werden. Zu diesem Zweck sollen die Träger der öffentlichen Jugendhilfe mit den Trägern der Sozialhilfe bei der Planung, konzeptionellen Ausgestaltung und Finanzierung des Angebots zusammenarbeiten.

§ 35a Eingliederungshilfe für seelisch behinderte Kinder und Jugendliche

(1) Kinder oder Jugendliche haben Anspruch auf Eingliederungshilfe, wenn

1. ihre seelische Gesundheit mit hoher Wahrscheinlichkeit länger als sechs Monate von dem für ihr Lebensalter typischen Zustand abweicht und
2. daher ihre Teilhabe am Leben in der Gesellschaft beeinträchtigt ist oder eine solche Beeinträchtigung zu erwarten ist.

Von einer seelischen Behinderung bedroht im Sinne dieses Buches sind Kinder oder Jugendliche, bei denen eine Beeinträchtigung ihrer Teilhabe am Leben der Gesellschaft nach fachlicher Erkenntnis mit hoher Wahrscheinlichkeit zu erwarten ist. § 27 Abs. 4 gilt entsprechend.

(1a) Hinsichtlich der Abweichung der seelischen Gesundheit nach Absatz 1 Satz 1 Nr. 1 hat der Träger der öffentlichen Jugendhilfe die Stellungnahme

1. eines Arztes für Kinder- und Jugendpsychiatrie und -psychotherapie,
2. eines Kinder- und Jugendpsychotherapeuten oder
3. eines Arztes oder eines psychologischen Psychotherapeuten, der über besondere Erfahrungen auf dem Gebiet seelischer Störungen bei Kindern und Jugendlichen verfügt,

einzuholen. Die Stellungnahme ist auf der Grundlage der Internationalen Klassifikation der Krankheiten in der vom Deutschen Institut für medizinische Dokumentation und Information herausgegebenen deutschen Fassung zu erstellen. Dabei ist auch darzulegen, ob die Abweichung Krankheitswert hat oder auf einer Krankheit beruht. Die Hilfe soll nicht von der Person oder dem Dienst oder der Einrichtung, der die Person angehört, die die Stellungnahme abgibt, erbracht werden.

(2) Die Hilfe wird nach dem Bedarf im Einzelfall

1. in ambulanter Form,
2. in Tageseinrichtungen für Kinder oder in anderen teilstationären Einrichtungen,
3. durch geeignete Pflegepersonen und
4. in Einrichtungen über Tag und Nacht sowie sonstigen Wohnformen geleistet.

(3) Aufgabe und Ziel der Hilfe, die Bestimmung des Personenkreises sowie die Art der Leistungen richten sich nach § 53 Abs. 3 und 4 Satz 1, den §§ 54, 56 und 57 des Zwölften Buches, soweit diese Bestimmungen auch auf seelisch behinderte oder von einer solchen Behinderung bedrohte Personen Anwendung finden.

(4) Ist gleichzeitig Hilfe zur Erziehung zu leisten, so sollen Einrichtungen, Dienste und Personen in Anspruch genommen werden, die geeignet sind, sowohl die Aufgaben der Eingliederungshilfe zu erfüllen als auch den erzieherischen Bedarf zu decken. Sind heilpädagogische Maßnahmen für Kinder, die noch nicht im schulpflichtigen Alter sind, in Tageseinrichtungen für Kinder zu gewähren und läßt der Hilfebedarf es zu, so sollen Einrichtungen in Anspruch genommen werden, in denen behinderte und nichtbehinderte Kinder gemeinsam betreut werden.

Hessisches Gesetz zur Gleichstellung von Menschen mit Behinderungen (Hessisches Behinderten-Gleichstellungsgesetz – HessBGG)

vom 20. Dezember 2004 (GVBl. I S. 482)

§ 1 Gesetzesziel

Ziel dieses Gesetzes ist es, die Benachteiligung von Menschen mit Behinderungen zu beseitigen und zu verhindern sowie die gleichberechtigte Teilhabe von Menschen mit Behinderungen am Leben in der Gesellschaft zu gewährleisten und ihnen eine selbstbestimmte Lebensführung zu ermöglichen. Dabei wird besonderen Bedürfnissen Rechnung getragen.

§ 2 Behinderung

Menschen sind behindert, wenn ihre körperliche Funktion, geistige Fähigkeit oder seelische Gesundheit mit hoher Wahrscheinlichkeit länger als sechs Monate von dem für das Lebensalter typischen Zustand abweicht und daher ihre Teilhabe am Leben in der Gesellschaft beeinträchtigt ist.

§ 6 Gemeinsame Erziehung und Bildung in öffentlichen Einrichtungen

Öffentliche Einrichtungen zur Erziehung und Bildung in Hessen fördern die selbstbestimmte und gleichberechtigte Teilhabe von Menschen mit und ohne Behinderung am Leben der Gesellschaft und bieten ihnen gemeinsame Lern- und Lebensfelder. Das Nähere regeln die jeweiligen Landesgesetze.

Gesetz zur Ausführung des Kinder- und Jugendhilfegesetzes (AG-KJHG)[Fn.3]

in der Fassung vom 22. Januar 2001 (GVBl. I S. 106), geändert durch Gesetz vom 29. November 2005 (GVBl. I S. 769)

§ 1 Jugendhilfe

...

(3) Bei ihrer Aufgabe, junge Menschen in ihrer Entwicklung zu fördern und dazu beizutragen, Benachteiligungen zu vermeiden oder abzubauen, soll sie darauf hinwirken, dass

1. die Integration behinderter und nichtbehinderter junger Menschen gefördert wird,
2. die sozialen und kulturellen Interessen und Bedürfnisse ausländischer junger Menschen und ihrer Familien berücksichtigt werden und
3. bedarfsgerechte und differenzierte Angebote und Einrichtungen der Jugendhilfe allen Kindern, Jugendlichen und jungen Volljährigen und ihren Familien gleichermaßen zugänglich sind.

Hessisches Kindergartengesetz[Fn.4]

vom 14. Dezember 1989 (GVBl. I S. 450), zuletzt geändert durch Gesetz vom 20. November 2005 (GVBl. I S. 769)

§ 9 Besondere Integrationsaufgaben

...

(2) Träger nach Abs. 1 erhalten für die gemeinsame Förderung von behinderten und nichtbehinderten Kindern in ihren Kindergärten Zuwendungen zu den Personal- und Sachkosten nach Maßgabe des Haushaltes.

Durch die Rahmenvereinbarung Integrationsplatz kann und soll jedes Kind mit Behinderung und jedes Kind, das von einer Behinderung bedroht ist, wohnortnah einen Platz in einer Regeleinrichtung erhalten.

Die Aufgabe der Kindertageseinrichtung besteht darin, die Betreuung, Bildung und Erziehung der Kinder in einem Integrationsprozess zu gestalten.

Die „Rahmenvereinbarung Integrationsplatz" (Angebote für Kinder mit Behinderung vom vollendeten dritten Lebensjahr bis Schuleintritt in Tageseinrichtungen für Kinder) wurde im Jahr 1999 zwischen dem Hessischen Städte- und Gemeindebund, dem Hessischen Städtetag, dem Hessischen Landkreistag sowie dem Landeswohlfahrtsverband Hessen geschlossen. Die Liga der Freien Wohlfahrtspflege ist der Vereinbarung beigetreten. Das Hessische Sozialministerium hat im Juni 1999 eine Zusatzvereinbarung zur Rahmenvereinbarung eingebracht, die von allen oben genannten Ver-

---

3. Ab 2007 abgelöst durch Hessisches Kinder- und Jugendhilfegesetzbuch.
4. Ab 2007 abgelöst durch Hessisches Kinder- und Jugendhilfegesetzbuch und Verordnung zur Landesförderung für Kindertageseinrichtungen und Kindertagespflege.

Grundlagen der Sozialgesetzgebung

tragspartnern und dem Hessischen Sozialministerium unterzeichnet wurde. Die Rahmenvereinbarung Integrationsplatz wurde überarbeitet, jedoch von den Vertragspartnern noch nicht verabschiedet, sodass nach wie vor die Rahmenvereinbarung Integrationsplatz aus dem Jahr 1999 ihre Gültigkeit hat.

Die Rahmenvereinbarung Integrationsplatz ist *die* Arbeitsgrundlage für Kindertageseinrichtungen mit Integrationsplätzen in Hessen. Eine intensive Auseinandersetzung mit diesem Schriftstück vor einem Einstieg in die integrative Arbeit ist daher unerlässlich. Auf den folgenden Seiten sind die Inhalte der Rahmenvereinbarung Integrationsplatz wortwörtlich wiedergegeben.

Die Arbeitsgruppe Integration und das Hessische Sozialministerium haben Empfehlungen zur Umsetzung der Rahmenvereinbarung Integrationsplatz formuliert. Diese sind ebenfalls wortwörtlich auf den darauffolgenden Seiten wiedergegeben.

Die Zusatzvereinbarung zur Rahmenvereinbarung Integrationsplatz[5] sowie die Beitrittserklärung der Liga der Freien Wohlfahrtspflege können Sie bei Bedarf im Hessischen Sozialministerium anfordern.

---

5. Vertrag zwischen den Vertragspartnern der Rahmenvereinbarung Integrationsplatz (Kommunalen Spitzenverbänden, der Liga der Freien Wohlfahrtspflege und dem Landeswohlfahrtsverband als ehemaliger Kostenträger) und dem Hessischen Sozialministerium.

1.3 Die Rahmenvereinbarung Integrationsplatz

Inhaltsübersicht

Präambel
1 Personenkreis
2 Ziel und Aufgabe
2.1 ... der Tageseinrichtung für Kinder
2.2 ... der Eingliederungshilfe
3 Rahmenbedingungen für Integrationsplätze in Tageseinrichtungen für Kinder
3.1 Träger
3.2 Betriebserlaubnis
3.3 Raumprogramm
3.4 Qualitätsentwicklung und -sicherung
3.5 Personelle Voraussetzungen
3.6 Fortbildung
3.7 Gruppengröße und Anzahl der Kinder mit Behinderung pro Gruppe
3.8 Betreuungszeit des Kindes mit Behinderung
4 Voraussetzungen für die Vergütung
4.1 Regelmäßige Anwesenheit des Kindes mit Behinderung
4.2 Sicherstellung der zusätzlichen Hilfen (Leistungselemente und Maßnahmen) für das Kind mit Behinderung
5 Vergütung gemäß § 93 BSHG
6 Antrags- und Bewilligungsverfahren
7 Übergangsregelung
7.1 ... für noch bestehende Sonder-/Heilpädagogische Gruppen
7.2 ... zur Verlängerung der befristet bis 31.07.1999 vereinbarten Vergütung gemäß § 93 BSHG für *Altfälle* in Sonder-/Heilpädagogischen und Integrativen Gruppen
7.3 ... Härtefallregelung für Sonder-/Heilpädagogische und Integrative Gruppen
8 Umstellung laufender Einzelintegrationsmaßnahmen zum 01.08.1999
9 Verfahren zur Anpassung der Vergütung
9.1 ... für *Altfälle*
9.2 ... für *Neufälle*
10 Gesonderte Beförderungskosten
10.1 ... für *Altfälle*
10.2 ... für *Neufälle*
11 Inkrafttreten und Kündigung der Vereinbarung
11.1 Inkrafttreten
11.2 Kündigung
12 Salvatorische Klausel

Anlage 1 Leistungselemente und Maßnahmen
Anlage 2 Maßnahmepauschale
Anlage 3 Antrags- und Bewilligungsverfahren
Anlage 4 Gesonderte Beförderungskosten

Die Rahmenvereinbarung Integrationsplatz

Präambel

Die Vertragspartner vereinbaren auf der Grundlage des § 24 Sozialgesetzbuch Achtes Buch „Kinder- und Jugendhilfe" (SGB VIII)[Fn.6] in Ausgestaltung des § 22 SGB VIII, des Gesetzes zur Ausführung des Kinder- und Jugendhilfegesetzes (AG-KJHG) – § 1 Abs. 3 AG-KJHG – und der Bestimmungen des Hessischen Kindergartengesetzes – § 9 Abs. 2 Hessisches Kindergartengesetz –, Kindern mit Behinderung[Fn.7] die Aufnahme in Tageseinrichtungen für Kinder zu ermöglichen.

Jedem Kind mit Behinderung soll die Eingliederung in die Gesellschaft ermöglicht werden, um **alle** Kinder in ihrer individuellen und sozialen Entwicklung zu fördern und dazu beizutragen, Benachteiligungen zu vermeiden und abzubauen.

Mit dieser Vereinbarung soll dabei insbesondere dem **Benachteiligungsverbot** nach Artikel 3 Abs. 3 Grundgesetz Rechnung getragen und zur Realisierung des gesetzlich verankerten sowie gesellschaftlichen Auftrages beigetragen werden.

Hierbei zielt diese Vereinbarung darauf ab, die Voraussetzungen eines **Integrationsplatzes** für Kinder mit Behinderung in einer Tageseinrichtung für Kinder zu definieren[Fn.8].

Zur Verwirklichung dieses Anspruchs für Kinder mit Behinderung sind die Rahmenbedingungen in den Tageseinrichtungen für Kinder nach dieser Vereinbarung zu gewährleisten. Darüber hinaus ist dieses Ziel auch im Rahmen der kommunalen Jugendhilfeplanung gem. § 80 SGB VIII zu berücksichtigen.

Demzufolge bildet die Grundlage für die Aufnahme von Kindern mit Behinderung die jeweils geltende Kindergartensatzung/-ordnung des Trägers der Tageseinrichtung für Kinder.

Der sachlich zuständige Träger der Sozialhilfe verpflichtet sich, die darüber hinaus **aufgrund der Behinderung entstehenden zusätzlichen Hilfen**[Fn.9] für das Kind mit Behinderung auf der Grundlage der §§ 39, 40 Abs. 1 Nr. 2a i. V. m. § 93 Bundessozialhilfegesetz (BSHG) zur Realisierung der Eingliederungshilfe zu finanzieren.

1 Personenkreis[Fn.10]

1.1 Kinder vom vollendeten 3. Lebensjahr bis Schuleintritt, die

1.2 nicht nur vorübergehend körperlich, geistig oder seelisch wesentlich behindert sind (§ 39 Abs. 1 BSHG) oder denen eine nicht nur vorübergehende körperliche, geistige oder seelische wesentliche Behinderung droht (§ 39 Abs. 2 BSHG) und die

1.3 aufgrund ihrer Behinderung (§ 39 Abs.1 bzw. Abs. 2 BSHG) **zusätzlicher** Hilfen (Leistungselemente und Maßnahmen) nach **Anlage 1 Ziffer 2** in Tageseinrichtungen für Kinder bedürfen.

---

6. Hinweis zu den gesetzlichen Grundlagen: in den jeweils geltenden Fassungen.
7. Kinder mit Behinderung i. S. dieser Vereinbarung siehe Ziffer 1 (Personenkreis).
8. Hinweis zu: „Richtlinien für die gemeinsame Förderung behinderter und nichtbehinderter Kinder in Kindertagesstätten im Lande Hessen" vom 07.02.1991 und „Rahmenvereinbarung Einzelintegration" vom 01.08.1996, gekündigt zum 31.07.1999.
9. Sog. „behinderungsbedingter Mehraufwand".
10. Formulierung in der Vereinbarung: Kinder mit Behinderung.

2 Ziel und Aufgabe

2.1 ... der Tageseinrichtung für Kinder

nach dieser Vereinbarung ist die Erziehung, Bildung und Betreuung i. S. § 22 SGB VIII **gemeinsam** in Gruppen von Kindern mit und ohne Behinderung.

Die gemeinsame Erziehung, Bildung und Betreuung von Kindern mit und ohne Behinderung (vgl. § 22 SGB VIII) bezieht die gesamte Tageseinrichtung für Kinder ein.

Das Betreuungsangebot der Tageseinrichtung für Kinder orientiert sich dabei sowohl pädagogisch als auch organisatorisch an den Bedürfnissen der Kinder und ihrer Familien (vgl. § 22 SGB VIII).

Die gemeinsame Erziehung von Kindern mit und ohne Behinderung geht von dem Anspruch eines jeden Kindes auf Erziehung, Bildung und Betreuung aus. Sie will Kinder in ihrer Entwicklung unterstützen und sie fördern, eigenverantwortliche und gemeinschaftsfähige Persönlichkeiten zu werden. Im Mittelpunkt des pädagogischen Konzeptes auf der Grundlage des „situationsorientierten Ansatzes" stehen die Merkmale des lebensnahen Lernens in der Arbeit mit Kindern und Eltern sowie Teilhabe am Leben im Gemeinwesen. Dies schließt andere pädagogische Grundrichtungen – z.B. Montessori- und Waldorfpädagogik – mit ein.

Die integrative Pädagogik geht davon aus, dass Kinder in ihren jeweiligen Fähigkeiten und Fertigkeiten entwicklungsgemäß gefördert werden und auch spezielle Unterstützung erhalten.

Dies setzt eine enge Zusammenarbeit mit Eltern, Angeboten der Frühförderung, Fachberatung und sonstigen Beratungsdiensten sowie eine gezielte Fortbildung voraus.

2.2 ... der Eingliederungshilfe

ist es, eine drohende Behinderung zu verhüten oder eine vorhandene Behinderung oder deren Folgen zu beseitigen oder zu mildern und den Behinderten in die Gesellschaft einzugliedern (vgl. § 39 Abs. 3 BSHG).

Bei dem Personenkreis nach Ziffer 1 umfasst die Eingliederungshilfe heilpädagogische Maßnahmen i. S. § 40 Abs.1 Nr. 2a BSHG i. V. m. § 11 Eingliederungshilfeverordnung und beinhaltet gleichzeitig die Förderung der sozialen Integration in die Tageseinrichtung für Kinder.

Hierzu soll die Betreuung der Kinder mit Behinderung wohnortnah erfolgen.

Notwendige zusätzliche pflegerische und medizinisch-therapeutische Hilfen sind, sofern nicht bei den Leistungselementen und Maßnahmen in **Anlage 1 Ziffer 2** erfasst, **außerhalb** dieser Rahmenvereinbarung zu organisieren und finanzieren – vgl. Sozialgesetzbuch Fünftes Buch „Gesetzliche Krankenversicherung" (SGB V), Sozialgesetzbuch Elftes Buch „Pflegeversicherung" (SGB XI).[Fn.11]

---

11. Zusammenstellung der zusätzlichen pflegerischen und medizinisch-therapeutischen Hilfen außerhalb dieser Rahmenvereinbarung als Orientierungshilfen.

3 Rahmenbedingungen für Integrationsplätze in Tageseinrichtungen für Kinder

3.1 Träger

Die Tageseinrichtung für Kinder befindet sich in der Trägerschaft der öffentlichen Jugendhilfe, der Kommune, eines anerkannten Trägers der freien Jugendhilfe oder eines privaten Trägers[Fn.12].

3.2 Betriebserlaubnis

Für den Betrieb der Tageseinrichtung für Kinder liegt eine geltende Erlaubnis gemäß § 45 SGB VIII (Betriebserlaubnis) vor.

3.3 Raumprogramm

Das Raumprogramm muss die erforderlichen pädagogischen Differenzierungen innerhalb der Gruppe und gruppenübergreifend sowie die erforderliche medizinisch-therapeutische Förderung gewährleisten. Soweit mehr als drei Kinder mit Behinderung in der Gruppe betreut werden, müssen innerhalb der vorhandenen Räumlichkeiten neben den erforderlichen Gruppenräumen ein geeigneter Mehrzweckbereich sowie ein für Einzelförderung geeigneter Raum vorhanden sein.

3.4 Qualitätsentwicklung und -sicherung

Die Qualitätsentwicklung und -sicherung ist konkret vor Ort zwischen den Beteiligten zu entwickeln.

Aktivitäten/Maßnahmen zur Qualitätsentwicklung und -sicherung sind beispielsweise …
… Konzeptionsentwicklung und -fortschreibung
… Qualitätszirkel
… einrichtungsübergreifende themenbezogene Arbeitskreise

3.5 Personelle Voraussetzungen

Die personellen Voraussetzungen orientieren sich an der Öffnungszeit der **gesamten** Tageseinrichtung für Kinder und müssen den „Richtlinien für Kindertagesstätten im Lande Hessen" in der jeweils geltenden Fassung[Fn.13] entsprechen.

3.6 Fortbildung

Der Träger der Tageseinrichtung für Kinder ist verpflichtet, den pädagogischen Mitarbeiterinnen und Mitarbeitern Gelegenheit zu geben, sich beruflich fortzubilden. Dabei ist die Teilnahme an geeigneten sozialpädagogischen und heil- oder behindertenpädagogischen Fortbildungsveranstaltungen sowie an praxisbegleitenden Beratungsangeboten einschließlich Fachberatung dringend erwünscht.

---

12. Private Träger erhalten weder Mittel nach dem Hessischen Kindergartengesetz noch durch die örtlichen Träger der Jugendhilfe.
13. „Richtlinien für Kindertagesstätten im Lande Hessen" vom 28.11.1963.

3.7 Gruppengröße und Anzahl der Kinder mit Behinderung pro Gruppe

3.7.1 Bezogen auf die **einzelne Gruppe** innerhalb der Tageseinrichtung sind die Gruppengrößen differenziert nach Anzahl der Kinder mit Behinderung in Verbindung mit dem erforderlichen Hilfebedarf der jeweiligen Kinder.

Für Kinder vom vollendeten dritten Lebensjahr bis Schuleintritt liegt die Gesamtgröße der Gruppe – einschließlich Kinder mit Behinderung – bei 15 bis maximal 20 Kindern (Obergrenze).

Die Anzahl der Kinder mit Behinderung je Gruppe beträgt 1 bis maximal 5 Kinder (Obergrenze).

Bei 4 bis 5 Kindern mit Behinderung beträgt die Gesamtgröße der Gruppe maximal 15 Kinder, bei 1 bis 2 Kindern mit Behinderung maximal 20 Kinder – jeweils einschließlich der Kinder mit Behinderung.

3.7.2 Werden in einer **altersstufenübergreifenden Gruppe** Kinder mit Behinderung aufgenommen, so müssen in dieser Gruppe mindestens 5 Kindergartenkinder[Fn.14] sein. Von diesen 5 Kindergartenkindern sind dann 1 bis 2 Kinder mit Behinderung und 3 bis 4 Kinder ohne Behinderung.

3.7.3 Wenn in der Betriebserlaubnis die Gruppengröße von maximal 25 Kindern (Obergrenze) wegen **eingeschränkter räumlicher Bedingungen** reduziert ist, muss bei Aufnahme von Kindern mit Behinderung eine weitere Reduzierung der Gruppengröße erfolgen.

3.8 Betreuungszeit des Kindes mit Behinderung

Die **Betreuungszeit** des Kindes mit Behinderung orientiert sich an der Öffnungszeit der Tageseinrichtung für Kinder und beträgt in der Regel zwischen 4 und 6 Stunden pro Tag.

4 Voraussetzungen für die Vergütung

4.1 Regelmäßige Anwesenheit[Fn.15] des Kindes mit Behinderung

Die Vergütung nach **Ziffer 5** dieser Vereinbarung setzt eine **regelmäßige Anwesenheit** des Kindes mit Behinderung voraus, um die Aufgabe der Eingliederungshilfe zu erfüllen (vgl. § 39 Abs. 4 BSHG).

4.2 Sicherstellung der zusätzlichen Hilfen (Leistungselemente und Maßnahmen) für das Kind mit Behinderung

4.2.1 Ausgehend vom **vorhandenen** Personalbestand der Tageseinrichtung für Kinder wird bei Aufnahme von Kindern mit Behinderung **zusätzliches Betreuungspersonal** von **15 Stunden/Woche einer Fachkraft** (Fachkraftstunden) **pro Kind mit Behinderung** für die Sicherstellung der zusätzlichen Hilfen (Leistungselemente und Maßnahmen) nach Anlage 1 Ziffer 2 erforderlich.

---

14. Vom vollendeten dritten Lebensjahr bis Schuleintritt.
15. Zur regelmäßigen Anwesenheit siehe Anlage 2.

4.2.2 Der Einsatz zusätzlichen Betreuungspersonals (Fachkraftstunden) nach **Ziffer 4.2.1** wird begleitet und unterstützt durch weitere Leistungselemente und Maßnahmen der **Anlage 1 Ziffer 2**, insbesondere durch Fortbildung der pädagogischen Mitarbeiterinnen und Mitarbeiter der Tageseinrichtung für Kinder.

5 Vergütung gemäß § 93 BSHG

5.1 Werden **sämtliche** Voraussetzungen unter **Ziffer 3 und 4** erfüllt, wird **auf Antrag** dem Träger der Tageseinrichtung für Kinder eine **Maßnahmepauschale** gemäß § 93 BSHG aus Mitteln des sachlich zuständigen Sozialhilfeträgers für die Finanzierung der erforderlichen zusätzlichen Hilfen (Leistungselemente und Maßnahmen) der **Anlage 1 Ziffer 2** gewährt.

5.2 Je nach Besonderheit des Einzelfalles setzen sich die einzelnen zusätzlichen Leistungselemente und Maßnahmen der **Anlage 1 Ziffer 2** im Rahmen der individuellen Hilfeplanung für das Kind mit Behinderung unterschiedlich zusammen (vgl. Anlage 1 Ziffer 1).

5.3 Die Höhe der **Maßnahmepauschale** ergibt sich aus **Anlage 2**.

6 Antrags- und Bewilligungsverfahren

Das Antrags- und Bewilligungsverfahren ist als Übersicht in der **Anlage 3** dargestellt.[Fn.16]

7 Übergangsregelung

7.1 ... für noch bestehende Sonder-/Heilpädagogische Gruppen[Fn.17]

7.1.1 Zum 01.08.1999 noch bestehende Sonder-/Heilpädagogische Gruppen, die ausschließlich Kinder mit Behinderung betreuen, werden innerhalb eines Übergangszeitraumes von **bis zu 3 Jahren** – bis 31.07.2002 – in „integrative" Betreuungsformen überführt.

7.1.2 Über das konkrete Vorgehen innerhalb dieses Übergangszeitraumes wird im Laufe des Kindergartenjahres 1999/2000 eine Vereinbarung zwischen dem Träger der Sonder-/Heilpädagogischen Gruppe und dem sachlich zuständigen Sozialhilfeträger – unter Beteiligung des örtlichen Trägers der Jugendhilfe, des Landesjugendamtes Hessen und der Kommune (Standort der Tageseinrichtung für Kinder) – getroffen.

---

16. Für ein einheitliches Verfahren werden gesonderte Empfehlungen für die örtlichen Träger der Sozialhilfe und Jugendhilfe erarbeitet. Bis dahin gelten die Hinweise zur „Rahmenvereinbarung Einzelintegration" vom 01.08.1996 – siehe Rundschreiben 20 Nr. 9/1995 des LWV Hessen vom 23.07.1996, soweit sie nicht dieser Vereinbarung widersprechen.
17. Übergangsregelung für zum 01.08.1999 noch nicht umstrukturierte Sonder-/Heilpädagogische Gruppen (ehemalige Grundlage: „Richtlinien für die Errichtung und den Betrieb von Sonderkindertagesstätten im Lande Hessen" vom 16.11.1972 – ausgelaufen zum 31.12.1993).

7.2 ... zur Verlängerung der befristet bis 31.07.1999 vereinbarten Vergütung gemäß § 93 BSHG für *Altfälle* in Sonder-/Heilpädagogischen[Fn.18] und Integrativen Gruppen[Fn.19]

7.2.1 Zur Fortsetzung der Betreuung für die Kinder mit Behinderung, die bereits vor dem 31.07.1999 in Sonder-/Heilpädagogische und Integrative Gruppen zu Lasten des LWV Hessen aufgenommen wurden (sog. **Altfälle**) und für deren Betreuung zwischen dem Träger der Tageseinrichtung für Kinder und dem LWV Hessen eine Vergütungsvereinbarung gemäß § 93 BSHG – befristet bis 31.07.1999 – vorliegt, wird die **vereinbarte Höhe der Vergütung ab 01.08.1999** bis zum Ausscheiden des Kindes aus der Maßnahme – längstens jedoch bis 31.07.2002 – durch den LWV Hessen weiter gewährt.

7.2.2 Die bis 31.07.1999 vereinbarte **abrechnungstägliche** Vergütung (Basis = 250 Abrechnungstage pro Jahr) wird für Altfälle nach Ziffer 7.2.1 zur Vereinheitlichung auf eine **jährliche** Vergütung **zum 01.08.1999** umgerechnet.

7.3 ... Härtefallregelung für Sonder-/Heilpädagogische[Fn.20] und Integrative Gruppen[Fn.21]

Während der Laufzeit der Übergangsregelung vom 01.08.1999 bis 31.07.2002 ist eine Härtefallregelung nur bei wesentlichen Veränderungen der Zusammensetzung in nach dem 01.08.1999 noch bestehenden Sonder-/Heilpädagogischen bzw. Integrativen Gruppen möglich. Der Härtefall ist vom Träger der Tageseinrichtung für Kinder gegenüber dem örtlich zuständigen Träger der Sozialhilfe zu begründen. Eine Härtefallregelung kann begrenzt auf ein Jahr unter Anwendung des § 93b Abs. 3 BSHG vereinbart werden.

8 Umstellung laufender Einzelintegrationsmaßnahmen[Fn.22] zum 01.08.1999

Einzelintegrationsmaßnahmen, die bis zum 31.07.1999 nach der gekündigten „Rahmenvereinbarung Einzelintegration" gefördert wurden, werden **zum 01.08.1999** auf diese Vereinbarung umgestellt.

---

18. Sonder-/Heilpädagogische Gruppen i.S. der „Richtlinien für die Errichtung und den Betrieb von Sonderkindertagesstätten im Lande Hessen" vom 16.11.1972 – ausgelaufen zum 31.12.1993.
19. Integrative Gruppen i.S. der „Richtlinien für die gemeinsame Förderung behinderter und nichtbehinderter Kinder in Kindertagesstätten im Lande Hessen" vom 07.02.1991.
20. Sonder-/Heilpädagogische Gruppen i.S. der „Richtlinien für die Errichtung und den Betrieb von Sonderkindertagesstätten im Lande Hessen" vom 16.11.1972 – ausgelaufen zum 31.12.1993.
21. Integrative Gruppen i.S. der „Richtlinien für die gemeinsame Förderung behinderter und nichtbehinderter Kinder in Kindertagesstätten im Lande Hessen" vom 07.02.1991.
22. Laufende Einzelintegrationsmaßnahmen nach der „Rahmenvereinbarung Einzelintegration" vom 01.08.1996, gekündigt zum 31.07.1999.

9 Verfahren zur Anpassung der Vergütung

9.1 ... für *Altfälle*

Die Anpassung der Vergütung für Altfälle in Sonder-/Heilpädagogischen und Integrativen Gruppen nach **Ziffer 7.2.1** wird – längstens mit Wirkung bis 31.07.2002 – auf der Basis des § 93 BSHG im Pflegesatzausschuss[23] verhandelt.

9.2 ... für *Neufälle*[24]

Die Vertragspartner dieser Vereinbarung vereinbaren eine Regelung zur Anpassung der Vergütung für Neufälle auf der Grundlage der Kostenentwicklung nach § 93 BSHG.

10 Gesonderte Beförderungskosten

10.1 ... für *Altfälle*

Für **Altfälle** in Sonder-/Heilpädagogischen und Integrativen Gruppen nach **Ziffer 7.2.1**, für die befristet bis 31.07.1999 eine gesonderte Beförderung (Fahrkostensatz oder Einzelvereinbarung) durch den LWV Hessen erstattet wurde, läuft die gesonderte Erstattung der erforderlich werdenden Beförderungskosten[25] ab 01.08.1999 durch den LWV Hessen weiter bis zum Ausscheiden des Kindes aus der Maßnahme – längstens jedoch bis 31.07.2002.

10.2 ... für *Neufälle*[26]

Ab 01.08.1999 erstattet der sachlich zuständige Sozialhilfeträger nur in **besonders begründeten Ausnahmefällen** gesondert die erforderlichen Beförderungskosten für diejenigen Kinder, die wegen Art und Schweregrad ihrer Behinderung einer besonderen Beförderungsregelung in die Tageseinrichtung für Kinder bedürfen.

Die Grundsätze hierzu werden in der **Anlage 4** geregelt.

11 Inkrafttreten und Kündigung der Vereinbarung

11.1 Inkrafttreten

Die Rahmenvereinbarung „Angebote für Kinder mit Behinderung vom vollendeten 3. Lebensjahr bis Schuleintritt in Tageseinrichtungen für Kinder" tritt mit Wirkung **zum 01.08.1999** (Kindergartenjahr 1999/2000) in Kraft.

---

23. Bzw. der Vertragskommission gemäß § 26 Entwurf Rahmenvertrag nach § 93d Abs. 2 BSHG (Stand: 10.05.1999).
24. Neufälle i.S. der Vereinbarung = Aufnahmen von Kindern mit Behinderung ab 01.08.1999.
25. Hinweis: Die Höhe von 30. bis 31.07.1999 vereinbarten Fahrkostensätzen wird für die Erstattung ab 01.08.1999 überprüft.
26. Neufälle i.S. der Vereinbarung = Aufnahmen von Kindern mit Behinderung ab 01.08.1999.

11.2 Kündigung

Die Rahmenvereinbarung „Angebote für Kinder [...]" oder einzelne Anlagen zur Rahmenvereinbarung können von jeder Vertragspartei mit einer Frist von **9 Monaten** zum Ende des Kindergartenjahres, erstmals zum 31.07.2001, gekündigt werden.

Die Kündigung der Maßnahmepauschale nach Anlage 2 Ziffer 1 berührt nicht die weitere Wirksamkeit dieser Vereinbarung.

12 Salvatorische Klausel

Sollten einzelne Regelungen dieser Vereinbarung ganz oder teilweise unwirksam werden, so berührt dies die Gültigkeit der übrigen Regelungen nicht. Die Vertragspartner dieser Vereinbarung verpflichten sich, die unwirksame Regelung durch eine rechtlich zulässige Regelung zu ersetzen, die dem Sinn und Zweck am nächsten kommt.

Anlage 1 zur Rahmenvereinbarung

„Angebote für Kinder mit Behinderung vom vollendeten 3. Lebensjahr bis Schuleintritt in Tageseinrichtungen für Kinder"

Leistungselemente und Maßnahmen

1 Die **Leistungselemente und Maßnahmen nach Ziffer 2** basieren auf § 40 Abs.1 Nr. 2a BSHG.

Sie bauen auf den „Leistungen" der Tageseinrichtung für Kinder als Einrichtung der Jugendhilfe – insbesondere den Grundsätzen der § 22 SGB VIII, § 1 Abs. 3 Nr. 1 AG KJHG, § 2 Abs. 1 Hessisches Kindergartengesetz sowie den „Richtlinien für Kindertagesstätten" vom 28.11.1963 auf und werden **zusätzlich aufgrund der Behinderung des Kindes** (§ 39 Abs.1 bzw. Abs. 2 BSHG) **erforderlich**.

Je nach Besonderheit des Einzelfalles setzen sich die einzelnen zusätzlichen Leistungselemente und Maßnahmen im Rahmen der individuellen Hilfeplanung für das Kind mit Behinderung unterschiedlich zusammen.

2 **Leistungselemente und Maßnahmen**[Fn.27]

2.1 Entwicklungsbegleitung in integrativen Prozessen, individuell und gruppenbezogen, situations- und entwicklungsangemessen

2.2 Leben und Lernen in der Gruppe

2.3 Klein- und Kleinstgruppen, um Lernerfahrungen und Erfolgserlebnisse zu ermöglichen sowie Kompetenzen zu erwerben mit dem Ziel der „Integration"

2.4 Teilnahme am Leben in der Gemeinschaft (i.S. „Öffnung nach außen")

2.5 Herstellen von Kontakten zwischen den Familien der Tageseinrichtungen für Kinder

2.6 Begleitung und Einbeziehung der Familien und Kinder

2.7 Kooperation mit anderen Tageseinrichtungen für Kinder und anderen Fachkräften bzw. Gruppierungen des Gemeinwesens (extern)

---

27. *Zusätzliche* Leistungselemente und Maßnahmen i.S. „behinderungsbedingten Mehraufwands" der Eingliederungshilfe für Behinderte nach den Bestimmungen des BSHG durch den sachlich zuständigen Träger der Sozialhilfe, sofern nicht andere Leistungsträger *vorrangig* verpflichtet sind (z.B. Krankenkassen bzw. Pflegekassen).

2.8 Kooperation und Koordination mit pädagogischen und anderen Mitarbeiterinnen und Mitarbeitern der Tageseinrichtung für Kinder (intern)

2.9 Zusammenarbeit mit Schulen

2.10 Erwerb von Grundfähigkeiten

2.11 Erlernen lebenspraktischer Fähigkeiten

2.12 Nahrungsaufnahme

2.13 Körperpflege

2.14 Förderung der ganzheitlichen Entwicklung von sprachlichen, motorischen, emotionalen und kognitiven Fähigkeiten

2.15 Einbindung von allgemeiner und medizinischer Pflege bzw. Therapie in den Tagesablauf

2.16 Sicherstellung der heilpädagogischen Maßnahmen

2.17 Fallbezogene Prozesssteuerung

2.18 Hilfeplanung und Dokumentation

2.19 Qualitätsentwicklung und -sicherung

2.20 Fortbildung der pädagogischen Mitarbeiterinnen und Mitarbeiter

Anlage 2 zur Rahmenvereinbarung

„Angebote für Kinder mit Behinderung vom vollendeten 3. Lebensjahr bis Schuleintritt in Tageseinrichtungen für Kinder"

Maßnahmepauschale

1 Die Höhe der Maßnahmepauschale gemäß § 93 BSHG beläuft sich **ab 1.8.1999** auf jährlich **30 000,– DM** (16 545,– Euro/Stand 2006) pro Kind mit Behinderung.

2 Die Höhe der Maßnahmepauschale verringert sich **anteilig in Monaten** …

2.1 … wenn die Voraussetzungen nach Ziffer 3 und 4 dieser Vereinbarung noch nicht bzw. nicht mehr erfüllt sind.

2.2 … bei längerer Abwesenheit des Kindes mit Behinderung.

2.3 … bei Ausscheiden des Kindes mit Behinderung.

2.4 … bei Beendigung der Maßnahme aus sonstigem Grund.

3 Förderungen aus öffentlichen Mitteln sind auf die Maßnahmepauschale anzurechnen, soweit sie dem gleichen Zweck dienen. Ausgenommen hiervon sind Zuwendungen nach dem Hessischen Kindergartengesetz.

Anlage 3 zur Rahmenvereinbarung

„Angebote für Kinder mit Behinderung vom vollendeten 3. Lebensjahr bis Schuleintritt in Tageseinrichtungen für Kinder"

Antrags- und Bewilligungsverfahren

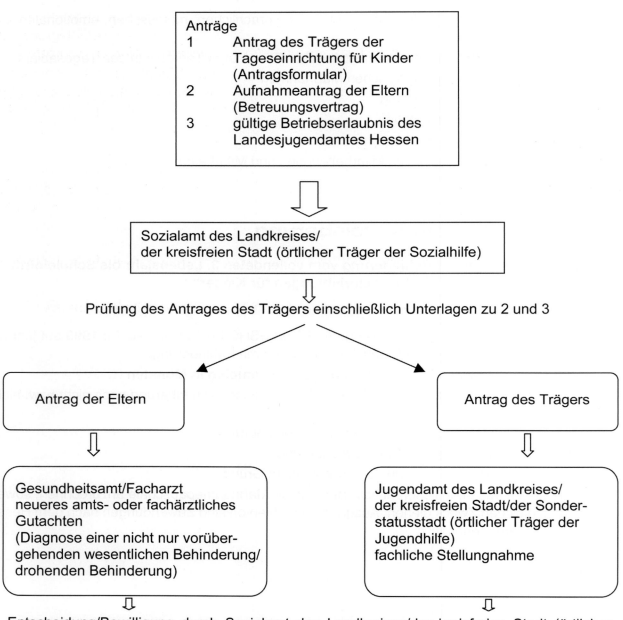

Anlage 4 zur Rahmenvereinbarung

"Angebote für Kinder mit Behinderung vom vollendeten 3. Lebensjahr bis Schuleintritt in Tageseinrichtungen für Kinder"

Gesonderte Beförderungskosten

Grundsätze zur Erstattung gesonderter Beförderungskosten:

1. Neue Maßnahmen ab 01.08.1999 werden in der Regel in einer Tageseinrichtung für Kinder im unmittelbaren Wohnumfeld des Kindes mit Behinderung vollzogen, um die „Integration" zu fördern. Es entstehen in der Regel **keine** gesondert berechenbaren Beförderungskosten.

2. Sofern ein Kind mit Behinderung auf Wunsch der Eltern/eines Elternteiles in einer entfernter gelegenen Tageseinrichtung für Kinder mit Integrationsplatz aufgenommen wird, obwohl im Wohnumfeld ein „geeigneter Integrationsplatz" angeboten wird, sind geltend gemachte Beförderungskosten unter Hinweis auf § 3 Abs. 2 letzter Satz BSHG abzulehnen.

3. Eine Übernahme von Beförderungskosten erfolgt nur, wenn
   - im Wohnumfeld kein geeigneter Integrationsplatz angeboten werden kann,
   - die Beförderung des Kindes mit Behinderung in die nächstgelegene Tageseinrichtung für Kinder mit Integrationsplatz mit den anderen Kindern wegen der Behinderung nicht möglich ist.

In diesen Fällen werden die notwendigen Beförderungskosten übernommen. Dabei sind alle Möglichkeiten einer kostengünstigen Beförderung zu nutzen.

Die Entscheidung ist einzelfallbezogen durch den örtlichen Träger der Sozialhilfe zu treffen.

1.4 Empfehlungen zur Umsetzung der Rahmenvereinbarung Integrationsplatz

Angebote für Kinder mit Behinderung vom vollendeten 3. Lebensjahr bis zum Schuleintritt in Tageseinrichtungen für Kinder

Erarbeitet von der Arbeitsgruppe Integration und dem Hessischen Sozialministerium, Februar 2001

Einleitung

Seit dem 1.8.1999 ist in Hessen die neue Rahmenvereinbarung „Angebote für Kinder mit Behinderung vom vollendeten 3. Lebensjahr bis Schuleintritt in Tageseinrichtungen für Kinder (Rahmenvereinbarung Integrationsplatz)" in Kraft. Vertragspartner sind die Kommunalen Spitzenverbände, der Landeswohlfahrtsverband Hessen sowie die später beigetretene Liga der Freien Wohlfahrtspflege in Hessen.

Die Partner der Rahmenvereinbarung, das Hessische Sozialministerium, das Landesjugendamt sowie der Arbeitskreis der Arbeitnehmerinnenvertretungen in der Behindertenhilfe begleiten in einer „Arbeitsgruppe Integration" die praktische Umsetzung der Neuregelung.

Basis und Grundgedanke der Rahmenvereinbarung ist die Finanzierung jedes Kindergartenplatzes durch Jugendhilfemittel – und zwar auch der Plätze für Kinder mit Behinderung. Der behinderungsbedingte Mehraufwand, insbesondere ein erhöhter Betreuungsbedarf, ist durch zusätzliche Leistungen des Sozialhilfeträgers abzudecken.

Die Arbeitsgruppe legt hiermit erste Empfehlungen zur Anwendung und Umsetzung der neuen Rahmenvereinbarung vor. Angesichts einer noch breiten Palette erläuterungsbedürftiger Vertragsregelungen, einer Vielzahl von Anfragen aus dem Anwenderbereich und auch wegen durchaus noch unterschiedlicher Sichtweisen innerhalb der Arbeitsgruppe, sind diese Empfehlungen nicht als abschließende Stellungnahme zu verstehen. Vielmehr wird die Arbeitsgruppe in enger Anbindung an die Anwenderpraxis (Einrichtungen, Kostenträger und Eltern) den Begleitprozess fortsetzen, um – entsprechend ihrem Auftrag – die fachliche Weiterentwicklung integrativer Angebote zu unterstützen. Dabei wird es auch um die Einschätzung von Betreuungsqualität gehen. In einem zweiten Bericht sollen möglichst schon im Frühjahr 2001 die insoweit gewonnenen Ergebnisse vorgestellt werden, verbunden mit konkreten Vorschlägen an die Vertragsparteien zur Modifizierung der Rahmenvereinbarung.

Die Arbeitsgruppe will auch weiterhin Ansprechpartner für alle an der Integrationsarbeit beteiligten Personen, Institutionen und Einrichtungen sein. Deren Erfahrungen, Kritik und Erwartungen sind unverzichtbare Wegweiser für die weitere Entwicklung fachlich qualifizierter integrativer Betreuungsangebote.

1. Finanzierung des Integrationsplatzes

Die Finanzierungsstruktur eines Integrationsplatzes gemäß der neuen Rahmenvereinbarung sieht wie folgt aus:

Die **Kosten** eines Kindergartenplatzes für ein Kind mit Behinderung werden zum einen von der **Jugendhilfe** getragen. Sie teilen sich wie folgt auf:
- Landesmittel – über Kindergartengesetz
- Jugendhilfemittel – per gesetzlichem Anspruch nach SGB VIII

- Kommunale Mittel der Standortkommune – bei freien Trägern per Vertrag
- Elternbeiträge – per Betreuungsvertrag
- Eigenmittel der Träger – werden in der Regel zusätzlich zur Verfügung gestellt

Zum anderen finanziert **der örtliche Sozialhilfeträger den behinderungsbedingten Mehraufwand**.

Die **Landesförderung** ist im Hessischen Kindergartengesetz (HKgG) verankert. Jeder genehmigte Platz im Kindergarten wird vom Land Hessen gefördert. Darüber hinaus erhält der Träger eines Kindergartens für jedes Kind mit Behinderung, dessen Betreuung vom örtlichen Sozialhilfeträger gemäß BSHG bewilligt wurde, zurzeit vom Land Hessen eine pauschale Zuwendung in Höhe von 3 000,– DM (1 540,– Euro/Stand 2006) jährlich.

Der **Jugendhilfeträger** (das örtliche Jugendamt) kann einen Zuschuss an den Träger gewähren, wenn die Einrichtung einen überörtlichen Bedarf deckt und dies die zuständigen Gremien beschließen.

Freie Träger, Behindertenverbände und Vereine müssen mit der Standortkommune einen Vertrag über den **kommunalen Zuschuss** aushandeln.

Die **Elternbeiträge** sind regional unterschiedlich gestaltet. Wird zwischen freiem Träger und Kommune ein Betriebsvertrag geschlossen, beinhaltet dieser in der Regel auch, dass der Elternbeitrag sich an der Gebührensatzung der Kommune orientiert.

Der **Trägeranteil** ist je nach Standortkommune und Trägerart sehr unterschiedlich. Bei kommunalen Trägern ist er identisch mit den kommunalen Mitteln. Freie Träger haben in der Regel Eigenmittel über Spenden und Mitgliedsbeiträge bzw. – soweit sie kirchliche Träger sind – Kirchensteuern.

Einführende Erläuterung zu den nachfolgenden Empfehlungen

Die Rahmenvereinbarung Integrationsplatz stellt die Hilfeerbringung, die notwendig ist, um eine drohende Behinderung zu verhüten oder eine vorhandene Behinderung oder deren Folgen zu beseitigen oder zu mildern und das behinderte Kind in die Gesellschaft zu integrieren, in einen eindeutigen inhaltlichen und auch organisatorischen Zusammenhang zum Anspruch des Kindes auf Erziehung, Bildung und Betreuung in der Tageseinrichtung für Kinder.

Der finanzielle Grundgedanke der Rahmenvereinbarung Integrationsplatz ist daher, dass jeder Kindergartenplatz über die Jugendhilfe finanziert wird (sog. Sockelbetrag) und dass die Maßnahmepauschale vom Sozialhilfeträger dazu ergänzend für den „behinderungsbedingten Mehraufwand" gewährt wird.

Die tatsächliche Leistungserbringung ist deshalb nur in einer Verknüpfung und gegenseitigen Durchdringung von Jugendhilfeleistung (nach dem Kinder- und Jugendhilfegesetz) und Sozialhilfeleistung (nach dem Bundessozialhilfegesetz) erbringbar.

Hierzu bedarf es für die Einrichtungsträger verbindlicher vertragsrechtlicher Vereinbarungen mit dem öffentlichen Jugendhilfeträger vor Ort, um zum einen die einrichtungsbezogene Planungssicherheit zu erhöhen und zum anderen der gesetzlich vorgeschriebenen Jugendhilfeplanung nach § 80 Kinder- und Jugendhilfegesetz zu genügen.

Empfehlungen

- Zwischen dem Träger der Einrichtung und der Standortkommune sollte über einen **Finanzierungsplan** für die Einrichtung verhandelt und ein **Vertrag** geschlossen werden, der möglichst über mehrere Jahre oder unbefristet (mit Kündigungsfristen) gilt.
- In diesen Verträgen sollte eine **Defizitdeckung** vereinbart werden, die die Standortkommune und/oder der Jugendhilfeträger zu finanzieren hat. In diesem Zusammenhang ist auch das Freihalten von Plätzen sowie die Reduzierung der Gruppengröße durch die Aufnahme eines behinderten Kindes mit den dadurch entstehenden Finanzierungslücken zu klären.
- Insbesondere integrative Einrichtungen, die sich bis zum Jahr 2002 umstrukturieren müssen, um den integrativen Anteil ihrer Tätigkeit zu sichern, sollten in die Verhandlungen mit der Standortkommune mit einem **zukunftsfähigen Konzept** einsteigen und praktikable Lösungen für die künftige Struktur der Einrichtung vorlegen.
- Falls ein **überörtlicher Bedarf** an Plätzen für Kinder mit Behinderung festgestellt wird, sollten das zuständige Jugendamt und der örtliche Sozialhilfeträger mit in die Verhandlungen einbezogen werden. Bei der Bejahung eines überörtlichen Bedarfs ist eine Regelung der Fahrtkostenübernahme erforderlich.

2. Antrags- und Bewilligungsverfahren

- Die **amtsärztliche Untersuchung** zur Anerkennung der Behinderung des Kindes nach dem Bundessozialhilfegesetz (§ 39 Abs. 1 BSHG) ist Voraussetzung für die Bewilligung des Integrationsplatzes.

Empfehlung

Grundsätzlich ist die amtsärztliche Untersuchung nur vor Beginn der Integrationsmaßnahme durchzuführen.

Eine jährlich sich wiederholende Untersuchung sollte nur dann erfolgen, wenn im Einzelfall zu vermuten ist, dass nach einem Jahr die Integrationsmaßnahme nicht mehr erforderlich ist und das Kind einen Regelplatz einnehmen kann.

- Vor Bewilligung der Integrationsmaßnahme durch den örtlichen Sozialhilfeträger erfolgt eine **Prüfung der Voraussetzungen**.

Empfehlung

Neben der Stellungnahme des Gesundheitsamtes und der Anerkennung des Bedarfs auf Eingliederungshilfe durch den örtlichen Sozialhilfeträger ist auch eine Stellungnahme des Jugendamtes vorzulegen. Das Jugendamt soll die **Eignung der Einrichtung** einschätzen, das heißt, überprüfen, ob die Einrichtung fachlich, personell und räumlich in der Lage ist, das Kind mit seiner spezifischen Behinderung angemessen zu betreuen.

Der **Elternwunsch** in Bezug auf die Auswahl der Einrichtung soll berücksichtigt werden. Falls der Elternwunsch von dem Platzangebot abweicht, sollte in Gesprächen mit den Eltern eine einvernehmliche Lösung gesucht werden.

Die **Wohnortnähe** des Platzangebotes ist zur sozialen Integration des Kindes in sein Wohnumfeld wichtig. Darüber hinaus werden dem Kind unnötige Fahrwege erspart.

Empfehlungen zur Umsetzung der Rahmenvereinbarung Integrationsplatz

> Daraus abzuleiten sind **drei Kriterien** zur Bewilligung eines Integrationsplatzes:
> - Eignung der Einrichtung für den spezifischen Hilfebedarf des Kindes
> - Wunsch- und Wahlrecht der Eltern
> - Wohnortnähe des Integrationsplatzes
>
> Anzustreben ist eine einvernehmliche Lösung mit allen Beteiligten, insbesondere mit den Eltern und der Einrichtung.

Vor Aufnahme eines Kindes mit Behinderung ist die Einrichtung nicht zur Einschätzung des Kindes heranzuziehen.

- Die **Bewilligung der Integrationsmaßnahme** durch den örtlichen Sozialhilfeträger erfolgt grundsätzlich für die Dauer der Maßnahme (in der Regel bis zum Schuleintritt) mit Teilbewilligungen der Vergütung für das Kalenderjahr (siehe Anlage 3 der Rahmenvereinbarung).

Der Bewilligungsbescheid soll eine Rechtsbehelfsbelehrung enthalten, da es sich um einen Verwaltungsakt handelt, gegen den Widerspruch eingelegt werden kann. Bei einem ablehnenden Bescheid sind die Entscheidungskriterien darzulegen.

> **Empfehlung**
>
> Es können **Abschlagszahlungen** erfolgen; diese sollten vierteljährlich im Voraus ausgezahlt werden, da die Träger bei der Aufnahme des Kindes in Vorleistung treten und eine späte Auszahlung im Jahr Träger in Finanzierungsschwierigkeiten bringen kann.
>
> Eine **Spitzabrechnung** ist nicht möglich, da es sich um eine Maßnahme**pauschale** handelt.

- Eine **Kürzung der Maßnahmepauschale** ist in der Anlage 4 der Verwaltungsvereinbarung als „Empfehlung zur Anwendung der Begriffe **Längere Abwesenheit**" geregelt. Dort wird eine anteilige Kürzung bei weniger als 178 Tagen Anwesenheit des Kindes in der Einrichtung empfohlen. Den Trägern bereitet diese Regelung große Schwierigkeiten, da sie auch bei längeren Abwesenheiten des Kindes in aller Regel zur Weiterbeschäftigung und -vergütung des **zusätzlich** angestellten Personals verpflichtet sind, also die Kosten weiterlaufen.

> **Empfehlung**
>
> Wenn das Kind weniger als 178 Tage anwesend ist, hat der Träger zurzeit nur die Möglichkeit, einen **begründeten Antrag** zur Weiterzahlung der vollen Maßnahmepauschale an den Sozialhilfeträger zu stellen.

Unsicherheiten bestehen bei der Abrechnung in Bezug auf bereits „angebrochene Monate", in denen sich die Kürzungsvoraussetzungen realisieren.

> **Empfehlung**
>
> Entsprechend der üblichen und bewährten Verwaltungspraxis soll die Vergütung für den vollen Monat gewährt werden.

Empfehlungen zur Umsetzung der Rahmenvereinbarung Integrationsplatz

3. Personelle Besetzung

Die personelle Besetzung der Gruppen mit Integrationsplätzen ist in der Rahmenvereinbarung unter Ziffer 3.5 und 4.2.1 geregelt.

Grundsätzlich entscheidet jeder Träger über die personelle Ausstattung seiner Einrichtung unter Berücksichtigung der Öffnungszeiten und der gesetzlichen Rahmenbedingungen. Daraus folgt, dass die personelle Grundausstattung der Jugendhilfeeinrichtungen sehr unterschiedlich ist.

Auf diese unterschiedlichen Sockel werden die 15 Fachkraftstunden pro Integrationsplatz „aufgesetzt", die aus Mitteln des örtlichen Sozialhilfeträgers finanziert werden.

Die mit 15 Stunden zusätzlich beschäftigte Fachkraft, ist aber **nicht ausschließlich** für die Betreuung des Kindes mit Behinderung zuständig. Auch bedeuten die 15 Fachkraftstunden nicht, dass das Kind mit Behinderung nur 15 Stunden in der Woche betreut werden kann. Die 15 Fachkraftstunden sind die Berechnungsgrundlage für die Maßnahmepauschale von 30 000,– DM (16 545,– Euro/ Stand 2006) in Bezug auf den behinderungsbedingten Mehraufwand.

„Fachkräfte" im Sinne der Rahmenvereinbarung sind mindestens staatlich anerkannte Erzieherinnen.

Problemkreis

Angesicht der unsicheren Arbeitsvertragslage (Befristungen von Arbeitsverträgen) ergeben sich für Einrichtungen – wie auch für die zusätzlich angestellten Fachkräfte – besondere Schwierigkeiten. Die Gewinnung von Fachkräften wird auf dieser Grundlage erschwert. In vielen Fällen werden Berufsanfängerinnen befristet als Zusatzkräfte eingestellt. Beim Angebot einer unbefristeten Stelle wechseln sie den Arbeitsplatz. Es kommt zu einer starken Fluktuation, die sich auf die Entwicklung integrativer Konzepte negativ auswirkt.

Empfehlungen

- Der Träger kann die 15 Fachkraftstunden bei der **Arbeitszeit** des vorhandenen Personals **aufstocken**. Dabei ist es auch möglich, die zusätzlichen Stunden auf eine Fachkraft oder mehrere Fachkräfte zu verteilen.
- Der Träger kann darauf hinwirken, dass **zwei Integrationsplätze** in einer Einrichtung zur Verfügung gestellt werden und somit 30 zusätzliche Fachkraftstunden notwendig werden. Bei 30 Stunden wird die Neueinstellung einer Fachkraft erleichtert.
- Neu eingestellte Fachkräfte sollten einen Vertrag über die gesamte Dauer der Maßnahme erhalten.
- Die Fachkräfte, die diese Fachkraftstunden ausfüllen, sollen die personelle Besetzung der Gruppe verstärken, damit das **gesamte** Personal der Gruppe in der Lage ist, die Integration des Kindes mit Behinderung zu leisten. Grundsätzlich soll sich der Einsatz des Fachpersonals mit zusätzlichen Fachkraftstunden an dem Konzept der Einrichtung und an dem Hilfebedarf der Kinder orientieren. Die **Zuständigkeit** einer Fachkraft ausschließlich für ein behindertes Kind festzulegen ist nicht im Sinne der Integration und somit auch nicht im Sinne der Rahmenvereinbarung.
- Belegt ein Träger z. B. **fünf Integrationsplätze** in einer Gruppe, so muss er zusätzlich 75 Fachkraftstunden bereitstellen. Je nach Behinderung der Kinder können hier auch Fachkraftstunden zur differenzierten Betreuung bis hin zur stundenweisen Einzelbetreuung der Kinder genutzt werden.

4. Fortbildung

Die Fortbildung der Fachkräfte ist in Ziffer 3.5 und 4.2.2 der Rahmenvereinbarung geregelt.

Daraus geht hervor, dass der Träger den Fachkräften in Einrichtungen mit Integrationsplätzen Fortbildung gewähren muss. Es ist nicht ausgeführt, welche Fortbildungsangebote nötig sind und auch nicht der Umfang der Fortbildung.

Die Auszahlung der Maßnahmepauschale erfolgt in voller Höhe, wenn im Grunde die Voraussetzungen erfüllt sind, das heißt, wenn der Träger erklärt, dass er Fortbildung gewährt. In diesem Fall kann der örtliche Sozialhilfeträger nicht von sich aus einen Teil der Maßnahmepauschale zurückhalten, um ihn erst mit der Bescheinigung der besuchten Fortbildungen auszuzahlen.

Gezielte Fortbildungsangebote zum Thema Integration sind ausgesprochen erwünscht und sollten auch innerhalb der Kommune/des Kreises organisiert angeboten werden.

Empfehlungen

- Das zuständige Jugendamt kann im Einvernehmen mit den Verbänden ein **Fortbildungskonzept** gegebenenfalls gekoppelt mit dem Angebot von Arbeitskreisen zum Thema Integration entwickeln. Dies würde ein regionales Serviceangebot zur Gewährleistung von fachlich qualifizierter Fortbildung darstellen.
- Wenn Träger und Einrichtungen ihr Einverständnis zu einem zentralen **Fortbildungsangebot** durch den Kreis geben, kann auch eine vereinbarte Summe der Maßnahmepauschale und/oder der Landesmittel zur Durchführung der Angebote verwendet werden. Diese Summe kann entweder in einen zu bildenden Fonds eingezahlt werden oder auch direkt von der Maßnahmepauschale einbehalten werden. Zwingende Voraussetzung ist das Einverständnis der Träger. Dabei ist es nicht erforderlich, dass sich alle Träger beteiligen.
- Die fundierten fachlichen Erfahrungen und Kenntnisse der Mitarbeiterinnen und Mitarbeiter der ehemaligen heilpädagogischen Einrichtungen sollten zur Qualitätsentwicklung und -sicherung in anderen Einrichtungen genutzt werden. Bei der Fortbildungsplanung auf regionaler Ebene könnte auf diese Fachkräfte zurückgegriffen werden. Sie könnten wesentlich zur regionalen Vernetzung der Integration beitragen und Kooperationsstrukturen zwischen Einrichtungen aufbauen, sowie spezifische Fortbildungen anbieten.

5. Gruppenstärken

Die Absenkung der Gruppengrößen ist in den Ziffern 3.7.1 und 3.7.2 geregelt. Nicht ausdrücklich benannt ist die Gruppengröße bei drei Kindern mit Behinderung in einer Gruppe und in altersstufenübergreifenden Gruppen. Altersstufenübergreifende Gruppen mit Kindern ohne Behinderung können je nach Altersstruktur eine Gruppenstärke von 15 bis 20 Kindern haben.

Empfehlungen

- Bei der Aufnahme von drei Kindern mit Behinderung in eine Gruppe sollte nach Maßgabe des Einzelfalls die Gesamtgröße der Gruppe zwischen 16 und 18 Kindern liegen.
- Werden in einer altersstufenübergreifenden Gruppe mehr als insgesamt 15 Kinder aufgenommen, so sollte bei einer Aufnahme von ein bis zwei Kindern mit Behinderung die Gruppenstärke gesenkt werden. Die Absenkung der Gruppenstärke sollte sich nach der Altersstruktur der Kinder in der Gruppe und dem Hilfebedarf der Kinder mit Behinderung richten.

6. Sicherung individueller Hilfebedarfe

Aufgrund rechtlicher Neuregelungen hat sich eine Änderung bezüglich der Besetzung mit jetzt mindestens 1,5 Fachkräften der Jugendhilfe statt einer Fachkraft ergeben.

Es gibt Kinder, die aufgrund der Schwere ihrer Behinderung oder ihrer spezifischen Behinderung einen erhöhten individuellen Hilfebedarf haben, der nur durch die Kumulierung von Maßnahmepauschalen abgedeckt werden kann. Es handelt sich dabei um Kinder, die aufgrund ihrer Behinderung einen hohen Aufwand an Einzelbetreuung und Pflege haben und nicht in der Lage sind, sich durchgängig in einer Gruppe mit 15 Kindern am Gruppengeschehen zu beteiligen.

Empfehlungen

- Es empfiehlt sich daher, innerhalb eines Jugendamtsbezirkes die Organisationsform der **Integrativen Gruppe** in Einrichtungen anzubieten bzw. zu erhalten. Wenn z. B. fünf Kinder mit Behinderung in einer Gruppe aufgenommen werden, sind zusätzlich 75 Fachkraftstunden vorzuhalten. Dies bedeutet, dass zusätzlich zu der Besetzung mit mindestens 1,5 Fachkräften der Jugendhilfe eine Fachkraft mit 38,5 Std. (Sozialhilfe) sowie eine weitere Fachkraft mit 36,5 Std. (Sozialhilfe) hinzutreten. Mit dieser personellen Besetzung ist in der Regel eine Betreuung und Förderung einzelner Kinder, die einen erhöhten Hilfebedarf haben, möglich. Bei einer Belegung der Gruppe mit fünf Kindern mit Behinderung ist darauf hinzuwirken, dass nicht jedes dieser Kinder gleichermaßen einen erhöhten Hilfebedarf hat. Durch eine Mischung kann ein gewisser Ausgleich innerhalb der Gruppe erzielt werden.
- Wenn ein Ausgleich innerhalb der Gruppe nicht möglich ist und wenn keine Integrative Gruppe angeboten werden kann, dann sollte im **begründeten Einzelfall** ein zusätzlicher personeller Bedarf beim örtlichen Sozialhilfeträger angemeldet werden. Die Aufstellung und Darlegung der Kosten für diesen zusätzlichen Bedarf sind an den örtlichen Sozialhilfeträger zu richten. Er prüft den Einzelfall unter Berücksichtigung vorrangig leistungspflichtiger Träger (z. B. Pflegekasse) und entscheidet.

7. Sozialplanung

Die Bereitstellung von qualitativ guten Integrationsplätzen setzt eine Planung und Kooperationsbereitschaft aller beteiligten Behörden, Dienste und Entscheidungsträger voraus.

Ohne Planungssicherheit für den Träger einer Einrichtung und für den Sozialhilfeträger kann eine Integrationsmaßnahme nicht dem Anspruch der Rahmenvereinbarung entsprechen (siehe Präambel der Rahmenvereinbarung).

Empfehlungen

- Es ist dringend zu empfehlen, dass in den Landkreisen, kreisfreien Städten und Sonderstatusstädten „**Integrationskonferenzen**" unter Beteiligung des Jugendamtes/der Jugendämter (Fachberatung, Jugendhilfeplanung), des Sozialamtes/der Sozialämter, des Gesundheitsamtes (Amtsärztlicher Dienst), der Frühförderung, der Träger/Trägerverbände und der Leiterinnen der Einrichtungen stattfinden. Die Zusammensetzung der Konferenz sollte sich an den örtlichen Gegebenheiten orientieren. In diesen Integrationskonferenzen sollte(n) z. B.
    - die Planung für den zu erwartenden Bedarf an Integrationsplätzen erfolgen,
    - Aufnahmeverfahren (Anerkennungsverfahren usw.) entwickelt werden,
    - Fortbildungsangebote konzipiert werden,

> - Verfahren zur individuellen Hilfeplanung und
> - Qualitätskriterien entwickelt werden,
> - die Umstrukturierung von großen integrativen Einrichtungen beraten werden.
> - Entscheidungen obliegen dem Träger, der Kommune, dem Sozialhilfeträger und dem Jugendhilfeträger; sie können von der Integrationskonferenz fachlich und sachlich vorbereitet werden.

1.5 Verordnung über Mindestvoraussetzungen in Tageseinrichtungen für Kinder

vom 28. Juni 2001
GVBl. I S. 318

Aufgrund des § 32 des Gesetzes zur Ausführung des Kinder- und Jugendhilfegesetzes in der Fassung vom 22. Januar 2001 (GVBl. I S. 106) wird verordnet:

§ 1
Personal

(1) Mit der Leitung einer Tageseinrichtung für Kinder und der Leitung der Kindergruppen in der Einrichtung dürfen nur Fachkräfte betraut werden.

(2) Jede Kindergruppe muss mit mindestens 1,5 Fachkräften besetzt sein.

(3) Fachkräfte sind
1. staatlich anerkannte Erzieherinnen und Erzieher,
2. staatlich anerkannte Heilpädagoginnen und Heilpädagogen,
3. Sozialpädagoginnen grad. und Sozialpädagogen grad.,
4. Sozialarbeiterinnen grad. und Sozialarbeiter grad.,
5. Diplom-Sozialpädagoginnen und Diplom-Sozialpädagogen (BA),
6. Diplom-Sozialpädagoginnen und Diplom-Sozialpädagogen (FH),
7. Diplom-Sozialarbeiterinnen und Diplom-Sozialarbeiter (FH),
8. Diplom-Heilpädagoginnen und Diplom-Heilpädagogen (FH),
9. Diplom-Pädagoginnen und Diplom-Pädagogen,
10. Personen mit einer Ausbildung, die das für das Schulwesen oder das für das Hochschulwesen zuständige Ministerium als gleichwertig mit der Ausbildung einer der in Nr. 1 bis 9 genannten Fachkräfte anerkannt hat.

(4) Personen, die zum Zeitpunkt des Inkrafttretens dieser Verordnung in einer Tageseinrichtung für Kinder beschäftigt, jedoch nicht Fachkräfte im Sinne des Abs. 3, aber als solche eingesetzt sind, gelten als Fachkraft im Sinne des Abs. 3.

§ 2
Gruppenstärke

(1) Die Zahl der angemeldeten Kinder je Gruppe pro Zeiteinheit soll
1. in Gruppen mit Kindern bis zum vollendeten 2. Lebensjahr 10 Kinder,
2. in Gruppen mit Kindern ab dem vollendeten 2. bis zum vollendeten 3. Lebensjahr 15 Kinder,
3. in Kindergartengruppen mit Kindern vom vollendeten 3. Lebensjahr bis zum Schuleintritt 25 Kinder,
4. in Hortgruppen mit Kindern ab dem Schuleintritt bis zum vollendeten 14. Lebensjahr 25 Kinder

nicht überschreiten. Die Teilung des Platzes in einer Gruppe ist unter der Voraussetzung möglich, dass die Kinder, die sich einen Platz teilen, nicht gleichzeitig anwesend sind.

(2) Bei altersübergreifenden Gruppen mit Kindern bis zum vollendeten 14. Lebensjahr ist die Gruppenstärke je nach Altersstruktur individuell festzulegen, soll aber nicht mehr als 20 Kinder betragen.

(3) Ist aufgrund einer zum Zeitpunkt des Inkrafttretens dieser Verordnung geltenden Betriebserlaubnis für die Einrichtung abweichend von Abs. 1 oder 2 eine höhere Gruppenstärke zugelassen, kann die Einrichtung mit dieser Gruppenstärke bis zum Ablauf dieser Betriebserlaubnis weiter betrieben werden.

§ 3
Aufhebung bisherigen Rechts

Die Richtlinien für Kindertagesstätten vom 28. November 1963 (StAnz. S. 1428) werden aufgehoben.

§ 4
Inkrafttreten; Außerkrafttreten

Diese Verordnung tritt am Tage nach der Verkündung in Kraft. Sie tritt mit Ausnahme des § 3 mit Ablauf des 31. Dezember 2006 außer Kraft.

Erläuterungen zur Verordnung über die Mindestvoraussetzungen in Tageseinrichtungen für Kinder vom 28.6.2001

zu § 1 Personal

§ 1 Abs. 1 „Mit der Leitung einer Tageseinrichtung für Kinder und der Leitung der Kindergruppen in der Einrichtung dürfen nur Fachkräfte betraut werden."

Erläuterung:

Tageseinrichtungen für Kinder müssen über eine Leitung verfügen, die Fachkraft ist. Der Träger regelt den zeitlichen Umfang der Leitungsaufgaben in eigener Verantwortung.

§ 1 Abs. 2 „Jede Kindergruppe muss mit mindestens 1,5 Fachkräften besetzt sein."

Erläuterung:

In jeder Gruppe müssen während der Öffnungszeit mindestens 1,5 Fachkräfte zur Verfügung stehen. Dies bedeutet, dass z. B.
- in einer Gruppe mit 6 Stunden täglicher Öffnungszeit eine Fachkraft mit 6 Stunden und eine weitere Fachkraft mit 3 Stunden, also 1,5 Fachkräfte mit insgesamt 9 Stunden Arbeitszeit vorzuhalten sind;
- in einer Gruppe mit 10 Stunden täglicher Öffnungszeit 10 Fachkraftstunden und weitere 5 Fachkraftstunden vorzuhalten sind.

Die Dienstplangestaltung für den Einsatz der Fachkräfte pro Gruppe ist Aufgabe des Trägers.

§ 1 Abs. 3. Nr. 10 „Personen mit einer Ausbildung, die das für das Schulwesen oder das für das Hochschulwesen zuständige Ministerium als gleichwertig mit der Ausbildung einer der in Nr. 1 bis 9 genannten Fachkräfte anerkannt hat."

Erläuterung:

Berufspraktikantinnen können unter Bezugnahme auf diesen Absatz und auf die gültige Ausbildungs- und Prüfungsordnung, Anlage 10, mit einem Teil ihrer wöchentlichen Arbeitszeit, höchstens aber mit 50 %, als Fachkräfte im Sinne des § 1 Abs. 2 der Verordnung eingesetzt werden.

Hinsichtlich der Prüfung der Gleichwertigkeit, der Gleichstellung oder der Anerkennung einer Ausbildung im In- und Ausland mit der Ausbildung einer Fachkraft im Sinne des § 1 Abs. 3 Nr. 1 bis 9 sind die Hinweise der Anlage 2 zu diesen Erläuterungen zu beachten.

Die Anerkennung als Fachkraft im Sinne des Abs. 3 Nr. 1 bis 9 muss vor der Einstellung erfolgen!

§ 1 Abs. 4 „Personen, die zum Zeitpunkt des Inkrafttretens dieser Verordnung in einer Tageseinrichtung für Kinder beschäftigt, jedoch nicht Fachkräfte im Sinne des Abs. 3 aber als solche eingesetzt sind, gelten als Fachkräfte im Sinne des Abs. 3."

Erläuterung:

Abs. 4 beinhaltet, dass alle Personen, die keine Fachkraft im Sinne der Verordnung über die Mindestvoraussetzungen in Tageseinrichtungen für Kinder sind, aber zum Zeitpunkt des Inkrafttretens der Verordnung als Fachkraft im Sinne der Verordnung in einer Tageseinrichtung für Kinder als Leitung oder Gruppenleitung oder als Fachkraft in der Gruppe beschäftigt waren, weiterhin als Fachkraft gelten. Dies trifft auch bei einem Wechsel in eine andere hessische Tageseinrichtung für Kinder zu. Als Nachweis gilt die Bescheinigung des Trägers, dass die Person zum Zeitpunkt des Inkrafttretens der Verordnung als Fachkraft im Sinne der Verordnung angestellt und auch als solche beschäftigt war.

Ein Anerkennungsverfahren für diesen Personenkreis durch das Hessische Sozialministerium oder das Hessische Kultusministerium erfolgt grundsätzlich nicht!

Personen, die einen Ausbildungsabschluss unterhalb einer staatlich anerkannten Erzieherin oder in einem anderen Ausbildungsberuf erworben haben (z. B. Sozialassistentin, Kinderpflegerin) und zum Zeitpunkt des Inkrafttretens der Verordnung über die Mindestvoraussetzungen in Tageseinrichtungen für Kinder nicht als Fachkraft im Sinne der Verordnung in einer Tageseinrichtung gearbeitet haben, jedoch als Erzieherin in Hessen arbeiten möchten, müssen eine Nachqualifizierung zur staatlich anerkannten Erzieherin durch den Abschluss an einer Fachschule für Sozialpädagogik erwerben (entweder durch eine Externenprüfung an einer Fachschule oder vollschulisch bzw. nebenberuflich durch den Besuch einer Fachschule). Informationen zur Externenprüfung sowie zur Ausbildung an Fachschulen für Sozialpädagogik sind bei den Hessischen Fachschulen bzw. bei den Staatlichen Schulämtern erhältlich.

zu § 2 Gruppenstärke

§ 2 Abs. 1 Satz 1 „Die Zahl der angemeldeten Kinder je Gruppe pro Zeiteinheit soll in Gruppen[Fn.28] mit Kindern bis zum vollendeten 2. Lebensjahr 10 Kinder, in Gruppen[Fn.29] mit Kin-

---

28. Krippen- bzw. Krabbelgruppen.
29. Krippen- bzw. Krabbelgruppen.

dern ab dem vollendeten 2. bis zum vollendeten 3. Lebensjahr 15 Kinder, in Kindergartengruppen mit Kindern vom vollendeten 3. Lebensjahr bis zum Schuleintritt 25 Kinder, in Hortgruppen mit Kindern ab dem Schuleintritt bis zum vollendeten 14. Lebensjahr 25 Kinder nicht überschreiten."

Erläuterung:

Ausnahmen von der Gruppensollzahl nach den Nummern 1 bis 4 im Sinne einer kurzfristigen Überbelegung sind auf Antrag des Trägers der Einrichtung nur im Einzelfall auf der Grundlage von „sozialer Härte" möglich. Bei den Ausnahmen kann es sich nur um befristete Einzelfälle handeln, die vom Träger mit dem örtlichen Jugendamt abzustimmen und von dort zu entscheiden sind.

Zu Nummer 1 und 2:

In Krippen-/Krabbelgruppen ist bei einer Mischform der Altersspanne zwischen den Nummern 1 und 2 eine Gruppenstärke zwischen 10 und 15 Kindern vom örtlichen Jugendamt mit dem Träger der Einrichtung zu vereinbaren und in der Betriebserlaubnis festzulegen.

Zu Nummer 2:

In Gruppen nach Nummer 2 bzw. in Gruppen mit einer Mischform nach Nummern 1 und 2 können Kinder bis zum vollendeten dritten Lebensjahr bzw. bis zum Eintritt in den Kindergarten aufgenommen werden.

Zu Nummer 3:

Im Einzelfall kann ein Kind zur Eingewöhnung in den Kindergarten bereits acht Wochen vor Vollendung des dritten Lebensjahres aufgenommen werden.

Darüber hinaus ist die Aufnahme eines Kindes unter drei Jahren oder im Schulalter in eine Kindergartengruppe auf Antrag des Trägers nur im Einzelfall aufgrund „sozialer Härten" möglich. Die Einzelheiten sind vom örtlichen Jugendamt mit dem Träger der Einrichtung zu vereinbaren. In den Fällen, in denen eine Änderung der Betriebserlaubnis notwendig wird (Änderung der Zweckbestimmung der Kindergartengruppe in eine altersstufenübergreifende Gruppe), ist das Hessische Sozialministerium/Landesjugendamt im üblichen Verfahrensweg zu beteiligen.

Zu Nummer 4:

(keine Erläuterung)

Neue Betreuungsmodelle, die nicht in den Nummern 1 bis 4 aufgeführt sind, können im Einvernehmen mit dem örtlichen Jugendamt und dem Hessischen Sozialministerium/Landesjugendamt berücksichtigt werden.

§ 2 Abs. 1 Satz 2 „Die Teilung des Platzes in einer Gruppe ist unter der Voraussetzung möglich, dass die Kinder, die sich einen Platz teilen, nicht gleichzeitig anwesend sind."

Erläuterung:

In der Betriebserlaubnis wird die Höchstbelegung festgelegt. Darunter ist die Teilung der Plätze nach Abs. 1 Satz 2 der Verordnung durch den Träger möglich. Eine Mitteilung an das Hessische Sozialministerium/Landesjugendamt ist nicht erforderlich.

§ 2 Abs. 2 „Bei altersübergreifenden Gruppen mit Kindern bis zum vollendeten 14. Lebensjahr ist die Gruppenstärke je nach Altersstruktur individuell festzulegen, soll aber nicht mehr als 20 Kinder betragen."

Erläuterung:

Die Verordnung lässt alle Formen der Altersmischung einer Gruppe zu. Der Träger kann eigenständig die Altersmischung und die Gruppenstärke (bis zu 20 Kindern) in diesen Gruppen festlegen.

zu § 4 Inkrafttreten; Außerkrafttreten „Diese Verordnung tritt am Tage nach der Verkündung in Kraft. Sie tritt mit Ausnahme des § 3 mit Ablauf des 31. Dezember 2006 außer Kraft."

Erläuterung:

Die Verordnung ist am 11. Juli 2001 im Gesetz- und Verordnungsblatt für das Land Hessen Teil I (GVBl. I S. 318) verkündet worden und somit am 12. Juli 2001 in Kraft getreten.

Verordnung über Mindestvoraussetzungen in Tageseinrichtungen für Kinder

Anlage 1:
Berechnungsbeispiele zu den Erläuterungen zu § 1 Abs. 2

Berechnungsbeispiel 1:

Gruppen	Öffnungszeiten	Stunden täglich	Stunden wöchentlich
1. Gruppe	07:30–12:00	4,5 Std.	22,5 Std.
2. Gruppe	08:00–12:00	4 Std.	20 Std.
3. Gruppe	08:00–16:00	8 Std.	40 Std.
		Pro Tag: 16,5 Std.	**Insgesamt: 82,5 Std.**

82,5 Stunden Öffnungszeit wöchentlich x 1,5 Fachkräfte = 123,75 Fachkraftstunden wöchentlich

Berechnungsbeispiel 2:

Gruppen	Öffnungszeiten	Stunden täglich	Stunden wöchentlich
1. Gruppe	07:30–12:30	5 Std.	25 Std.
2. Gruppe	07:30–12:30	5 Std.	25 Std.
3. Gruppe	07:30–13:00	5,5 Std.	27,5 Std.
3. Gruppe	07:30–12:30	5 Std.	25 Std.
	13:30–16:30	3 Std.	15 Std.
		Pro Tag: 23,5 Std.	**Insgesamt: 117,5 Std.**

117,5 Stunden Öffnungszeit wöchentlich x 1,5 Fachkräfte = 176,25 Fachkraftstunden wöchentlich

Verordnung über Mindestvoraussetzungen in Tageseinrichtungen für Kinder

Anschriften und ergänzende Erläuterungen zu § 1 Abs. 3 Nr. 10

Stellen zur Prüfung der Gleichwertigkeit, Gleichstellung oder Anerkennung einer Ausbildung im In- und Ausland mit der Ausbildung einer Fachkraft im Sinne der Verordnung über die Mindestvoraussetzungen in Tageseinrichtungen für Kinder:

1. Personen mit deutschem oder ausländischem Hochschulabschluss (Fachhochschul-/Universitätsabschluss) können einen Antrag auf Gleichwertigkeit ihrer Ausbildung als Fachkraft im Sinne der Verordnung über Mindestvoraussetzungen in Tageseinrichtungen für Kinder stellen beim

Hessischen Ministerium für Wissenschaft und Kunst
Referat H I–1
Herr Blankenburg   Tel.: 0611 323352
Rheinstraße 23–25   Fax: 0611 323550
Postfach 32 60
65185 Wiesbaden

2. Personen, die eine sozialpädagogische Ausbildung im Ausland abgeschlossen haben und mit einer staatlich anerkannten Erzieherin in Hessen gleichgestellt werden wollen, müssen ihre Unterlagen zur Überprüfung beim

Staatlichen Schulamt für den
Landkreis Darmstadt-Dieburg   Tel.: 06151 39920
und die Stadt Darmstadt
Groß-Gerauer Weg 31
64295 Darmstadt

einreichen.

3. Personen, die eine erzieherische Ausbildung in der ehemaligen DDR abgeschlossen haben und die ihre Ausbildung analog mit der einer staatlich anerkannten Erzieherin für Hessen anerkannt haben wollen, müssen ihre Unterlagen beim

Staatlichen Schulamt für den
Landkreis Darmstadt-Dieburg   Tel.: 06151 3992234 (Frau Hofmann)
und die Stadt Darmstadt   Tel.: 06151 3992235 (Frau Hansli)
Groß-Gerauer Weg 31
64295 Darmstadt

einreichen. Dort erfahren sie, welche Teile ihrer Ausbildung anerkannt werden und was noch getan werden muss, um eine vollständige Anerkennung zu erhalten.

4. Für Personen, die eine andere sozialpädagogische bzw. erzieherische Ausbildung unterhalb eines Fachhochschulabschlusses in den alten Bundesländern erworben haben, gibt es kein Gleichstellungsverfahren und keine Gleichwertigkeit mit einer Erzieherinnenausbildung (Fachschule). Sollten im Einzelfall dennoch Fragen dazu bestehen, wenden Sie sich bitte an das

Hessische Kultusministerium
Abt. IV A 3
Herr Ring Tel.: 0611 368-2412 (Herr Ring)
Postfach 31 60 Tel.: 0611 368-2405 (Frau Weidner)
65021 Wiesbaden

Die Adressen der Staatlichen Schulämter sind auf der Internetseite des Hessischen Kultusministeriums (*www.kultusministerium.hessen.de*) unter dem Suchbegriff „Adressen" zu finden.

1.6 Regionale Vereinbarungen und Regelungen

Die Rahmenvereinbarung Integrationsplatz sowie die Verordnung über Mindestvoraussetzungen in Tageseinrichtungen für Kinder regeln die Rahmenbedingungen der Integration in ganz Hessen. Die konkrete Ausgestaltung und Umsetzung ist zwischen dem örtlichen Jugendamt, Sozialhilfeträger, Gesundheitsamt und den Trägern der Kindertageseinrichtungen zu regeln. In manchen Kreisen und Städten sind Vereinbarungen z. B. zwischen dem zuständigen Jugendamt und den Trägern von Kindertagesstätten getroffen worden, welche die Ausführung der Rahmenvereinbarung Integrationsplatz im Kreis bzw. in der Stadt konkretisieren. Die Rahmenvereinbarung regelt den groben Ablauf, nach dem eine Integrationsmaßnahme beim zuständigen Jugendamt bzw. Sozialhilfeträger beantragt werden muss, und gibt vor, dass in das Antragsverfahren die Eltern des Kindes, das Jugendamt und das Gesundheitsamt involviert sind. Das konkrete Verfahren der Antragstellung wird jedoch in jedem Jugendamtsbezirk individuell festgelegt. Das zuständige Jugendamt erteilt Ihnen Auskünfte zum konkreten Verfahrensweg und kann Ihnen entsprechende Antragsformulare aushändigen.

Exemplarisch möchten wir an dieser Stelle den Verfahrensweg des Kreises Groß-Gerau vorstellen, der vom Kreisjugendamt Groß-Gerau in dem folgenden Ablaufdiagramm dargestellt ist.

Beispiel: Verfahrensablauf im Kreis Groß-Gerau:

Integrationsplätze für Kinder mit Behinderungen
Verfahrensablauf zur Antragstellung

Ausgangssituation
Fall 1: Die Eltern informieren *vor* der Aufnahme die Kindertagesstätte, die Verwaltung etc. über die Behinderung ihres Kindes (z. B. bei der Anmeldung). **Fall 2:** Das Kind wird in der Einrichtung auffällig.

↓

Der Träger wird von der Kindertageseinrichtung informiert.

↓

Ggf. informiert sich das Fachpersonal im Kreisjugendamt oder bei der zuständigen Frühförderstelle.

↓

Elternarbeit der Kindertagesstätte	
Fall 1:	**Fall 2:**
• Information zum Antragsverfahren und zum Ablauf der I-Maßnahme	• Beginn einer einfühlsamen und aufklärenden Elternarbeit
• Verweis auf Frühförderstelle und deren Beratungsmöglichkeit bei allen inhaltlichen und formalen Fragen (Infoblatt mitgeben)	• Beratung wie bei Fall 1
• Informationen über die konzeptionelle Ausrichtung der Kindertagesstätte	• Zeit darf keine Rolle spielen!

↓

Regionale Vereinbarungen und Regelungen

Abstimmungsebenen

Eine Abstimmung über die geplante Maßnahme ist vor der eigentlichen Antragstellung unbedingt zu empfehlen. Hierdurch kann das eigentliche Verfahren entscheidend verkürzt werden.

Bereits hier ist es notwendig, über Grundinformationen zur Behinderungsart des Kindes und deren Auswirkung im täglichen Leben zu verfügen.

Stellungnahme der Frühförderstellen, Therapeuten etc. zur Beschreibung von Auffälligkeiten und Beeinträchtigungen von Kindern bei Integrationsmaßnahmen in Kindertageseinrichtungen
(falls diese einbezogen sind)

Der Abstimmungsprozess

Federführung

Die Federführung liegt bei dem Kreisjugendamt, Fachberatung, wobei die Organisation und Einladung zum Abstimmungsgespräch der Maßnahme der einleitenden Stelle (in der Regel Frühförderstelle oder Träger der Kindertageseinrichtung) obliegt.

Beteiligung

An dem Abstimmungsgespräch sind zu beteiligen:
- Kita-Leitung
- die Eltern des Kindes
- Trägervertreter
- Frühförderstelle
- Kreisjugendamt, Fachberatung
- ggf. weitere Personen (Gesundheitsamt, Therapeuten, Ärzte)

Regionale Vereinbarungen und Regelungen

Antragstellung

- Trägerantrag und Elternantrag mit ggf. vorhandenen ärztlichen Unterlagen werden als Gesamtpaket an das Kreissozialamt, Abt. Eingliederungshilfe, weitergeleitet (die ärztlichen Unterlagen nur mit dem ausdrücklichen Einverständnis der Eltern!).
- Das Kreissozialamt reicht die Unterlagen zur Stellungnahme weiter an:

Kreisgesundheitsamt	Kreisjugendamt
• In der Regel werden die Kinder für das Sozialmedizinische Gutachten einbestellt. • In Ausnahmefällen erfolgt die Stellungnahme nach Aktenlage.	• Bei einem ausreichenden Abstimmungsgespräch im Vorfeld erfolgt die Stellungnahme nach Aktenlage (sofern die Einrichtung schon besucht wurde). • Bei ersten Integrationen, Unklarheiten oder auftretenden Problemen findet ein Gespräch mit dem Gesamtteam oder der Leiterin in der Einrichtung statt.

Bewilligung

Das Kreissozialamt, Sachgebiet Eingliederungshilfe, bewilligt die Maßnahme und erteilt die Kostenzusage.

Grundlage der Bewilligung sind die
- Erfüllung der Rahmenvereinbarung Integrationsplatz vom 1.8.1999
- Erfüllung der Ausführungsbestimmungen des Kreises Groß-Gerau vom 1.8.1999
- befürwortende Stellungnahmen des Kreisgesundheitsamtes und des Kreisjugendamtes

Grundlage für die Auszahlung der vollen Maßnahmepauschale sind
- der fristgerechte Eingang der Hilfepläne beim Kreisjugendamt
- die Genehmigung der förderungsfähigen Qualifizierungsmittel *vor* der Fortbildungsmaßnahme
- der Nachweis über durchgeführte Fortbildungen
- der Anwesenheitsnachweis der Kinder mit Behinderung

Ein in dieser Form abgestimmtes und schriftlich fixiertes Vorgehen erleichtert für alle Beteiligten den Start in eine Integrationsmaßnahme.

Ebenso ist es erforderlich, die in der Rahmenvereinbarung geforderten Maßnahmen zur „Qualitätsentwicklung und -sicherung" vor Ort gemeinsam zu definieren.

Tipp: Erkundigen Sie sich bei Ihrer Fachberaterin des zuständigen Jugendamtes, ob es für Ihren Kreis/Ihre Stadt ein ähnliches Ablaufschema gibt, welche Qualitätsentwicklungsmaßnahmen vor Ort angeboten werden (z. B. regionale Arbeitskreise), und bitten Sie um Zusendung der Antragsformulare.

Einführung in QUINT

Inhalte dieses Kapitels

2	**Einführung in QUINT**	**60**
2.1	Das QUINT-Leitbild	60
2.2	Das Qualitätsentwicklungsverfahren QUINT	66
2.3	Einordnung von QUINT in den Hessischen Bildungs- und Erziehungsplan	69
2.4	Hinweise und Voraussetzungen für die Einführung von QUINT in der Kindertageseinrichtung	71

2 Einführung in QUINT

Daniela Adams

Dieses Kapitel möchte ein Grundverständnis für QUINT schaffen, indem die Hintergründe, die Intention, die Grundsystematik und der Nutzen des Verfahrens erläutert werden. Es richtet sich vor allem an QUINT-Neueinsteiger und kann als Leitfaden für die Einführung des Verfahrens herangezogen werden. Hier finden Sie Antworten auf in dieser Phase häufig auftretende Fragen: Worum geht es in QUINT eigentlich? Was haben wir davon, wenn wir mit QUINT arbeiten?

2.1 Das QUINT-Leitbild

Das Projekt QUINT ist vor dem Hintergrund der Rahmenvereinbarung Integrationsplatz entstanden und folgt den Grundsätzen dieser Vereinbarung. Den Inhalten von QUINT liegt darüber hinaus das folgende Verständnis von Integration, Qualität und Qualitätsentwicklung zugrunde.

Integration

Der Begriff der Integration (lat. integer) meint in seiner ursprünglichen Bedeutung, etwas zu einem Ganzen zusammenzufügen. Das Mischen von Kindern mit und ohne Behinderung heißt noch nicht Integration, sondern ist lediglich die Voraussetzung, um Integration zu realisieren (nach Otto Speck). Integration als individueller Lern- und Entwicklungsprozess bedeutet, sich mit Behinderung und Integration kontinuierlich auseinanderzusetzen. Diese allgemeine Auseinandersetzung mit Integration kann beispielsweise bedeuten,

- ... Behinderung als eine Facette der Normalität zu begreifen,
- ... Unterschiedlichkeit als Chance für persönliches und gemeinsames Wachstum zu erfahren,
- ... die eigene Sichtweise zu reflektieren, zu erweitern und gegebenenfalls zu revidieren und
- ... die eigenen Grenzen zu erfahren.

Integration ist nicht Gleichbehandlung, sondern bedeutet, alle Kinder in ihrer **Individualität** zu akzeptieren, ihre einzigartigen Fähigkeiten zu fördern und ihnen Angebote zu machen, welche sich an ihren Bedürfnissen orientieren.

QUINT lenkt den Fokus bewusst auf das einzelne Kind. Dieser Blick auf das einzelne Kind ist Ausgangspunkt für das pädagogische Handeln. Durch die Beobachtung des Kindes und den Austausch mit Kolleginnen, Erziehungsberechtigten oder Therapeuten gilt es herauszufinden, was der nächste Entwicklungsschritt des Kindes ist, welcher Anregungen, Bestärkungen und Unterstützung das Kind bedarf. Ressourcenorientierung heißt *nicht*, die Beeinträchtigung, die ein Kind aufgrund seiner Behinderung erlebt, und den damit verbundenen speziellen Unterstützungsbedarf eines Kindes und seiner Familie auszublenden. Vielmehr gilt es zu erkennen, dass sich Beeinträchtigungen auf einzelne oder auch mehrere Entwicklungsbereiche und Lernfelder beziehen und nicht auf die Gesamtheit eines Menschen. Die Stärken des einzelnen Kindes und der Gemeinschaft gilt es zu nutzen, damit das Kind mit diesen Beeinträchtigungen positiv umgehen kann.

Ausgehend von den individuellen Bedürfnissen des einzelnen Kindes haben die Maßnahmen und Angebote daher immer die **soziale Integration** im Blick. Sie sind so angelegt, dass sich Kinder in ihrem sozialen Umfeld geborgen und eingebunden fühlen, Unterschiede und Gemeinsamkeiten wahrnehmen und soziale Lernprozesse angeregt werden. Soziale Integration widerspricht nicht

Das QUINT-Leitbild

dem Aspekt der Förderung. Sie ist vielmehr das übergeordnete Ziel oder der Rahmen, in dem das einzelne Kind Förderung erfährt.

Demzufolge ist in Abhängigkeit von den Bedürfnissen, Stärken und Vorlieben der Kinder zu entscheiden, ob Angebote in der Kleingruppe oder der gesamten Kindergruppe durchgeführt werden.

Auch wenn einzelne Fachkräfte eine besonders enge Bindung zu einem Kind aufbauen und besonders viel Zeit mit diesem Kind verbringen – **Integration ist Teamaufgabe** und liegt niemals in der Zuständigkeit einzelner Fachkräfte einer Kindertageseinrichtung. In Kapitel 2.2 der Rahmenvereinbarung Integrationsplatz ist daher zu lesen: „Die gemeinsame Erziehung, Bildung und Betreuung von Kindern mit und ohne Behinderung (vgl. § 22 SGB VIII) bezieht die gesamte Tageseinrichtung für Kinder ein." Integration gelingt nur dann und wird von den Mitarbeiterinnen als eine Bereicherung empfunden, wenn sie vom gesamten Team getragen wird. Sie fordert ein Team dazu auf, sich auf fachlicher Ebene gemeinsam mit dem Thema auseinanderzusetzen und eine gemeinsame Haltung zu entwickeln. Die gemeinsame Erziehung, Bildung und Betreuung von Kindern mit und ohne Behinderung wird zu einem weiteren Baustein der pädagogischen Konzeption einer Einrichtung. Alle Fachkräfte in der Einrichtung tragen dazu bei, dass die integrative Haltung gelebt wird. Dies macht in regelmäßigen Abständen einen Austausch unter den Kolleginnen erforderlich, in Bezug auf einzelne Kinder mit einer Integrationsmaßnahme oder in Bezug auf Angebote, die gegebenenfalls verändert werden müssen, damit alle Kinder daran teilhaben und davon profitieren können.

Die Aufstockung der Personalstunden wird in der Praxis unterschiedlich gehandhabt. Häufig wird eine Fachkraft mit 15 (zusätzlichen) Stunden beschäftigt. Ein immer noch vorhandenes Missverständnis ist auszuräumen: Diese Fachkraft ist nicht ausschließlich für die Betreuung des Kindes mit Behinderung zuständig. Auch bedeuten die 15 Fachkraftstunden nicht, dass das Kind mit Behinderung nur 15 Stunden in der Woche betreut werden kann. Die im Rahmen der Integrationsmaßnahme gewährten zusätzlichen 15 Fachkraftstunden pro Integrationsplatz sollen den Mehraufwand, der durch die Betreuung eines Kindes mit Behinderung entsteht, auffangen (vgl. Kap. 1.4: Empfehlungen zur Umsetzung der Rahmenvereinbarung Integrationsplatz). Für das Gelingen von Integration ist es von entscheidender Bedeutung, dass diese Aufgabe als eine Teamaufgabe verstanden und umgesetzt wird. Die Einbindung von QUINT in Besprechungen und Teamprozesse ist daher besonders wichtig. Nur so kann QUINT unter anderem zu einem gemeinsamen Verständnis von Integration beitragen.

Integration setzt eine gute, das heißt für *beide* Seiten zufriedenstellende **Zusammenarbeit** zwischen der Kindertagesstätte und den Erziehungsberechtigten voraus. Sie braucht einen wertschätzenden Umgang und ein Engagement von beiden Seiten, das miteinander abgestimmt und auf ein gemeinsames Ziel, das Wohl des Kindes, ausgerichtet sein sollte.

Integration kann nicht ausschließlich auf die Kindertagesstätte begrenzt bleiben. Die Intention von QUINT ist es, die Kindertagesstätte zu einer entscheidenden Schnittstelle zu gestalten, um den **Dialog** aller Beteiligten einer Integrationsmaßnahme und den Dialog innerhalb der Gesellschaft zu fördern. Dazu tragen beispielsweise Elternabende bei, die sich dem Thema widmen.

Integration braucht eine **konstruktive Auseinandersetzung** aller am Hilfeprozess Beteiligten, die unterschiedliche Sichtweisen und Herangehensweisen als Bereicherung sehen und im Sinn des Wortursprungs darum bemüht sind, diese verschiedenen Aspekte zu einem Ganzen zusammenzufügen.

Integration ist ein kontinuierlicher **Prozess** der Auseinandersetzung und Kommunikation, der im Alltag einer Einrichtung gelebt wird und auf einer integrativen Haltung basiert.

Der in QUINT verwendete Begriff der Integration steht im Kontext der rechtlichen und formalen Grundlagen in Hessen (vgl. Kap. 1). Praxis und Forschung verwenden mehr und mehr den Begriff der Inklusion, der davon ausgeht, dass das Recht aller Kinder auf gemeinsame Bildung und Erziehung einen umfassenden Reformprozess braucht. Kernaussagen zur Inklusion betonen, dass Kindertageseinrichtungen so weiterzuentwickeln sind, dass sich die Partizipation aller Kinder und Erwachsenen kontinuierlich erhöht. Vor allem geht es auch um eine Anpassung der Einrichtungen an die Vielfalt der Kinder und nicht darum, ein Kind mit besonderen Bedürfnissen in ein bestehendes System zu integrieren.

Wenn Sie sich mit den Inhalten von QUINT beschäftigen, werden Sie feststellen, dass wir uns **auf dem Weg von der Integration zur Inklusion** bewegen. In Kapitel 1.1 „Geschichtliche Entwicklung der Integration in Hessen" erfahren Sie, welches beachtliche Wegstück in Hessen bereits zurückgelegt wurde. In der aktuellen Situation in Hessen ist es erforderlich, den „Hilfebedarf" deutlich zu machen und einen Antrag auf Integration eines Kindes mit Behinderung zu stellen. Gleichzeitig entwickeln sich mehr und mehr Sensibilität, Bereitschaft und Engagement, die Gegebenheiten der Einrichtung den Bedürfnissen des Kindes anzupassen. QUINT unterstützt die Praxis auf diesem Weg zur Inklusion. Das Verfahren hilft dabei, die Bedürfnisse und den Unterstützungsbedarf des Kindes durch Beobachtung und im Dialog mit den Eltern und anderen beteiligten Fachkräften zu erfahren. Darüber hinaus gibt dieses Handbuch zahlreiche Anregungen bei der Reflexion und kindbezogenen Weiterentwicklung des eigenen Konzepts und bestehender Angebote.

Qualität

Was eine qualitative, eine „gute" Arbeit ist, hängt vom subjektiven Blickwinkel des Betrachters ab. Äußerst unterschiedliche Sichtweisen der Beteiligten zu dem, was „gut" für das Kind ist, sind Ausdruck dieser Schwierigkeit. Andererseits lebt die Qualität der Pädagogik gerade vom Dialog dieser unterschiedlichen Sichtweisen, die zu neuen Erkenntnissen bei allen Beteiligten führen können. QUINT basiert auf dem Qualitätsbegriff nach Donabedian (1980). Vor dem Hintergrund dieses Konzeptes lässt sich Qualität sehr umfassend und gut strukturiert beschreiben. Nach Donabedian sind drei zentrale Aspekte von Qualität zu unterscheiden: Strukturqualität, Prozessqualität und Ergebnisqualität.

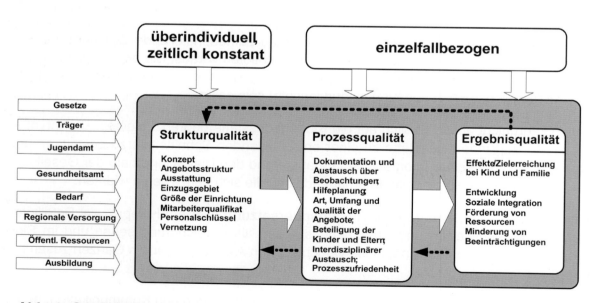

Abb. 1: Qualitätsdimensionen

Das QUINT-Leitbild

Überträgt man das allgemeine Konzept nach Donabedian auf den Integrationsplatz, so lassen sich die drei Qualitätsaspekte wie folgt beschreiben.

Unter dem Aspekt der **Strukturqualität** werden alle Rahmenbedingungen einer Kindertageseinrichtung zusammengefasst, unter denen die Angebote und Leistungen der Einrichtung erbracht werden. Zu den Rahmenbedingungen zählen unter anderem die Angebote der Kindertageseinrichtung, die behinderungsgerechte Ausstattung der Räume und die Qualifikation der Mitarbeiterinnen. Diese Rahmenbedingungen sind zeitlich relativ konstant und bilden den übergeordneten Rahmen, in dem die Interaktion zwischen Kindern, Mitarbeiterinnen und Eltern stattfindet. Diese strukturellen Bedingungen sind eine notwendige, aber nicht hinreichende Voraussetzung für gelungene Prozesse zwischen den Beteiligten. QUINT bietet eine Strukturerhebung an, die auf den Ebenen des Trägers, der Einrichtung und der Gruppe die strukturellen Rahmenbedingungen erfragt.

Prozessqualität umfasst alle Aktivitäten und Handlungen, die zur Leistungserbringung eingesetzt werden. Dies sind in Kindertageseinrichtungen in erster Linie pädagogische Angebote und Interaktionen zwischen den Fachkräften der Einrichtung, den Kindern und den Eltern. Der Ablauf dieser Prozesse und die eingesetzten Methoden sind hier ebenso von Bedeutung wie subjektive Aspekte der Motivation und Beziehungsqualität. Zu entscheidenden Faktoren im Hinblick auf die Prozessqualität in der Integration zählen ein wertschätzender Umgang miteinander und die Ausrichtung an den Ressourcen oder sogenannten Schutzfaktoren des einzelnen Kindes. Es ist hier also weniger die Frage, *was* eine Einrichtung anbietet, sondern *wie* diese Angebote gestaltet sind. Die Beteiligung der Erziehungsberechtigten und weiterer Fachleute an der Hilfeplanung sowie deren regelmäßige Überprüfung und Fortschreibung sind wichtige Prozessaspekte in QUINT. Im Zusammenhang mit der Hilfeplanung wird auch die Zufriedenheit der Beteiligten mit dem Prozess thematisiert. Zufriedenheit ist einer unter mehreren Aspekten, der Auskunft über die Prozessqualität gibt. Prozessqualität wiederum ist eine notwendige, aber nicht hinreichende Voraussetzung für positive Ergebnisse einer Integrationsmaßnahme.

Ergebnisqualität bezieht sich schließlich auf alle ersichtlichen Effekte einer Integrationsmaßnahme. In QUINT wird in halbjährlichen Abständen die Entwicklung des einzelnen Kindes beobachtet und dokumentiert. Dabei finden Aspekte der Wahrnehmung, Motorik etc. ebenso Berücksichtigung, wie die Interaktion in der Kindergruppe. Als weiterer Aspekt von Ergebnisqualität wird mit der gleichen Regelmäßigkeit die Erreichung der Hilfeplanziele eingeschätzt und zusammen mit den Eltern und weiteren Beteiligten (z. B. der Fachberatung, Frühförderstelle oder externen Therapeuten) reflektiert. Im Einzelfall sind beobachtete Veränderungen in der Entwicklung, in positiver wie in negativer Richtung, selten allein auf die Integrationsmaßnahme in der Kindertageseinrichtung zurückzuführen. Neben natürlichen Reifungsprozessen wirkt das gesamte soziale Umfeld. Einzelne Institutionen und Personen wirken in Interaktion mit dem Kind in unterschiedlichem Ausmaß und auf unterschiedliche Entwicklungsbereiche. Wechselwirkungen zwischen den Angeboten, Institutionen und Personen kommen noch hinzu. Um in der Interpretation von beobachteten Veränderungen oder auch einer Stabilisierung in einzelnen Entwicklungsbereichen dieser Komplexität gerecht zu werden, braucht es den Dialog zwischen den Beteiligten.

QUINT versucht die Frage, was eine gute und was eine weniger gute Integrationsmaßnahme ausmacht, nicht durch inhaltlich begründete Aussagen zur pädagogischen Arbeit zu definieren. Mit QUINT wird vielmehr versucht, einen gemeinsamen Bezugsrahmen zu schaffen, in dem Fortschritte, Rückschritte und Phasen der Stabilisierung oder Stagnation, die jedes Kind in seiner Entwicklung macht, abgebildet werden können.

Fragen nach statistischen Zusammenhängen zwischen strukturellen Rahmenbedingungen, Prozessaspekten der Integrationsmaßnahme und Ergebnissen kann nachgegangen werden, wenn mit einem teilstandardisierten Dokumentationssystem wie es QUINT bietet, über mehrere Jahre Daten im Einzelfall erhoben und einrichtungs- bzw. trägerübergreifend aggregiert und ausgewertet werden.

Qualitätsentwicklung

Für die Bestrebungen einer Einrichtung, die auf den Gegenstand der Qualität ausgerichtet sind, gibt es unterschiedliche Bezeichnungen wie Qualitätsmanagement, Qualitätssicherung oder Qualitätsentwicklung. QUINT verwendet einheitlich den Begriff der Qualitätsentwicklung, dem folgendes Verständnis zugrunde liegt:

Qualitäts*entwicklung* betont den Prozessaspekt. Sie ist mehr als eine mechanisch anwendbare Technik oder ein reiner Sachvorgang, sondern vielmehr eine Philosophie und eine Führungsaufgabe. Vor allem jedoch ist sie ein **Prozess aller Beteiligten mit dem Ziel, die bereits erreichte Qualität der Arbeit kontinuierlich zu verbessern**. Qualitätsentwicklung geschieht nicht von heute auf morgen, sondern in einem langfristig angelegten Dialog zwischen Träger, Leitung und Mitarbeiterinnen der Einrichtungen, den Eltern, der örtlichen Jugendhilfe und Sozialhilfeträger, Fachberatung, Fortbildnerinnen und Kooperationspartnern. Qualitätsentwicklung ist ein **Erkenntnisprozess**, in dessen Verlauf unterschiedliche und kontroverse Positionen thematisiert werden und ein gemeinsamer Weg erarbeitet wird, der zu einem (zusätzlichen) Mehr an Qualität führt. Erkenntnisse entspringen der gezielten Reflexion der eigenen Arbeit, in welche **Selbst- und Fremdevaluation** eingehen sollten. Eine Rückmeldung von außen hat die Einschränkung, dass sich der externe Betrachter einem Bild vom Innenleben der Einrichtung lediglich annähern, es jedoch nie in seiner Vollständigkeit erfassen kann, weil er nicht Teil des Systems ist. Genau in dieser professionellen Distanz und Unvoreingenommenheit, mit der er die Einrichtung betrachtet, liegt allerdings auch eine seiner Stärken: Um Qualität definieren und verbessern zu können, muss sich eine Einrichtung also sowohl mit der eigenen Wahrnehmung befassen als auch mit der Wahrnehmung Außenstehender. Folgende Anekdote beschreibt sehr anschaulich die Selektivität der Wahrnehmung, und dass es demzufolge von großem Nutzen ist, sich nicht auf einen, sondern auf möglichst viele unterschiedliche Wahrnehmungskanäle zu verlassen.

> *Das Auge sagte eines Tages: „Ich sehe hinter diesen Tälern im blauen Dunst einen Berg. Ist er nicht wunderschön?" Das Ohr lauschte und sagte nach einer Weile: „Wo ist ein Berg? Ich höre keinen." Darauf sagte die Hand: „Ich suche vergeblich, ihn zu greifen. Ich finde keinen Berg." Die Nase sagte: „Ich rieche nichts. Da ist kein Berg."*
>
> *Da wandte sich das Auge in eine andere Richtung. Die anderen diskutierten weiter über diese merkwürdige Täuschung und kamen zu dem Schluss: „Mit dem Auge stimmt etwas nicht."*

Angestrebt wird eine **ganzheitliche Qualität**, in der fachliche, soziale und emotionale Aspekte gleichermaßen Berücksichtigung finden.

Sicherlich ist es zur Erarbeitung eines komplexen Themas wie dem der Qualitätsentwicklung hilfreich, sich punktuell aus dem Alltagsgeschäft zurückzuziehen, um gemeinsam und konzentriert daran zu arbeiten. Damit ein gutes Konzept zu den erwünschten Verbesserungen führt, muss es vor allem alltagstauglich sein. Qualität muss nicht nur gemeinsam definiert werden, sondern die gemeinsam entschiedenen Maßnahmen müssen **im Alltag umsetzbar** sein **und** als **hilfreich** erlebt werden. Um dies zu erreichen, ist es unvermeidbar, das eigene Konzept zur Qualitätsentwicklung so anzulegen, dass es hinterfragt und jederzeit verändert werden kann. Bestehende Konzepte in der Fachliteratur sind aus der Praxis entstanden, finden in zahlreichen Einrichtungen Anwendung und haben dadurch häufig eine Überarbeitung erfahren. Hier zeigt sich, dass das Prinzip der **kontinuierlichen Verbesserung** tatsächlich umgesetzt wird. Der Begriff Qualitätsentwicklung impliziert, dass Qualität nicht einmalig entwickelt werden kann, sondern in einem **Regelprozess** einer permanenten Pflege bedarf.

Die Aufgabe von QUINT, die Qualität des Integrationsplatzes gemeinsam mit der Praxis zu verbessern, ist durch den doppelten Rechtsanspruch der Kinder mit Behinderung gekennzeichnet. Das Recht auf einen Kindergartenplatz nach SGB VIII sowie das Recht auf Eingliederungshilfe nach SGB XII sind in der Praxis nicht zu trennen. Dennoch liegt der **Schwerpunkt von QUINT auf der qualitativen Verbesserung der Eingliederungshilfe** für Kinder mit Behinderung, die integrativ arbeitende Einrichtungen zu gewährleisten haben. Dem Kind mit Behinderung soll eine bestmögliche Hilfe im Sinne der Eingliederung zukommen. QUINT unterstützt die Kindertagesstätte bei der Umsetzung, indem

- eine intensive Mitwirkung der Eltern an der Planung und Durchführung der Hilfe gefördert wird,
- die Zusammenarbeit zwischen allen Beteiligten gefördert wird,
- Instrumente angeboten werden, die bei einer Reflexion und Analyse helfen und in der Einrichtung einen einheitlichen Rahmen für eine individuelle Gestaltung der Hilfe schaffen.

Neben dem intensiven Blick auf den Einzelfall berücksichtigt QUINT den Gesamtprozess der Integration, indem

- bei der Einschätzung des einzelnen Kindes der Bezug zur gesamten Kindergruppe hergestellt wird,
- QUINT zu einem Prozess der Qualitätsentwicklung anregt, der allen Kindern und der gesamten Einrichtung zugute kommt. QUINT regt den Dialog im Team an, unterstützt die Konzeptionsentwicklung der Einrichtung und setzt sich für eine Verbesserung der interdisziplinären Zusammenarbeit in der Region ein.

QUINT setzt zur Qualifizierung des Integrationsplatzes auf **mehr Kommunikation, Reflexion und Transparenz**.

QUINT ist ein lernendes Verfahren. Basierend auf zahlreichen Rückmeldungen der Praxis wurde das Verfahren in den vergangenen Jahren immer wieder erweitert und verändert, fachlich und methodisch optimiert. Dieses Prinzip kontinuierlicher Verbesserung sollte auch in Zukunft sowohl für die praktische Umsetzung am Integrationsplatz als auch für die Weiterentwicklung von Qualitätsentwicklungsverfahren gelten.

Im Sinne des gemeinsamen Aufwachsens und Lernens von Kindern mit und ohne Behinderung in Kindertageseinrichtungen wird es **für die zukünftige Weiterentwicklung des Integrationsplatzes in Hessen** als erforderlich angesehen, Schnittstellen und Verzahnungen zwischen den am Integrationsplatz zusammentreffenden Anteilen des SGB VIII und des SGB XII herauszuarbeiten und zu optimieren. Langfristig wird zum Wohle aller Kinder eine Annäherung dieser beiden rechtlichen Grundpfeiler als sinnvoll erachtet.

2.2 Das Qualitätsentwicklungsverfahren QUINT

In der Begleitung eines Kindes mit einem besonderen (Hilfe-)Bedarf schlägt QUINT vor, folgenden Regelprozess in einer Einrichtung zu verwirklichen, der sich nach einer ersten intensiven Einarbeitung zu einer hilfreichen Routine entwickelt.

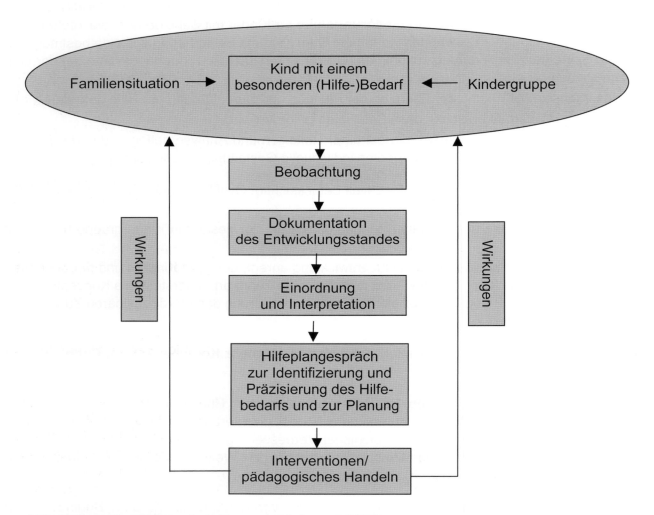

Abb. 2: Das Qualitätsentwicklungsverfahren QUINT

Im Kindergartenalltag gibt es zahlreiche Gelegenheiten für spontane wie auch strukturierte Beobachtungen, die Hinweise auf Interessen, Wohlbefinden, Fähigkeiten und Schwierigkeiten des einzelnen Kindes geben.

Die einzelfallbezogene Dokumentation in QUINT bietet die Möglichkeit, diese Beobachtungen in regelmäßigen Abständen schriftlich festzuhalten, und sie hilft dabei, den aktuellen Entwicklungsstand des Kindes einzuschätzen. Diese Einschätzung sollte im Dialog zwischen der primären Bezugsperson des Kindes und anderen betreuenden Fachkräften in der Einrichtung geschehen.

Beobachtung und Dokumentation sind eine Vorbereitung auf Hilfeplangespräche, zu denen die Kindertagesstätte im Rahmen von Integrationsmaßnahmen einlädt. In Absprache mit den Eltern sollten zu einem Hilfeplangespräch weitere Beteiligte der Integrationsmaßnahme wie z. B. die Frühförderstelle, die Fachberatung und Therapeuten eingeladen werden. Zielsetzung dieses Gesprächs ist es, den Hilfebedarf des Kindes gemeinsam zu beschreiben und dabei verschiedene Blickwinkel und Einschätzungen zu berücksichtigen. In dem von der Kindertagesstätte moderierten Gespräch äußern Eltern und weitere Beteiligte ihre Sicht der Dinge, und die Fachkräfte der Einrichtung bringen ihre Einschätzung ein, die auf der zuvor geleisteten Beobachtung und Dokumentation beruht. Im Dialog wird präzisiert, was das Kind braucht, und wie die Ziele der Integrationsmaßnahme unter Mitwirkung aller Beteiligten erreicht werden können.

Aufbauend auf der in diesem Gespräch geleisteten Planung werden in den kommenden Monaten die vereinbarten Maßnahmen zur Erreichung der Hilfeplanziele gemeinsam umgesetzt.

Ein halbes Jahr später wird das Handeln dieser vergangenen sechs Monate reflektiert: In der Kindertagesstätte wird auf der Basis von Beobachtung erneut der Entwicklungsstand dokumentiert. Ferner wird eine Einschätzung vorgenommen, inwieweit die vor einem halben Jahr gesetzten Ziele erreicht wurden. Nachdem die Fachkräfte der Kindertagesstätte zu einer Einschätzung gelangt sind, wird erneut der Dialog mit allen Beteiligten gesucht. Im zweiten Hilfeplangespräch werden die Eindrücke zur Entwicklung des letzten halben Jahres wiederum aus den unterschiedlichen Blickwinkeln zusammengetragen und analysiert. Dabei können Rückschlüsse z. B. auf die Wirkung der Maßnahmen gezogen werden. Die Ergebnisse dieser Reflexion fließen in die Hilfeplanung für das kommende halbe Jahr ein.

QUINT kombiniert in dieser Grundsystematik Beobachtung, Dialog, Planung und Reflexion, um dem individuellen Bedarf des Kindes gerecht zu werden und eine regelmäßige Fortschreibung des Hilfeplans zu unterstützen.

1. Quintessenz:

Die Planung des pädagogischen Handelns ist an dem individuellen Bedarf des Kindes zu orientieren.

Eine Kategorisierung des Kindes in Bezug auf die Behinderungsform ist für die Hilfeplanung zu vermeiden – sie lässt sich mit einer individuellen Hilfeplanung und dem Kerngedanken der Integration nicht vereinbaren. Eine präzise Definition, in welchem Umfang und in welcher Art das Kind Unterstützung und Anregung bedarf, um Stärken auszubauen und Beeinträchtigungen zu mindern bzw. ihnen vorbeugen zu können, ist hingegen eine notwendige Voraussetzung für die Betreuung, Erziehung und Bildung des einzelnen Kindes.

Zur Umsetzung dieses Qualitätsentwicklungsverfahrens bietet QUINT der Kindertagesstätte Instrumente und Arbeitsmaterialien an, über die an dieser Stelle kurz ein Überblick gegeben werden soll. Die Anwendung der einzelnen Instrumente wird ausführlich in den folgenden Kapiteln dargestellt.

Ein Hilfeplan-Leitfaden gibt Unterstützung bei der Vorbereitung und Durchführung von Hilfeplangesprächen. In diesem Leitfaden sind zentrale Aspekte zusammengestellt, die im Gespräch zwischen Kindertagesstätte, Eltern und weiteren Beteiligten zu einer kooperativen und zielorientierten Hilfeplanung beitragen. Der Leitfaden dient als Struktur- und Orientierungshilfe für die Hilfeplangespräche und kann gleichzeitig als Protokollvorlage verwendet werden.

Ein einzelfallbezogenes Dokumentationssystem gibt einen einheitlichen Bezugsrahmen vor, in dem für jedes einzelne Kind der Entwicklungsprozess und das pädagogische Handeln in der Einrichtung dokumentiert werden kann. In halbjährlichen Abständen wird die Entwicklung des Kindes anhand konkreter (Verhaltens-)Beschreibungen festgehalten. Die Erreichung der vereinbarten Ziele wird eingeschätzt und reflektiert. Darüber hinaus werden Informationen dokumentiert, die bei der

Aufnahme des Kindes in die Integrationsmaßnahme wichtig sind oder das Verlassen der Kindertageseinrichtung und den Übergang in eine andere Einrichtung (z. B. Schule) betreffen.

Mithilfe der **Strukturbögen** können die Rahmenbedingungen in den Kindertagesstätten erfasst werden, welche für die Qualität von Prozessen und Ergebnissen in der Integration eine entscheidende Vorraussetzung darstellen. Inhaltlich werden hier z. B. das Leitbild und Konzept der Einrichtung, die räumliche/materielle Ausstattung, Anzahl, Qualifikation und Fluktuation der Mitarbeiterinnen oder Teamsitzungen und Vorbereitungszeiten erfasst, sowie die Zufriedenheit mit der Zusammenarbeit zwischen Einrichtung und Träger. Die Strukturqualität ist ein Aspekt von Qualität, der nicht in Bezug auf das einzelne Kind, sondern einrichtungsbezogen mit QUINT erfasst werden kann. Da strukturelle Rahmenbedingungen zeitlich relativ konstant sind, wird in QUINT vorgeschlagen, sich gemeinsam mit dem Träger der Einrichtung jährlich und zusätzlich bei Bedarf mit diesem Thema auseinanderzusetzen.

Bei welchen Kindern können Sie QUINT anwenden?

QUINT steht im Kontext der Rahmenvereinbarung Integrationsplatz. Die Zielgruppe, für die diese Materialien entwickelt wurden, sind daher Kinder vom vollendeten dritten Lebensjahr bis Schuleintritt mit einer nicht nur vorübergehenden körperlichen, geistigen oder seelischen Behinderung und Kinder, denen eine solche Behinderung droht.

QUINT ist für alle Kinder geeignet, die aufgrund ihrer (drohenden) Behinderung Leistungselemente und Maßnahmen nach Anlage 1 der Rahmenvereinbarung in Tageseinrichtungen für Kinder bedürfen (vgl. Kap. 1.3). Unabhängig davon, ob eine Integrationsmaßnahme bewilligt wurde oder nicht, kann QUINT für alle Kinder mit diesem besonderen Bedarf genutzt werden!

Das oben geschilderte Grundprinzip (vgl. Abb. 2) ist selbstverständlich auf alle Kinder in einer Einrichtung übertragbar und zahlreiche Anregungen in diesem Handbuch zur Qualitätsentwicklung richten sich ohnehin an die gesamte Einrichtung.

Die Instrumente sind jedoch in der aktuellen Fassung *nicht* auf alle Kinder zu übertragen. So orientieren sich die Beschreibungen in den Dokumentationsbögen an dem genannten Alters- und Entwicklungsspektrum – sind also beispielsweise zur Einschätzung der Entwicklung im Hortbereich wenig geeignet – und auch wenn Hilfeplangespräche und Elterngespräche ein hohes Maß an Gemeinsamkeiten haben, so handelt es sich dennoch nicht um die gleiche Art Gespräch.

2.3 Einordnung von QUINT in den Hessischen Bildungs- und Erziehungsplan

Der Hessische Bildungs- und Erziehungsplan, dessen Entwurf im März 2005 veröffentlicht wurde, versteht sich als „Orientierungsrahmen für die Bildung und Erziehung von Kindern von Geburt bis zum Ende der Grundschulzeit" (Entwurf Hessischer Bildungs- und Erziehungsplan, S. 5); er gibt sozusagen die Richtung vor und konkretisiert den Bildungsauftrag für Bildungsorte in Hessen.

QUINT wurde, wie zahlreiche andere hessische Modellprojekte, gemäß seinem Projektauftrag in den vergangenen Jahren mithilfe der Praxis entwickelt und weiterentwickelt. Das Land Hessen hat sich in der Zusatzvereinbarung zur Rahmenvereinbarung Integrationsplatz selbst verpflichtet, einen Beitrag zur Qualitätsentwicklung am Integrationsplatz zu leisten. Der sich daraus ergebende Auftrag an das Modellprojekt QUINT lautete, für **Kinder im Alter von drei Jahren bis zum Schuleintritt, die durch eine (drohende) Behinderung einen spezifischen Unterstützungsbedarf haben**, ein Verfahren zur Hilfeplanung in Kombination mit einem Dokumentationssystem zu entwickeln. Sinn und Zweck des Verfahrens sollte die Evaluation und Qualitätsentwicklung sein, die nicht nur am Integrationsplatz wirken sollte, sondern in der gesamten Einrichtung. Inhaltlich sollte das Verfahren kompatibel mit den Verfahren der Frühförderung gestaltet werden, die in Hessen neben den Erziehungsberechtigten ein wichtiger Partner des Bildungsortes Kindertageseinrichtung ist.

In diesem Rahmen kommt die Kindertageseinrichtung mit der Anwendung von QUINT den folgenden Aufgaben nach, die der Hessische Bildungs- und Erziehungsplan fordert:

- **QUINT fordert und fördert Kooperation und Beteiligung**

    Die partnerschaftliche Zusammenarbeit mit den Erziehungsberechtigten sowie mit weiteren beteiligten Personen, Institutionen und Ämtern wird im Zusammenhang mit der Hilfeplanung forciert. QUINT trägt auf diesem Wege dazu bei, dass sich Kindertageseinrichtungen stärker interdisziplinär vernetzen und Eltern in die Planung und Gestaltung einer Integrationsmaßnahme intensiver einbezogen werden.

    Auch auf der Ebene der Jugendamtsbezirke setzt sich QUINT für eine Optimierung der Zusammenarbeit ein. Diesem Zweck dienen beispielsweise Integrationskonferenzen, in denen Träger, Einrichtungen, Jugendhilfe- und Sozialhilfeträger, Frühförderstellen und Schulen vertreten sind. QUINT regt zur Bildung dieser Integrationskonferenzen und Arbeitskreise an und gibt Hinweise zum Klärungsbedarf, der in diesen Runden bearbeitet werden soll.

- **QUINT trägt zur Moderierung und Bewältigung von Übergängen bei**

    Der Hessische Bildungs- und Erziehungsplan betont in besonderem Maße die Bedeutung von Übergängen als Zeiten beschleunigten Lernens und verschärfter Chancen wie Risiken. Die planvolle und gelungene Gestaltung durch die Fachkräfte in den Kindertageseinrichtungen im Zusammenwirken mit den Eltern und sonstigen Bezugspersonen des Kindes ist daher umso wichtiger. Chancen erwachsen zum Beispiel daraus, dass Eltern verstärkt gefordert sind, die Autonomie des Kindes zu unterstützen und eine Ablösung vom Kind zuzulassen. Krisen können daraus erwachsen, dass das eigene Kind in dieser Zeit deutlicher im Vergleich zu anderen Kindern betrachtet wird, und die Andersartigkeit verstärkt thematisiert wird. Auf Möglichkeiten der Kindertageseinrichtung, zu einem fließenderen Übergang beizutragen, wird im Abschlussbogen der Dokumentation hingewiesen. Die Dokumentation dient hier zum einen als Ideengeber für die Einrichtung und bietet zum anderen die Gelegenheit, Angebote, die zur Moderierung und Bewältigung von Übergängen gemacht werden, auch nachzuweisen. Dabei geht es nicht allein um den Übergang in die Schule, sondern auch um den Übergang in eine andere Kindertageseinrichtung.

In Bezug auf die Hilfeplanung regt QUINT dazu an, das letzte Hilfeplangespräch zur Vorbereitung des Übergangs zu nutzen sowie Vertreterinnen und Vertreter der Schulen oder der Kindertageseinrichtung, in die das Kind wechselt, zu diesem Gespräch einzuladen.

- **Mit QUINT erfolgt eine laufende Reflexion und Evaluation**

    In halbjährlichen Abständen erfolgt mit QUINT eine Dokumentation, die auf strukturierten und unstrukturierten Beobachtungen mehrerer Kolleginnen eines Teams beruht. Sie ist breit angelegt und gibt Einblicke in zentrale Entwicklungsbereiche und Lernfelder. Sie berücksichtigt dabei in besonderem Maße Basiskompetenzen, die für die Förderung und Bildung von Kindern mit Behinderung relevant sind (vgl. Kap. 4). Die Dokumentation in QUINT bildet die Einschätzung der Kindertageseinrichtung ab. Sie dient als Gesprächsgrundlage für das Hilfeplangespräch, in dem diese Einschätzung der Kindertageseinrichtung mit Einschätzungen der Familie und weiteren beteiligten Personen und Institutionen abgeglichen wird und sich somit Selbstevaluation und Fremdevaluation treffen und ergänzen. Im Dialog erfolgt eine gemeinsame Zielvereinbarung, an der sich die Förderung in der Kindertageseinrichtung ausrichtet. Die miteinander abgestimmten Ziele, in welchem Grad diese erreicht werden konnten und was sich dabei als förderlich oder auch als hinderlich erwies, wird in den Dokumentationsbögen festgehalten.

    Die Dokumentation in QUINT dient nicht nur in Bezug auf das einzelne Kind als Reflexionsgrundlage. Durch die teilstandardisierte Form ist es möglich, die Daten einrichtungsbezogen sowie einrichtungs- und trägerübergreifend zu aggregieren und auszuwerten. Sie können daher als Ausgangspunkt für träger- und einrichtungsübergreifende Qualitätsentwicklungsprozesse in der Region genutzt werden.

Das Institut für Kinder- und Jugendhilfe versteht QUINT als ein lernendes Verfahren, das sich in den kommenden Jahren unter dem Dach des Hessischen Bildungs- und Erziehungsplanes weiterentwickeln wird und die Einladung, einen „Beitrag zur weiteren Entwicklung des Hessischen Bildungs- und Erziehungsplans zu leisten" (Entwurf Hessischer Bildungs- und Erziehungsplan, S. 5), gerne annimmt.

2.4 Hinweise und Voraussetzungen für die Einführung von QUINT in der Kindertageseinrichtung

Qualitätsentwicklung liegt vorrangig in der **Verantwortung des Trägers und der Leitung einer Kindertageseinrichtung**, beide müssen von dem Sinn und Zweck der Qualitätsentwicklung mit QUINT überzeugt sein und gemeinsam die erforderlichen Voraussetzungen schaffen, damit der Einsatz eines solchen Verfahrens wirklich zu einer Steigerung der Qualität führen kann.

Auf der beigefügten CD-ROM finden Sie eine kurze Projektbeschreibung zu QUINT, in der Zielsetzung und Inhalte des Verfahrens zusammengefasst sind. Sie richtet sich insbesondere an Trägervertreter, kann aber auch genutzt werden, um Kooperationspartner der Kindertageseinrichtung in einem ersten Schritt kurz über QUINT zu informieren. Nach dieser Erstinformation ist es erforderlich, dass sich Leitung und Träger darüber verständigen, ob QUINT eingeführt werden soll und die folgenden Voraussetzungen gegeben sind bzw. geschaffen werden können:

- **Zeitliche und personelle Voraussetzungen prüfen und gegebenenfalls schaffen**

    Wie jedes Instrumentarium zur Dokumentation und zur Qualitätsentwicklung ist QUINT insbesondere in der Anfangszeit mit personellem und zeitlichem Aufwand verbunden.

    Wir empfehlen, dass sich zwei Kolleginnen, die Leitung und eine fest angestellte Kollegin im Gruppendienst, die mit einem ausreichenden Stellenumfang ausgestattet ist, über Fortbildungen zu QUINT qualifizieren lassen. Diese beiden Kolleginnen können dann als Multiplikatorinnen in ihrem Team tätig werden.

    Sich als Team in QUINT einzuarbeiten braucht Zeit. Dabei ist es wenig hilfreich mit der Erwartung oder Zielsetzung heranzugehen, gleich die kompletten Inhalte zu erfassen und umzusetzen. Es ist stattdessen durchaus möglich und sinnvoll, sich die Bausteine von QUINT nach und nach anzueignen.

     Tipp: Orientieren Sie sich am Ablauf von QUINT, der zur Begleitung des einzelnen Kindes vorgeschlagen wird: Beginnen Sie damit, sich mit dem Thema Beobachtung zu beschäftigen und darauf aufbauend mit der Dokumentation und Hilfeplanung. Dies sind die Kernaspekte von QUINT. Alles andere können Sie danach Stück für Stück gemeinsam erarbeiten.

    Die Auseinandersetzung mit den Inhalten kann in Teamsitzungen erfolgen. Es bedarf dabei einer konsequenten Moderation, die darauf achtet, dass eine fachliche Auseinandersetzung stattfindet und nicht organisatorische Absprachen und Zwischengespräche immer wieder vom Thema ablenken. Entscheidet man sich dafür, QUINT nach und nach über Teamsitzungen zu vermitteln, müssen Sie sich darauf einstellen, dass sich die Einarbeitungsphase verlängert.

     Tipp: Sollten Sie sich dafür entscheiden, Teamsitzungen zu nutzen, um sich gemeinsam mit QUINT vertraut zu machen, machen Sie sich zu Beginn einen Zeitplan. Vereinbaren Sie, welche Teamsitzungen für welche Bausteine genutzt werden, und legen Sie fest, wann die Einarbeitungsphase abgeschlossen sein wird.

    Die effektivere Alternative zu diesem Vorgehen sind Teamtage. Ideal ist es, wenn Träger den Einrichtungen 1–1½ Tage zur Verfügung stellen, an denen die beiden geschulten Kolleginnen

QUINT an das Team weitervermitteln. In diesem zeitlichen Rahmen ist es sehr gut möglich, den gemeinsamen Einstieg in QUINT zu meistern.

Ist der gemeinsame Einstieg in QUINT geschafft, gibt es einen verbleibenden, kontinuierlichen Zeitbedarf, der sich daraus ergibt, dass

- mehrere Personen ein Kind zu verschiedenen Zeitpunkten in unterschiedlichen Situationen beobachten,
- Zeit für die Dokumentation anfällt,
- die Vorbereitung und Durchführung der Hilfeplangespräche ebenso Zeit beansprucht wie der
- Austausch und die Reflexion in der Gruppe und im gesamten Team.

Die Höhe des zeitlichen Aufwands ist abhängig vom jeweiligen Kind sowie der Intensität der Bearbeitung. Der erlebte Nutzen beim Einsatz von Verfahren zur Dokumentation, Evaluation und Qualitätsentwicklung hängt wiederum auch von den Bedingungen in der Praxis ab. Wenn Zeit genutzt wird, um dokumentierte Beobachtungen auszuwerten und gemeinsam mit den Kolleginnen zu reflektieren, dienen Verfahren wie QUINT der Qualitätsentwicklung und werden als hilfreiche Unterstützung erlebt.

Je besser es gelingt, QUINT in den Arbeitsalltag zu integrieren und je größer die Routine im Umgang mit den Materialien wird, desto stärker sinkt dieser Aufwand.

Nicht jede Kollegin muss alles in QUINT kennen und anwenden. Je nachdem wie die Einrichtung organisiert ist und bei wie vielen Kindern QUINT Anwendung findet, sind die Kolleginnen in unterschiedlichem Ausmaß involviert. Grundsätzliche Vereinbarungen betreffen alle, als Reflexionspartnerinnen sind ebenfalls alle gefordert, aber Hilfeplangespräche führen nur manche Kolleginnen. Es ist daher sinnvoll und erforderlich, in der Einrichtung eine oder besser zwei Ansprechpartnerinnen zu haben, die sich mit QUINT sehr gut auskennen und für Fragen der Kolleginnen, die weniger involviert sind, zur Verfügung stehen. Wird QUINT bei mehreren Kindern angewendet, besteht die Aufgabe dieser Personen auch in der Koordination: Ihre Aufgabe ist es, die regelmäßige Bearbeitung der Bögen im Blick zu haben.

Tipp: Benennen Sie eine QUINT-Beauftragte.

Bei der Auswahl sollte darauf geachtet werden, dass die betreffende Person Interesse und Zeit hat, diese Rolle einzunehmen.

- **Partizipation und Vertrauen**

QUINT basiert an den zentralen Stellen auf der Einschätzung der Fachkräfte in der Kindertageseinrichtung. Qualitätsentwicklung und kontinuierliche Verbesserung setzen demzufolge an einer ehrlichen Einschätzung und Anwendung der Instrumente an und setzen Partizipation und Vertrauen voraus. Sind die Mitarbeiterinnen bereits in den Entscheidungsprozess bezüglich der Anwendung von QUINT eingebunden, stellt dies sicherlich den Idealfall dar. Da dies in der Praxis wahrscheinlich nicht immer der Fall ist, muss darauf geachtet werden, dass alle Mitarbeiterinnen bereits vor der Anwendung von QUINT ausreichend informiert werden und Gelegenheit haben, einige zentrale Diskussionspunkte zu klären.

Tipp: Vereinbaren Sie im Team eine Erprobungsphase, in der sich die Mitarbeiterinnen zunächst einmal auf das Verfahren einlassen, um nach der Erprobung Schwierigkeiten und Widerstände gemeinsam zu bearbeiten.

Hinweise und Voraussetzungen für die Einführung von QUINT in der Kita

- **Kontrollängsten begegnen und Datenschutz beachten**

Wie bei jeder Neuerung ist es denkbar, dass auf Mitarbeiterseite bei der Einführung von QUINT Kontrollängste entstehen. Dokumentation heißt immer auch, das eigene Handeln transparent zu machen und gegenüber anderen offenzulegen. Es ist wichtig, von Anfang an zu kommunizieren, dass es um einen gemeinsamen Lernprozess geht, in dem es in der Regel keine „richtigen" oder „falschen" Einschätzungen gibt, sondern verschiedene subjektive Eindrücke und Bewertungen, die es miteinander abzugleichen gilt, um ein möglichst vollständiges Bild zu erhalten.

An dieser Stelle ist ferner auf den Datenschutz zu verweisen. Bestimmte Informationen wie z. B. die im Hilfeplangespräch festgehaltenen Informationen (der ausgefüllte Hilfeplan-Leitfaden) sind *ausschließlich* für die am Gespräch Beteiligten bestimmt!

Die in der Dokumentation festgehaltenen Informationen zum Kind stehen ebenso zunächst einmal nur der Einrichtung und den Eltern zur Verfügung. Bei einem entsprechenden Einverständnis der Eltern können Teile dieser Dokumentation an Dritte weitergegeben werden. Teile der Dokumentation können beispielsweise anstelle eines Entwicklungsberichtes an den Kostenträger gehen. Dies setzt aber dringend voraus, dass zuvor miteinander besprochen wird, *welche* Informationen sinnvollerweise zur Verfügung gestellt werden. Grundsätzlich ist ein sorgsamer Umgang mit den dokumentierten Daten zu vermitteln, der dem Datenschutz Rechnung trägt, die Persönlichkeitsrechte und Privatsphäre von Kind und Familie schützt und der Kooperation mit anderen Stellen dienlich ist.

- **Motivation erhalten**

QUINT vermittelt regelmäßig Rückmeldungen zur eigenen Einschätzung und zu den Einschätzungen anderer, sei es im Rahmen von Hilfeplangesprächen, in denen die Wahrnehmungen der Beteiligten unterschiedlich sein können oder beim Blick auf die Auswertung der Dokumentation, wo sich möglicherweise in unterschiedlichen Bereichen höchst unterschiedliche Entwicklungsverläufe zeigen können. Das Verfahren wird dann als hilfreich erlebt, wenn diese Rückmeldungen regelmäßig im Team thematisiert werden.

Tipp: Nachdem sich die Kolleginnen in QUINT eingearbeitet haben und Kinder über einen Zeitraum von mindestens einem halben Jahr mit QUINT begleitet wurden, ist es sinnvoll, den Prozess der Hilfeplanung, die Formulierung und Erreichung der Hilfeplanziele und die Entwicklung des Kindes in diesem Zeitraum mit Kolleginnen zu reflektieren. Versuchen Sie, in Ihrem Team eine Routine zu entwickeln, durch die ein regelmäßiger Austausch stattfindet. Dies kann beispielsweise in regelmäßigen Fallbesprechungen im Gesamtteam oder in Form eines gruppeninternen Austauschs stattfinden.

- **Austausch mit anderen Einrichtungen herstellen**

Zur Qualitätsentwicklung am Integrationsplatz braucht es neben den Inhalten von QUINT, die Sie sich über dieses Handbuch aneignen können, den Dialog mit anderen Einrichtungen in Ihrer Region. Fortbildungen und Arbeitskreise bieten einen Rahmen, in dem sich Kindertageseinrichtungen gemeinsam und trägerübergreifend mit QUINT und dem Anliegen der Qualitätsentwicklung beschäftigen. Diese sind im Rahmen der Implementierung von QUINT im Jahr 2005 in 23 Landkreisen und Kommunen angeboten und eingerichtet worden. Erkundigen Sie sich bei Ihrem zuständigen Jugendamt über aktuelle Fortbildungsangebote und gegebenenfalls bestehende Arbeitskreise.

Inhalte dieses Kapitels

3	**Beobachtung**	**75**
3.1	Wahrnehmung	76
3.2	Unstrukturierte und strukturierte Beobachtung	79
3.3	Der Beobachtungsprozess	80
3.4	Achtung – typische Fehler!	83

3 Beobachtung

Daniela Adams, Elisabeth Honervogt, Ilka Müller

„Ohne Beobachtung geht es nicht" lauten die einleitenden Worte von Ernst Martin und Uwe Wawrinowski in ihrem Buch „Beobachtungslehre".

Beobachtung fordert uneingeschränkte Aufmerksamkeit, Offenheit und Interesse für das Kind. Ohne Beobachtung kommen wir zu keinen Einschätzungen und ohne Einschätzungen zu dem, was wir beobachten, kommen wir zu keinem begründeten und reflektierten Handeln. QUINT versucht dem Hilfebedarf des einzelnen Kindes zu begegnen, indem der aktuelle Stand der Entwicklung auf der Basis von Verhaltensbeobachtung dokumentiert wird. Die Beobachtung, auf welcher diese Einschätzung beruht, ist daher ein entscheidender Schritt innerhalb des Verfahrens.

Dieses Kapitel beschäftigt sich mit den Grundlagen der Beobachtung und ist damit als Ausgangspunkt einer fundierten und reflektierten Einschätzung in der Dokumentation zu betrachten.

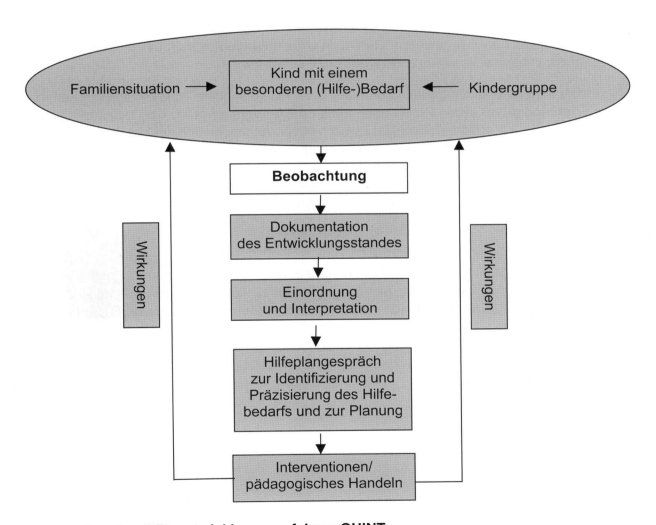

Abb. 3: Das Qualitätsentwicklungsverfahren QUINT

Beobachtung basiert auf Wahrnehmung, die von unseren Erfahrungen und Einstellungen beeinflusst wird. Beobachtung ist gezielte Wahrnehmung, bei der wir uns bemühen, die eigenen biografischen und persönlichen Anteile, die unsere Beobachtung beeinflussen, zu erkennen und zu reflektieren, um auf diese Weise zu einer möglichst „neutralen" Einschätzung der Entwicklung des Kindes zu gelangen.

Grundsatz unserer Beobachtungen sollte es immer sein, das Kind in seiner Gesamtheit und nicht ausschließlich unter der Fragestellung „Wo besteht ein Defizit, ein Entwicklungsrückstand?" zu betrachten. Ihnen werden bei der Beobachtung Stärken und Fähigkeiten ebenso auffallen wie Schwierigkeiten, die das Kind in einzelnen Bereichen hat, und wiederum besondere Fähigkeiten, wie es mit Grenzen und Problemen umgeht. Eine Beobachtungshaltung, die der gesamten Persönlichkeit eines Kindes gerecht wird, bringt dem einzelnen Kind Wertschätzung entgegen und bietet eine gute Grundlage für Hilfeplangespräche.

3.1 Wahrnehmung

Was wir hören, sehen, fühlen und riechen, gestalten wir zu einem Eindruck. Wir registrieren etwas nicht einfach nur als Abbild in unserem Gehirn. Wahrnehmungen sind immer persönlich gedeutet und geprägt durch eigene Vorerfahrungen, das heißt subjektiv.

Die eigene Wahrnehmung schafft kein neutrales Spiegelbild, sondern ist vermischt mit bereits gemachten Erfahrungen. Auf diese Weise unterstützt unsere Wahrnehmung die Ordnung in unserem Inneren und erhält sie aufrecht. Unbewusst versuchen wir, Anhaltspunkte dafür zu bekommen, dass wir weitestgehend Recht haben mit der Sicht unserer Dinge. Jeder, der beobachtet, muss sich daher bewusst sein, aus welchen „Geschichten" die eigenen Wahrnehmungen resultieren. Dass Wahrnehmung mehr ist als die Registrierung von Sinneseindrücken und dass Sinneseindrücke von jedem anders verarbeitet und gedeutet werden, zeigt sich besonders eindrucksvoll bei der Betrachtung von Bildern, die uneindeutig sind.

Tipps für Übungen im Team zum Thema Beobachtung:
- Machen Sie im Team zur Einführung in das Thema Beobachtung folgendes Experiment: Betrachten Sie gemeinsam, ohne zu kommunizieren, die folgenden zwei Bilder. Jeder notiert sich still, was er wahrnimmt und wie er das Bild interpretiert. Danach vergleichen Sie Ihre Wahrnehmungen miteinander. Mit allergrößter Wahrscheinlichkeit werden sich Ihre Beobachtungen voneinander unterscheiden.

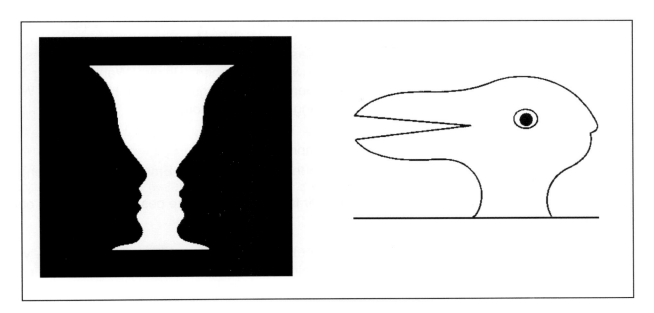

Abb. 4: Kippfiguren

- Das Team sieht sich gemeinsam einen ca. 5-minütigen Ausschnitt eines Videofilmes an. Nach Betrachtung soll jeder möglichst ausführlich auf vorgegebene Fragen antworten, wie beispielsweise: Wie viele Personen spielten in dem Film mit? Wie sahen sie aus? Welche Landschaften, Häuser, Räume, Gegenstände und sonstigen Details waren zu sehen? Danach werden die Ergebnisse noch einmal mit dem erneut abgespielten Film verglichen und reflektiert: Welche Dinge wurden übersehen? Warum?
- Alle Kolleginnen sitzen im Kreis mit dem Rücken zur Kreismitte. Eine Person geht langsam am Außenkreis herum und schaut alle prüfend an. Dann beginnt sie eine Kollegin zu beschreiben, ohne diese dabei anzusehen. Die unauffälligen Kennzeichen nennt sie zuerst, die auffälligen am Schluss. Wer erkennt die beschriebene Kollegin?
- Eine Kollegin beschreibt ein Foto, eine Postkarte oder Ähnliches, die anderen versuchen ein entsprechendes Bild zu malen. Am Ende werden Original und Vorstellung (Malerei) miteinander verglichen.
- Im Team pantomimisch verschiedene Rollen darstellen, dies können z. B. Berufe oder Gefühle sein. Die Beobachter haben die Aufgabe, das Gestenspiel zu erraten. Was meint der andere? Was will er ausdrücken?

Diese und ähnliche Übungen helfen dabei, sich dem Thema praktisch zu nähern und die faszinierenden wie auch die schwierigen Aspekte zu erleben und gemeinsam zu reflektieren.

Die Wahrnehmungsgesetze

Die im Folgenden dargestellten Gesetzmäßigkeiten machen deutlich, dass unsere Wahrnehmung nicht allein ein physiologischer, sondern ebenso ein psychologischer Prozess ist. Das heißt, unsere Wahrnehmung wird durch unsere Psyche beeinflusst, unter anderem wirken Erwartungen, Einstellungen und Emotionen auf sie ein.

Die menschliche Wahrnehmung folgt dabei einigen Grundgesetzen. Die Kenntnis dieser Gesetze hilft uns, bei der Einschätzung dessen, was wir beobachten, kritisch und wachsam zu sein:

- **Selektion (Auswahl):** Das Angebot an Reizen, das uns begegnet, ist so groß, dass sich unsere Sinne nicht in gleichem Maße allen Reizen zuwenden können. Unsere Wahrnehmung beschränkt sich daher auf einen Teil der Reize, andere geraten hingegen in den Hintergrund. Welche Reize wir wahrnehmen und welche nicht, hängt von drei Faktoren ab:
  - der Art der Reize,
  - der persönlichen Erfahrung und sozialen Lernprozesse und
  - den im Augenblick wirksamen Motiven (Bedürfnissen, Wünschen, Emotionen, Interessen).

  In Abhängigkeit von diesen drei Faktoren sind wir für bestimmte Reize besonders sensibel oder auch ausgesprochen wenig empfänglich.

- **Organisation (Ordnungsbildung):** Während ein Kind sehr stark auf Einzelheiten achtet, versucht der Erwachsene tendenziell ein Ganzes, eine sinnvolle Gestalt, wahrzunehmen. Kinder verbessern im Laufe ihrer Entwicklung mehr und mehr die Fähigkeit, einzelne Aspekte zu ordnen und das Ganze wahrzunehmen.

  Beispiel: Bei einer Bilderbuchbetrachtung erfasst das Kind zunächst einzelne Details, später erkennt es den Gesamtzusammenhang der Abbildungen.

- **Akzentuierung (Betonung):** Erwartungen und Bedürfnisse führen dazu, dass bestimmte Aspekte ein besonderes Gewicht erhalten und andere in den Hintergrund treten.

  Beispiel: Bei der Beobachtung eines Kindes können bestimmte Eindrücke (z. B. die Kommunikationsfähigkeit) dem Beobachter besonders ins Auge fallen und dabei andere Aspekte „übersehen" oder unterschätzt werden (z. B. soziale Ängste).

- **Fixation (Verfestigung, Festhalten):** Wahrnehmen strebt danach, bereits vorhandene Erwartungen zu bestätigen. Dahinter steckt der Wunsch nach einer Stabilität und Kontinuität der Welt. Für unerwartetes, verändertes Verhalten ist der Mensch also weniger empfänglich als für eine Bestätigung seiner Erwartungen.

  Beispiel: Eine Mutter bietet Hilfe an. Da sie in der Kindertageseinrichtung bekannt ist für eine sehr kritische Haltung gegenüber den Erzieherinnen, wird ihr Angebot nicht als Hilfsbereitschaft erkannt, sondern als Kritik an den eigenen Fähigkeiten wahrgenommen.

Wahrnehmung, die Grundlage der Beobachtung, ist also durch subjektive Aspekte geprägt und jeder an einer Begebenheit Beteiligte nimmt die Situation aus seiner Perspektive wahr. Es kommt daher zwangsläufig zu unterschiedlichen Bewertungen ein und derselben Begebenheit (Zimmer, 1995).

3.2 Unstrukturierte und strukturierte Beobachtung

Es wird zwischen unstrukturierter und strukturierter Verhaltensbeobachtung unterschieden.

Bei der **unstrukturierten Beobachtung** handelt es sich um sogenannte Gelegenheitsbeobachtungen, z. B. wenn Sie innehalten und für einige Minuten die Kinder beim freien Spiel beobachten, oder aber es handelt sich um Beobachtungen Dritter, die Sie in Ihre eigenen Überlegungen und Beobachtungen einbeziehen. Unstrukturierte Beobachtungen können der Beginn einer Auseinandersetzung mit einem Thema sein, sie machen uns auf bestimmte Dinge erst einmal aufmerksam. Um zu einer fundierten Aussage zu kommen, sind unstrukturierte Beobachtungen allein jedoch eine unzureichende Arbeitsgrundlage.

Um möglichst effektiv zu brauchbaren, aussagekräftigen Informationen bezüglich des Entwicklungsstandes eines Kindes zu kommen, braucht es daher ergänzend die strukturierte Beobachtung.

> **Strukturierte Beobachtung** ist eine *aktive, planmäßige*, auf ein *Ziel gerichtete* und *methodisch ausgerichtete*, vor allem durch Aufmerksamkeit gekennzeichnete Wahrnehmung und Registrierung von Ereignissen oder Verhaltensweisen in Abhängigkeit von bestimmten Situationen bzw. Rahmenbedingungen.

Diese Definition lässt sich folgendermaßen erläutern:
- **Aktiv:** Bei der Beobachtung wenden Sie dem Kind aktiv Ihre Aufmerksamkeit zu, Sie wenden hierfür Energie auf.
- **Planmäßig:** Sie machen im Kindertagesstättenalltag zahlreiche spontane, also ungeplante Beobachtungen. Die Art von Beobachtung, die wir in diesem Kapitel beschreiben und als die wesentliche Voraussetzung für die Dokumentation bezeichnen, ist eine geplante Beobachtung: Sie nehmen sich vor, in einer bestimmten Situation das von Ihnen ausgewählte Kind z. B. beim Spiel zu beobachten und bereiten diese Beobachtung vor.
- **Zielgerichtet:** Sie entscheiden *vor* der Beobachtung des Kindes, welchen Fragen oder Themenbereichen Sie nachgehen.
- **Methodisch ausgerichtet:** Bei der Beobachtung gilt es, bestimmte Regeln zu beachten, die die Durchführung einer Beobachtung kontrollieren und strukturieren. Im folgenden Abschnitt werden Hinweise zum methodischen Vorgehen bei einer Beobachtung gegeben.

Da sich die strukturierte Beobachtung bestimmter Kategorien bedient, ist ihre Aussagefähigkeit größer und damit auch überprüfbarer als bei einer unstrukturierten Beobachtung. Dennoch empfehlen wir eine Kombination aus unstrukturierter und strukturierter Beobachtung als Grundlage für die Einschätzung der Entwicklung eines Kindes.

3.3 Der Beobachtungsprozess

Der Prozess der **strukturierten Beobachtung** lässt sich in drei Phasen unterteilen. In jeder einzelnen Phase sind bestimmte Regeln zu beachten:

1. Vorbereitung

- Legen Sie im Vorfeld der Bebachtung fest, **welches Kind** Sie im Hinblick auf **welchen Themenbereich** beobachten. Dabei können Sie sich an den Entwicklungsbereichen der QUINT-Dokumentation (z. B. Kommunikation oder Zusammenleben in der Gruppe) orientieren. Wählen Sie ein Thema für die Beobachtung aus, bei dem Sie sich *zusätzliche* Informationen aus einer gezielten Beobachtung erhoffen oder Sie das Gefühl haben, ohne eine strukturierte Beobachtung nicht zu einer zuverlässigen Einschätzung zu kommen. Oder Sie wählen ein Thema, bei dem die Fachkräfte in der Einrichtung, die mit dem Kind vertraut sind, unterschiedlicher Ansicht sind.

- Entscheiden Sie über das **Setting**, in dem Sie das Kind möglichst unter natürlichen Bedingungen beobachten können. Die Items in der QUINT-Dokumentation sind unter dem Gesichtspunkt formuliert, dass sie in der Regel im normalen Kindergartenalltag und ohne besonderes Material beobachtet werden können. Bestimmte Verhaltensbeschreibungen der QUINT-Dokumentation können in Form einer Einzelbeobachtung gemacht werden – dies heißt aber nicht, das Kind aus der Gruppe zu nehmen (z. B. taktil-kinästhetische Wahrnehmung: „Vermeidet bestimmte Materialien"). Andere Verhaltensbeschreibungen benötigen die Methode der Gruppenbeobachtung (z. B. Kommunikation: „Tritt mit anderen Kindern in einen Dialog ein").

- Entscheiden Sie über den **Zeitraum der Beobachtung**. In Abhängigkeit von der Fragestellung, der Sie nachgehen möchten, müssen Sie sich entscheiden, das Kind entweder über einen bestimmten Zeitraum (5–20 Minuten) zu beobachten oder zu verschiedenen Zeitpunkten immer in Zusammenhang mit dem gleichen Ereignis (z. B. Streitsituationen, um Konfliktlösestrategien des Kindes zu beobachten).

- Entscheiden Sie, inwieweit Sie am Geschehen **aktiv teilnehmen** (z. B. mit dem Kind spielen oder kommunizieren) **oder** ausschließlich **zuschauen**. Machen Sie sich bewusst, dass Sie auch beim „Von-außen-Zuschauen" Teil der Situation sind, in der Sie das Kind beobachten. Selbst wer nur eine Szene betrachtet, wird leicht als störendes Element wahrgenommen. Wenn Sie selbst Teil der Situation sind, wird sich das Kind weniger beobachtet fühlen, jedoch wird ein Teil Ihrer Aufmerksamkeit nicht bei der Beobachtung, sondern bei der Teilnahme sein.

- Sorgen Sie dafür, mögliche **Störungen von außen** (Telefon, Nachfragen von Kolleginnen, eintretende Eltern) für den kurzen Zeitraum der Beobachtung so weit wie möglich zu **reduzieren**.

2. Beobachtung und Dokumentation

- Lassen Sie sich vom Gegenstand Ihrer Beobachtung **nicht ablenken** (abgesehen von Notfällen). Konzentrieren Sie sich auf das Thema Ihrer Beobachtung.

- **Selektieren Sie nicht**, sondern notieren Sie alles, was Sie in Bezug auf das Thema wahrnehmen. Hierzu können Sie die QUINT-Dokumentation nutzen, die Ihnen bereits eine Struktur vorgibt, in der das Beobachtete notiert werden kann. Sicherlich fallen Ihnen jedoch bei der Beobachtung weitere Aspekte auf, die in der QUINT-Dokumentation nicht zu finden sind. Nutzen Sie daher in jedem Fall die Möglichkeit, sich freie Notizen zu machen oder ein Gespräch aufzuzeichnen, denn so können Sie ein Vielfaches aus der Beobachtung herausziehen.

- Beobachtungen werden sowohl durch den Beobachter bestimmt (vgl. Kap. 3.1) als auch durch die Situation. Situationen beeinflussen nicht nur das Verhalten des Kindes, sondern auch Ihr Verhalten als Beobachterin. Achten Sie daher auch auf die **Rahmenbedingungen**, die mögli-

Der Beobachtungsprozess

cherweise mit dem eigentlichen Verhalten, das Sie beobachten, in Zusammenhang stehen könnten (Geräuschpegel in der Gruppe, Art und Weise wie andere Kinder dem Kind, das Sie beobachten, begegnen etc.).
- Bemühen Sie sich ganz besonders darum, **nur das Beobachtete zu notieren und keinerlei Interpretation**. „Peter reagiert aggressiv" ist eine Interpretation – was Sie beobachten ist beispielsweise, dass er ein anderes Kind laut anschreit, Schimpfwörter verwendet oder das Kind auf den Boden schubst. Entscheidend ist es, nicht den zweiten Schritt (Interpretation) vor dem ersten (Beobachtung) zu tun!

3. Interpretation und Auswertung

- Erst in diesem separaten Schritt wird das beobachtete Verhalten **interpretiert**. Erinnern Sie sich daran, dass Wahrnehmung mehr ist als die Registrierung von Sinneseindrücken, und dass Sinneseindrücke in Abhängigkeit von unseren eigenen Werten und unserer Biografie von jedem von uns anders verarbeitet und gedeutet werden. Bei der Beobachtung von Kindern sollten wir daher vorsichtig mit Aussagen, Zuschreibungen und Deutungen sein. Bevor wir uns bezüglich des Entwicklungsstands eines Kindes festlegen, ist es notwendig, erstens unsere Einschätzung in mehreren Situationen zu prüfen, die sich beispielsweise hinsichtlich der Räume, Spielkameraden und Materialien unterscheiden und zweitens unsere eigenen Beobachtungen mit denen der Kolleginnen zu vergleichen. Machen Sie sich also bei der Interpretation des Beobachteten bewusst, dass es sich hierbei zunächst um eine einzelne Situation handelt. Es ist *eine* Beobachtung. Überlegen Sie im nächsten Schritt, wann und in welchem Setting Sie die Beobachtung des Kindes zu diesem Thema wiederholen wollen, denn nur aus einer **wiederholten Beobachtung unter gleichen, aber auch verschiedenen Bedingungen** können Sie verlässliche Schlüsse ziehen! Nur wenn Sie mehrere kurze Beobachtungen zu unterschiedlichen Zeitpunkten zum gleichen Thema sammeln, werden Sie der Komplexität des Verhaltens eines Kindes gerecht.

Damit sich die Methode der strukturierten Beobachtung in einer Einrichtung etabliert, muss sich ein Team miteinander abstimmen, Beobachtungszeiten fest einplanen und organisieren. Dies ist vor allem in der offenen Gruppenarbeit wichtig, um nötigen Freiraum und förderliche Rahmenbedingungen für die Beobachtung zu schaffen.

Tipps zur Einführung und Organisation von regelmäßiger Beobachtung im Team:
- Bevor Sie die intensive und systematische Beobachtung von Kindern in den Tagesablauf Ihrer Einrichtung aufnehmen, ist es wichtig im Team zu klären, warum man dies tut. Dies ist nicht nur bedeutsam für die eigene Motivation und die Bereitschaft des Teams, sich dieser Aufgabe zu widmen, sondern auch, um gegenüber Eltern überzeugende Argumente zu verwenden.
- Sprechen Sie sich im Gesamt- oder im Gruppenteam in Bezug auf die oben beschriebene Vorbereitung ab:
  – Welche(s) Kind(er)?
  – Was soll beobachtet werden (Themenbereich)?
  – Wer führt die Beobachtung durch?
  usw.
- Entwickeln Sie ein System zur Übersicht und Kontrolle, bei dem z. B. in einem Wochenplan festgehalten wird, wer an welchem Tag beobachtet werden soll bzw. ob die geplante Beobachtung auch stattgefunden hat.
- Gleich bei der Aufnahme des Kindes können Sie Eltern informieren, dass in der Einrichtung regelmäßig beobachtet und dokumentiert wird. Dabei ist es besonders wichtig zu erklären, warum Sie dies tun (z. B. Erkennen von wichtigen Entwicklungsschritten, Dokumentieren von Bildungs-

prozessen des Kindes). Des Weiteren können Sie deutlich machen, dass an Außenstehende, zu denen auch Fachdienste und Schulen zählen, Beobachtungsdaten nur mit Einwilligung der Eltern übermittelt werden (§ 65 Abs. 1 Satz 1 Nr. 1 SGB VIII).

- Die Beobachtungsprotokolle können Sie in einer Mappe oder Ähnlichem sammeln. Diese Mappe sollte den Eltern zugänglich sein. Sie kann neben Beobachtungsprotokollen auch Fotos, Malereien des Kindes und Ähnliches enthalten, deren besondere Bedeutung aus einem beiliegenden Kommentar hervorgeht. Deutungen des kindlichen Verhaltens bzw. die Dokumentationsbögen müssen separat aufbewahrt werden!
- Um Störungen während der Beobachtung soweit wie möglich zu reduzieren, sollten Sie für Eltern, Kolleginnen und Kinder kenntlich machen, dass Sie gerade eine Beobachtung durchführen. Dies kann durch ein entsprechendes Schild mit einem Symbol (Auge, Lupe etc.) oder aber auch durch Umbinden eines auffälligen Schals geschehen. Diese Signale sind wichtig, um den nötigen Freiraum für eine Beobachtung zu schaffen.

3.4 Achtung – typische Fehler!

Die Beobachtung ist eine in der Pädagogik anerkannte Methode, die aber nicht frei von Fehlerquellen und Problemen ist, welche sich sowohl *während* als auch *nach* einer Beobachtung ergeben können. Eine fehler- und wertungsfreie Beobachtung gibt es nicht, wir können uns nur um eine möglichst große Annäherung an eine „objektive" Beobachtung bemühen, um auf diese Weise zu einer möglichst fundierten Einschätzung der Entwicklung eines Kindes zu gelangen.

Typische Fehler sind:

- **Projektion:** Bei der Projektion werden Deutungen der Beobachtungen vorgenommen, die mehr mit der Person des Beobachters als mit der beobachteten Person zusammenhängen. Beobachtungen werden in Abhängigkeit von der eigenen Psyche ignoriert oder überschätzt.

  Beispiel: Franziska spielt häufig allein. Die beobachtende Erzieherin empfindet sich selbst als schüchtern und stuft Franziskas Verhalten als nicht so schlimm oder als sehr auffällig ein.

- **Halo-Effekt/Milde- bzw. Strenge-Effekt:** Der Halo-Effekt beschreibt die menschliche Neigung, von einem vordergründigen Detail aufs Ganze zu schließen. Wenn wir einen Menschen mögen, neigen wir beispielsweise dazu, ihn in nahezu allen Bereichen positiv zu bewerten. Umgekehrt kann uns eine Antipathie dazu verleiten, vorschnell in allen Bereichen sehr kritisch zu urteilen.

  Beispiel: Ein Kind, das ungepflegt und unattraktiv aussieht, wird schneller auch für weniger intelligent gehalten.

- **Typisierung:** Kinder werden bestimmten Typen und daraus abgeleiteten Verhaltensweisen zugeordnet.

  Beispiel: Jungen sind wild und draufgängerisch oder wollen immer nur toben – Mädchen sind fürsorglich und eher ängstlich.

- **Subjektivismus:** Hier wird die eigene Persönlichkeit zum Maßstab genommen.

  Beispiel: Wer lebhafter ist als man selbst, gilt als unruhig.

- **Erwartungseffekt (Selffulfilling Prophecy):** Es werden nur die Verhaltensweisen wahrgenommen, die schon im Vorfeld erwartet worden sind.

  Beispiel: Die Beobachterin hat bereits erwartet, dass „der Störenfried" Justin das Spiel in der Puppenecke stören wird. Sie übersieht dabei, dass ein Mädchen Justin zum Mitspielen aufgefordert hat.

Achtung – typische Fehler!

- **Primacy-Effekt:** Die Anfangs- und Schlussbeobachtungen haben einen größeren Einfluss auf das Gesamturteil als Szenen in der Mitte der Beobachtung.

  Beispiel: Bei der Zusammenfassung der Beobachtung bleibt der Erzieherin vor allem Biancas anfänglich weinerliches Verhalten und spätere Ruppigkeit gegenüber einem anderen Mädchen in Erinnerung. Sie erinnert sich nicht mehr daran, dass Bianca längere Zeit mit anderen Kindern am Maltisch gearbeitet, sich unterhalten und einem Jungen beim Basteln geholfen hat.

Dokumentation individueller Entwicklung

Inhalte dieses Kapitels

4	**Dokumentation individueller Entwicklung**	**86**
4.1	Dokumentation – wozu?	87
4.2	Das Dokumentationssystem QUINT	90
4.3	Allgemeine Hinweise zu den Bögen	99
4.4	Glossar	100

4 Dokumentation individueller Entwicklung

Daniela Adams

Die Anlage 1 zur Rahmenvereinbarung „Leistungselemente und Maßnahmen" (→ Kap. 1) listet die Aufgaben einer Kindertageseinrichtung mit Integrationsplätzen auf. Mag auch der erste Blick auf diese Liste aufgrund der Menge der genannten Aufgaben zunächst erschrecken, erkennen Sie beim zweiten Blick auf diese Liste sehr schnell, dass es sich hierbei um eine Reihe von „Standardaufgaben" handelt, die eine Kindertageseinrichtung unabhängig davon, ob sie Integrationsmaßnahmen durchführt oder nicht, leistet. Die Begleitung der Entwicklung (→ Ziffer 2.1) im Rahmen der integrativen Arbeit setzt Schwerpunkte in Hinblick auf integrative und gruppenbezogenen Prozesse, und der Begriff der individuellen, situations- und entwicklungsangemessenen Entwicklungsbegleitung gewinnt an Bedeutung – es handelt sich jedoch keinesfalls um neue Aufgaben, die sich hier für das Team einer Kindertageseinrichtung stellen.

Wenig oder kaum vertraut sind hingegen die Begriffe einer „Fallbezogenen Prozesssteuerung" (→ Ziffer 2.17) und die unter Ziffer 2.18 geforderte „Hilfeplanung und Dokumentation".

Möchte die Kindertagesstätte die Integrationsmaßnahme zum Wohle des Kindes möglichst gut steuern, so sind folgende Aspekte von entscheidender Bedeutung:
- Möglichst präzise Beschreibung der Bedürfnisse und Bedarfe des Kindes
- Regelmäßige Betrachtung und Reflexion der Entwicklung des Kindes
- Planung der Hilfe in Zusammenarbeit mit den Erziehungsberechtigen, Therapeuten und weiteren Beteiligten
- Eine kind- und zielorientierte Umsetzung der Planung
- Überprüfung der gemeinsam vereinbarten Ziele
- Regelmäßige Fortschreibung und Anpassung des gemeinsamen Plans, orientiert an der Entwicklung des Kindes und Änderungen im Umfeld des Kindes

Diese Aspekte von Prozesssteuerung setzt QUINT durch die Hilfeplanung und Dokumentation um.

Hierbei ist die Hilfeplanung vor allem auf die Zusammenarbeit mit den Erziehungsberechtigten ausgerichtet und konzentriert sich auf die Planung der Integrationsmaßnahme.

Die Dokumentation hingegen beschäftigt sich vor allem mit einer möglichst präzisen Beschreibung der Entwicklung und mit der Überprüfung der gemeinsam vereinbarten Ziele. Während Dokumentation primär die Aufgabe der Fachkräfte einer Kindertageseinrichtung ist, fordert Hilfeplanung immer den Dialog mit Eltern und weiteren Beteiligten in einer Integrationsmaßnahme.

Nicht ohne Grund werden Hilfeplanung und Dokumentation in der Rahmenvereinbarung unter einer Ziffer, sozusagen in einem Atemzug genannt: Sie ergänzen und bedingen einander.

Dieses Kapitel beschäftigt sich mit der Dokumentation von Entwicklung und baut auf dem vorangegangenen Kapitel zur Beobachtung auf.

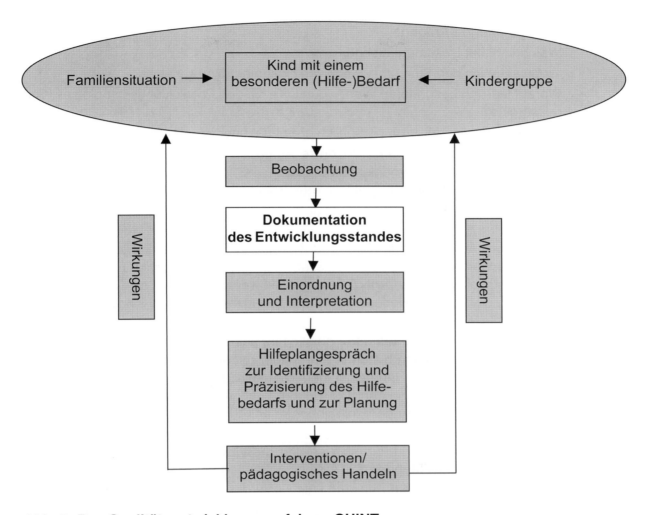

Abb. 5: Das Qualitätsentwicklungsverfahren QUINT

4.1 Dokumentation – wozu?

Dokumentieren wird häufig als ein zusätzlicher Aufwand betrachtet, dessen Nutzen nicht unbedingt erkannt oder erlebt wird. Dies hängt möglicherweise damit zusammen, dass in vielen Fällen die Schriftstücke in Akten abgelegt werden und wenig bis gar keine Auswirkungen auf zukünftiges Handeln haben. Der Gedanke, dass Dokumentation zu Erkenntnissen führen kann, erscheint daher eher befremdlich. Hat man erst einmal lange genug die frustrierende Erfahrung gemacht, dass Dokumentieren viel Arbeit und wenig Nutzen bringt, ist es nicht gerade leicht, sich für dieses Thema zu begeistern. QUINT möchte Sie einladen, sich im Team unvoreingenommen dem Thema zuzuwenden und sich auf die Suche nach dem Sinn und Zweck sowie dem Nutzen von Dokumentation zu begeben. Zum Einstieg schlagen wir vor, dass sich jeder im Team sehr persönlich mit dem Thema Dokumentation auseinandersetzt und dabei seinen Gedanken, Ideen und Befürchtungen auf den Grund geht.

Erkenntnisleitende Fragen:

- Was beinhaltet Dokumentation für mich?
- Worin sehe ich den Sinn und Zweck von Dokumentation?
- Worauf lege ich besonderen Wert, wenn ich z. B. den Entwicklungsstand eines Kindes beschreibe?
- Ist Dokumentation für mich persönlich eher Lust oder Frust?
- Was würde mir helfen, damit mir diese Aufgabe (z. B. das Schreiben von Entwicklungsberichten) leichter von der Hand geht?
- Welche Befürchtungen habe ich in Zusammenhang mit Dokumentation?
- Wie würde aus meiner Sicht eine ideale Dokumentation aussehen?

Im Folgenden haben wir Aussagen zum Sinn und Zweck von Dokumentation zusammengestellt. Eine fachliche Auseinandersetzung mit diesen Aussagen sollte der eigentlichen Einführung und Erprobung des Dokumentationssystems QUINT vorangestellt werden. So lässt sich bereits im Vorfeld klären, welche Haltung die Teammitgliederinnen zum Thema Dokumentation einnehmen.

- Beobachtung und Dokumentation fördern und fordern eine **intensive Auseinandersetzung mit dem einzelnen Kind**, seinen Stärken und Fähigkeiten, seinen Bedürfnissen und seinem Hilfebedarf. Die QUINT-Dokumentation bietet für alle Kinder mit einer (drohenden) Behinderung einen geeigneten und einheitlichen Rahmen, in dem die individuelle Entwicklung des Kindes möglichst präzise beschrieben werden kann. Die Dokumentation bietet dazu für eine Vielzahl von Entwicklungsbereichen differenzierte Beschreibungen an.

- In der Folge sollen Beobachtung und Dokumentation dazu beitragen, dass dem einzelnen Kind eine Hilfe angeboten werden kann, die sich an den **individuellen Bedürfnissen** des Kindes und seiner Familie sowie am **Hilfebedarf** des Kindes orientiert.

- Dokumentation verlangt eine **Positionierung**. Als Fachkraft einer Kindertageseinrichtung sind Sie gefordert zu formulieren, was Sie beobachten und wie Sie diese Beobachtungen einschätzen. Dies gilt es möglichst sachlich und wertneutral in Worte zu fassen und setzt voraus, Beobachtung von Interpretation zu trennen und sich mit den eigenen Einschätzungen aktiv und aus einer kritischen Distanz auseinanderzusetzen.

- Dokumentation entlastet unser menschliches **Gedächtnis**, sie ist in der Regel präziser und zuverlässiger. Vielleicht können Sie sich noch recht gut an die Stärken und Schwierigkeiten erinnern, die ein Kind hatte, als es in die Kindertagesstätte aufgenommen wurde, und möglicherweise wissen Sie auch noch sehr gut darüber Bescheid, wie es die Einrichtung drei Jahre später verlassen hat. Wie jedoch der Weg vom ersten zum letzten Tag in der Einrichtung aussah, zu welchen Zeitpunkten das Kind besondere Erlebnisse, Lernerfahrungen, Fort- oder Rückschritte gemacht hat, ist schon weitaus schwieriger aus dem Gedächtnis zu beschreiben. Und schließlich tritt nicht gerade selten der Fall ein, dass es bedingt durch einen Personalwechsel „gar kein Gedächtnis gibt", an das sich eine neue Kollegin wenden kann – hoffentlich gibt es dann eine gute Dokumentation ...

- Gerade bei der Begleitung von Entwicklung besteht die Aufgabe von Dokumentation darin, diesen Verlauf darzustellen bzw. Veränderungen aufzuzeigen. Dokumentation muss versuchen, den **Prozess** abzubilden. Der Entwicklungsprozess beinhaltet selbstverständlich nicht nur Fortschritte, sondern auch Rückschritte, Phasen der Stagnation und Phasen der Stabilität, in denen Gelerntes gefestigt wird.

- Dokumentation bietet die Chance, nach einer intensiven Betrachtung und Verschriftlichung der eigenen Beobachtungen und Einschätzungen, diese Aufbereitung für **reflexive Prozesse im Team und mit Eltern** zu nutzen.

Dokumentation – wozu?

- Dokumentieren wird übersetzt mit „zeigen" und „(mit Dokumenten) beweisen" (Duden). Eine wesentliche Aufgabe der Dokumentation besteht darin, die eigene Einschätzung und das pädagogische Handeln **transparent** zu machen. Diese Notwendigkeit, anderen gegenüber die eigene Einschätzung darzulegen und fachlich und reflektiert zu begründen, besteht gegenüber Kolleginnen, Eltern und dem Träger ebenso wie gegenüber dem Kostenträger einer Integrationsmaßnahme. Dokumentation dient der **Information und Kommunikation**.
- In Bezug auf den Kostenträger dient Dokumentation zusätzlich dem **Leistungsnachweis**. Hier gilt es neben einer Beschreibung der Ziele und des pädagogischen Handelns unter anderem darzulegen, welche Wirkungen erzielt wurden, und aufzuzeigen, worauf es zukünftig ankommt.

2. Quintessenz:

Eine handhabbare, standardisierte Dokumentation, die Entwicklungsfortschritte des Kindes (Ergebnisqualität), die Umsetzung der Integration in der Einrichtung (Prozessqualität) sowie die strukturellen Rahmenbedingungen (Strukturqualität) in der Integration abbildet, bietet eine fundierte Grundlage für die Reflexion der integrativen Arbeit im Einzelfall sowie in der Einrichtung.

Die Dokumentation sollte breit angelegt sein und sicherstellen, dass zentrale Entwicklungsbereiche und Lernfelder berücksichtigt werden.

Dabei sollte sie regelmäßig den Blick auf Fortschritte und Stärken des Kindes lenken, ohne den Bedarf des Kindes an Unterstützung und Förderung aus dem Blick zu verlieren. Dokumentation stellt für die Fachkräfte einen wichtigen Bezugspunkt für ihr alltägliches Handeln und ihre Kommunikation nach innen und außen dar.

Das, was Sie in QUINT dokumentieren, beruht auf den strukturierten und unstrukturierten Beobachtungen, die Sie als Fachkräfte *im Alltag* der Kindertagesstätte machen. Sie stellen dabei keine Testsituation her, wie es etwa beim Einsatz von Entwicklungstests der Fall ist! Da es sich bei der QUINT-Dokumentation *nicht* um einen Entwicklungstest handelt, wird auch kein Entwicklungsalter errechnet. Die QUINT-Dokumentation unterstützt Sie dabei, zu einer Einschätzung der Entwicklung eines Kindes zu kommen, frühzeitig zu erkennen, in welchen Bereichen das Kind besonderer Unterstützung in der Kindertageseinrichtung bedarf und in welchen Bereichen die Kindertageseinrichtung dabei Unterstützung von außen braucht, indem beispielsweise eine spezielle Diagnostik und/oder Förderung durch Therapeuten eingeleitet wird.

4.2 Das Dokumentationssystem QUINT

Nehmen Sie sich am besten den Verlaufsbogen (→ Anhang) zur Hand, während Sie sich in den folgenden Abschnitten mit dem Aufbau, den Inhalten und der Technik der QUINT-Dokumentation vertraut machen.

Aufbau

Gemeinsam mit der Praxis wurde im Modellprojekt ein dreiteiliges Dokumentationssystem entwickelt, mit dessen Hilfe die Kindertagesstätte in halbjährlichen Abständen das einzelne Kind mit einem besonderen (Hilfe-)Bedarf intensiv in den Blick nehmen kann.

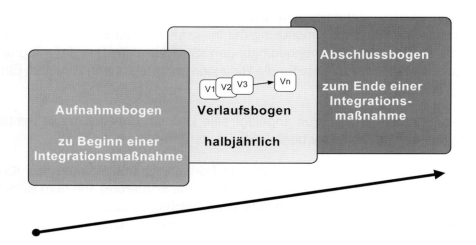

Abb. 6: Die einzelfallbezogene Dokumentation in QUINT

Zu Beginn einer Integrationsmaßnahme kommt der grüne Aufnahmebogen zum Einsatz, mit dem die Dokumentation in QUINT begonnen wird. Ein halbes Jahr nach der Bearbeitung des Aufnahmebogens kommt zum ersten Mal der gelbe Verlaufsbogen zum Einsatz, der nun jedes halbe Jahr erneut bearbeitet wird, solange die Integrationsmaßnahme andauert. Zum Ende einer Integrationsmaßnahme wird der rote Abschlussbogen ausgefüllt.

Als Kern des Dokumentationssystems sind eine ausführliche Beschreibung der Entwicklung und des Hilfebedarfs des Kindes sowie eine Reflexion der Hilfeplanziele anzusehen. Diesen **Kern finden Sie in allen drei Bögen wieder**. Die Inhalte der Bögen sind also in weiten Teilen identisch, um in Bezug auf die regelmäßig wiederkehrenden Themen Veränderungen erfassen zu können.

 Tipp: Wenn Sie einen Verlaufsbogen mehrfach verwenden möchten, können Sie mit unterschiedlichen Farben arbeiten. Zum ersten Erhebungszeitpunkt bearbeiten Sie den Bogen beispielsweise mit einem blauen Stift und zum zweiten Erhebungszeitpunkt (ein halbes Jahr später) mit einem roten Stift. Auf diese Weise haben Sie während der Bearbeitung den direkten Vergleich zu Ihrer letzten Einschätzung. Aber Achtung – diese Verfahrensweise birgt auch einige Nachteile: Die Farbe muss deutlich dem Zeitpunkt der Erhebung zuzuordnen sein; in Kopien der Bögen sind die Farben nicht mehr zu erkennen; es geschieht leicht, dass einzelne Items übersehen werden und vor allem ist Ihre Einschätzung stark geprägt durch den Vergleich mit der letzten Angabe und möglicherweise weniger auf die Gegenwart ausgerichtet.

Inhalte

Entwicklungsbeschreibung

Entwicklung vollzieht sich in verschiedenen Bereichen parallel und darüber hinaus gibt es zahlreiche Zusammenhänge und Überschneidungen zwischen einzelnen Entwicklungsbereichen. In den Dokumentationsbögen sind die Beschreibungen nach Entwicklungsbereichen geordnet. Die hier hergestellte Ordnung wurde lediglich gewählt, um innerhalb der Bögen eine bessere Übersicht und Struktur zu schaffen.

Die halbjährliche Entwicklungsbeschreibung gliedert sich in folgende Bereiche:

1. Praktische soziale Selbstständigkeit
2. Wahrnehmung
   - visuell
   - auditiv
   - taktil-kinästhetisch
   - vestibulär
3. Motorik
   - Grobmotorik
   - Feinmotorik
4. Kognition und Lernverhalten
5. Kommunikation
6. Emotionale Entwicklung
7. Spielverhalten
8. Auffälligkeiten im Verhalten
9. Zusammenleben in der Gruppe

Nachdem die Entwicklung des Kindes in diesen neun Bereichen anhand von **konkreten Beschreibungen des Verhaltens** eingeschätzt worden ist, wird abschließend eine zusammenfassende Globaleinschätzung der Ressourcen vorgenommen.

Hilfebedarf

Eine Behinderung oder Entwicklungsverzögerung hat zur Folge, dass das Kind in einzelnen Entwicklungs- und Lernbereichen mehr oder weniger stark beeinträchtigt ist. Um sich im Kontakt mit anderen Kindern und Erwachsenen in der Kindertageseinrichtung bilden und weiterentwickeln zu können, benötigt es besondere Unterstützung. Den individuellen Hilfebedarf des Kindes gilt es daher zu identifizieren.

Basierend auf der ausführlichen Beschreibung der Entwicklung wird aus Sicht der Fachkräfte in der Kindertageseinrichtung der Hilfebedarf des Kindes dokumentiert. Hier wird zwischen dem Hilfebedarf in den Teilbereichen

- Praktische soziale Selbstständigkeit,
- Wahrnehmung,
- Motorik,

- Kommunikation und
- Sozialverhalten

sowie einer abschließenden Gesamteinschätzung des Hilfebedarfs unterschieden.

Ziele

In den Dokumentationsbögen wird unterschieden zwischen

- **kindbezogenen Zielen**, die in der pädagogischen Arbeit bei diesem Kind verfolgt werden, und
- **eltern- bzw. familienbezogenen Zielen**, die Vereinbarungen zwischen Eltern und der Kindertagesstätte darstellen.

Bei den hier dokumentierten Zielen handelt es sich um diejenigen Ziele, die im Hilfeplangespräch mit den Eltern und weiteren Beteiligten besprochen und abgestimmt wurden.

QUINT empfiehlt, sich auf maximal drei kindbezogene und maximal drei eltern- bzw. familienbezogene Ziele pro Hilfehalbjahr zu konzentrieren.

Ein halbes Jahr später wird der nächste Dokumentationsbogen dazu auffordern, die Erreichung der vereinbarten Ziele aus Sicht der Kindertageseinrichtung einzuschätzen und gemeinsam mit den Beteiligten zu reflektieren.

Im Aufnahmebogen kommen zu diesen drei Kernaspekten klassische Aufnahmedaten wie z. B. das Geburtsdatum des Kindes hinzu.

Im Abschlussbogen wird dieser feste Kern um Fragen rund um den Übergang in eine neue Einrichtung oder Schule und um eine abschließende Reflexion der Integrationsmaßnahme ergänzt.

Art der Dokumentation

Bei der QUINT-Dokumentation handelt es sich um ein **teilstandardisiertes Instrument**, das eine einheitliche Sprache zur Beobachtung und Beschreibung in weiten Teilen vorgibt. Die Standardisierung ermöglicht es, Effekte der Integration (in Bezug auf die Entwicklung und die Erreichung von Hilfeplanzielen) nicht nur beim einzelnen Kind, sondern bei einer Vielzahl von Integrationsmaßnahmen in einem beliebig langen Zeitraum übersichtlich darzustellen. Es ist von einer *Teil*standardisierung die Rede, da das Instrument nicht ausschließlich mit vorgegebenen Beschreibungen arbeitet, sondern zusätzlich offene und qualitative Beschreibungen erfragt und ermöglicht.

Die in der Farbe des Bogens gehaltenen Pfeile zeigen Ihnen in jedem Bogen an, wo etwas eingetragen oder angekreuzt werden muss bzw. kann.

Die Entwicklungsbeschreibung ist in allen Bereichen so aufgebaut, dass eine Anzahl von **Verhaltensbeschreibungen** auf einer **5-stufigen Skala** eingeschätzt werden soll. Die Differenzierung in 5 Stufen trägt dazu bei, dass auch kleinere Veränderungen wahrgenommen und abgebildet werden können.

32. Spielverhalten	
Skala 1	Spielt ausdauernd und intensiv
	▸ [1]–[2]–[3]–[4]–[5] [8] [9]
Skala 2	Beachtet Spielregeln
	▸ [1]–[2]–[3]–[4]–[5] [8] [9]
Skala 3	Nutzt eine Vielfalt von Spielmöglichkeiten
	▸ [1]–[2]–[3]–[4]–[5] [8] [9]
Skala 4	Entwickelt beim Spielen Fantasie und Kreativität
	▸ [1]–[2]–[3]–[4]–[5] [8] [9]
Skala 5	Verhält sich im Spiel kameradschaftlich
	▸ [1]–[2]–[3]–[4]–[5] [8] [9]
Skala 6	Interagiert im Spiel mit seinen Spielpartner(inne)n
	▸ [1]–[2]–[3]–[4]–[5] [8] [9]

Abb. 7: Ausschnitt aus der Entwicklungsbeschreibung im Bereich des Spielverhaltens

Fast alle Items konnten so formuliert werden, dass sie Kompetenzen des Kindes beschreiben. Sie geben jeweils an, ob das Item gar nicht zutrifft (1 = trifft gar nicht zu), ob es weniger zutrifft (2= trifft weniger zu), ob es teilweise zutrifft (3 = teils teils), ob es überwiegend zutrifft (4 = trifft überwiegend zu) oder ob es völlig zutrifft (5 = trifft völlig zu).

Hohe Werte (z. B. 4 = trifft überwiegend zu oder 5 = trifft völlig zu) stehen für eine hohe Kompetenz des Kindes.

Nur im Bereich der Verhaltensauffälligkeiten ist eine positive Formulierung nicht möglich. Damit auch hier die hohen Werte für eine hohe Kompetenz stehen, ist die Skala umgekehrt worden: „1 = trifft völlig zu" bedeutet, dass die Verhaltensauffälligkeit deutlich ausgeprägt ist, während „5 = trifft gar nicht zu" bedeutet, dass sie nicht vorhanden ist.

Für jede einzelne Beschreibung kann ferner dokumentiert werden, dass diese Beschreibung im konkreten Fall „entfällt" (8), weil sie in Anbetracht des Entwicklungsstandes oder der Behinderung des Kindes grundsätzlich nicht möglich ist. So wäre es beispielsweise bei einem Kind, das sich aufgrund seiner Behinderung nicht bewegen und kaum sprechen kann, nicht angebracht, die Frage zu beantworten, ob es sich Unterstützung sucht, wenn es sie benötigt. Liegen den Fachkräften trotz wiederholter Beobachtung nur unzureichende Informationen vor, um das Kind in Bezug auf ein bestimmtes Verhalten einzuschätzen, so kann dies entsprechend vermerkt werden („mangelnde Information" = 9). Auch bei der Bearbeitung des Aufnahmebogens, am Ende der Eingewöhnungszeit, machen Sie mit der Angabe „mangelnde Information" kenntlich, in welchen Bereichen die Kennenlernphase noch nicht ausgereicht hat, um zu einer Einschätzung zu kommen.

Das Dokumentationssystem QUINT

Die Beschreibungen in den einzelnen Entwicklungsbereichen wurden so formuliert, dass sie **im Kindergartenalltag beobachtbar** sind und keine speziellen Materialien erfordern. Die Übersetzung von einem abstrakten Begriff wie dem der „Kognition" in konkrete Beschreibungen macht transparent, was zur Einschätzung der kognitiven Fähigkeiten berücksichtigt wurde. Diese sogenannte Operationalisierung basiert auf der am Ende des Handbuchs angegebenen Fachliteratur. Sie ist unerlässlich, um die Einschätzung der Fachkräfte nachvollziehbar zu machen, kann jedoch nicht dem Anspruch der Vollständigkeit genügen. Sie sollten sich bewusst sein, dass es sich hier immer um eine Auswahl handelt. Bei der Auswahl der Beschreibungen für jeden Entwicklungsbereich war es von untergeordneter Bedeutung, im Sinne eines vollständigen Entwicklungsrasters alle einzelnen Entwicklungsschritte zu beschreiben. Es wurden die zentralen Entwicklungsschritte berücksichtigt. Die Einrichtung soll mithilfe der QUINT-Dokumentation darauf aufmerksam werden, in welchen Entwicklungsbereichen eine differenziertere Diagnostik erforderlich bzw. sinnvoll ist.

Ein Schwerpunkt wurde außerdem darauf gelegt, bei der Auswahl und Formulierung solche Beschreibungen zu wählen, die für den pädagogischen Alltag in der Kindertagesstätte **handlungsleitend** sein können.

Mit der Dokumentation in QUINT ist es möglich, die Entwicklung aller Kinder, die eine Integrationsmaßnahme in Anspruch nehmen, zu erfassen. Die QUINT-Dokumentation umfasst daher eine **große Entwicklungsspanne**, die sowohl Kindern mit einer Entwicklungsverzögerung als auch Kindern mit einer schweren Behinderung gerecht wird. Um die Bearbeitung dennoch effizient zu gestalten und an dem individuellen Entwicklungsniveau zu orientieren, sind alle Beschreibungen von Entwicklungsschritten, die ein Kind in den ersten drei Lebensjahren bewältigt, mit einem Kreis gekennzeichnet (z. B. die Beschreibung im Bereich der Feinmotorik: „Hält Gegenstände fest"). Die so gekennzeichneten Beschreibungen sind z. B. bei Kindern mit einer deutlichen Beeinträchtigung in diesem Bereich (z. B. der Feinmotorik) von Bedeutung. Bei Kindern, die diese Entwicklungsstufen längst hinter sich gelassen haben, macht es hingegen keinen Sinn, halbjährlich diese Beschreibungen zu bearbeiten. In diesem Fall können und sollten Sie auf die Bearbeitung dieser Items verzichten!

 Tipp: Bearbeiten Sie beim ersten Dokumentationsbogen alle Items pro Entwicklungsbereich. Wenn Sie feststellen, dass ein Kind in einem bestimmten Entwicklungsbereich Beschreibungen auf einem niedrigen Entwicklungsniveau sicher beherrscht, ist es nicht erforderlich, diese ein halbes Jahr später beim nächsten Bogen erneut zu bearbeiten. Um sicherzugehen, keine Rückschritte in der Entwicklung zu übersehen, sollten Sie jeden dritten Dokumentationsbogen vollständig ausfüllen. Gleiches gilt, wenn Sie von akuten krisenhaften Ereignissen in der Familie Kenntnis haben.

Eine standardisierte oder teilstandardisierte Dokumentation hat erhebliche Vorteile im Hinblick auf Struktur, Übersichtlichkeit sowie Effizienz und kann dazu beitragen, dass sich im Team eine **gemeinsame Sprache sowie ein einheitliches Verständnis** zu bestimmten Themen entwickelt. Standardisierung kann einen Rahmen vorgeben, der Orientierung und Hilfestellung anbietet. Im konkreten Einzelfall gibt es jedoch bei jedem Kind bedeutsame **qualitative Nuancen**, denen vorgegebene Beschreibungen nicht gerecht werden. Daher ist im QUINT-Dokumentationssystem neben jedem Entwicklungsbereich Platz für **handschriftliche Notizen**. Haben Sie beispielsweise in Bezug auf die Beschreibung „verhält sich im Spiel kameradschaftlich" die Einschätzung „teils teils" getroffen, kann z. B. direkt daneben handschriftlich vermerkt werden „im Spiel mit Mädchen sehr kameradschaftlich, mit Jungs deutlich weniger". Individuelle Besonderheiten, die Sie beobachten, geben sehr wichtige Hinweise für die Ableitung von Hilfeplanzielen und für die Planung des pädagogi-

Das Dokumentationssystem QUINT

schen Handelns. Nutzen Sie die Möglichkeiten der freien Notizen, um diese Hinweise in Stichworten festzuhalten – es erhöht die Qualität Ihrer Dokumentation!

Tipp: Sie können den Raum für freie Notizen auch in der Form nutzen, dass Sie im ersten Schritt hier Ihre Beobachtungen notieren und erst danach die standardisierten Beschreibungen bearbeiten.

Zuständigkeiten und Informationsweitergabe

Dokumentationsbögen sind ein Handwerkszeug für die Fachkräfte in der Kindertageseinrichtung und sie sind ausschließlich von diesen zu bearbeiten. Bestimmte Informationen sind im Gespräch mit Eltern zu erfragen, aber es ist die **Aufgabe der Kindertageseinrichtung** die erhaltene Information zu dokumentieren.

Die Dokumentation ist unbedingt in Zusammenarbeit mit anderen Kolleginnen durchzuführen, die das Kind kennen, sie sollte nicht die Sicht einer einzigen Person, sondern eine **gemeinsame Einschätzung** widerspiegeln. Das Ausmaß dieser Zusammenarbeit ist selbstverständlich abhängig von der Personalsituation in Ihrer Einrichtung. Es ist sicherlich nicht sinnvoll und auch nicht erforderlich, jede einzelne Angabe miteinander abzustimmen. Bei den zentralen Einschätzungen hingegen raten wir dringend zu einem internen Austausch unter Kolleginnen, sodass die Einschätzung des Kindes möglichst zuverlässig ist und durch die Berücksichtigung verschiedener Blickwinkel an „Objektivität" gewinnt.

Die Teamkolleginnen haben hierbei die wichtige Funktion, **korrigierend auf persönliche, emotionale Sichtweisen Einzelner einzuwirken.** Hierbei werden auch Vergleichsmaßstäbe gesetzt, die für eine ausgewogene, über den Einzelfall hinausgehende Beurteilung sorgen.

Damit steht das gesamte Team für die Zuverlässigkeit und Genauigkeit der in QUINT dokumentierten Einschätzungen. Andererseits – und für die konkrete pädagogische Arbeit nicht minder wichtig – unterstützt die Verständigung über die in QUINT verwendeten Begriffe das aufeinander abgestimmte pädagogische Handeln aller Teammitgliederinnen.

Tipp:
1. Der Dokumentationsbogen sollte von der Fachkraft, die das konkrete Kind am besten kennt, vorbereitet werden.
2. Stimmen Sie mit Ihren Kolleginnen die wesentlichen Punkte ab und diskutieren Sie zumindest diejenigen Items, bei denen Sie in Ihrer Einschätzung nicht sicher sind oder bei denen der Interpretationsspielraum hoch ist (hierzu zählen z. B. alle Globaleinschätzungen).
3. Das Glossar zum jeweiligen Bogen sollte während des Gesprächs vorsorglich zum Nachschlagen bereitliegen.
4. Sorgen Sie dafür, dass die Besprechung von Ihnen oder einer anderen Person im Team moderiert wird. Die Moderatorin sollte eine realistische Zeitvorgabe machen und auf deren Einhaltung achten sowie methodische Kenntnisse nutzen, um langwierige Diskussionen zu vermeiden.

Wenn Sie positive Erfahrungen im Team mit einem solchen Vorgehen machen, so schaffen Sie eine gute Gewohnheit! Steht der Zeitpunkt und die Dauer für die Besprechung von QUINT-Bögen fest, stellt sich eine Routine ein.

Dokumentationsbögen dienen immer auch der Informationsweitergabe und dem Austausch mit anderen Beteiligten. Vor allem sollten sie zur Vorbereitung auf Gespräche mit den Erziehungsberechtigten, beteiligten Therapeuten oder der Kindertageseinrichtung, in die das Kind wechselt, genutzt werden. Dieser Austausch findet vor allem im Rahmen der Hilfeplangespräche statt. Hier geben Sie die Information, die Sie in den Dokumentationsbögen festgehalten haben, mündlich an die Eltern und andere weiter. Sollten Eltern darüber hinaus Einblick in die schriftliche Dokumentation wünschen, spricht grundsätzlich nichts dagegen. Sie sollten Eltern erklären, dass es sich hierbei primär um *Ihr* Handwerkszeug als Fachkräfte handelt, das bei Bedarf und mit dem Einverständnis der Erziehungsberechtigten an Dritte ausgehändigt werden kann.

Regelmäßigkeit und zeitlicher Ablauf

Dokumentation soll nicht nur dann geschehen, wenn es einen Anlass gibt (z. B. wenn Sie um einen Entwicklungsbericht gebeten werden), sondern regelmäßig. Nur durch eine regelmäßige Beobachtung und Dokumentation können Sie den Entwicklungs*prozess* eines Kindes verfolgen. Über die halbjährliche Dokumentation können Sie auch geringfügige und bedeutsame Veränderungen frühzeitig erkennen und das Kind unmittelbar bestärken oder unterstützen.

In QUINT wird der regelmäßige 6-monatige Abstand zwischen zwei Dokumentationsbögen über einen **Stichtag** und ein **Erhebungsdatum** geregelt. Diese beiden Angaben sind in jedem Dokumentationsbogen zu machen.

Der Stichtag ist das Datum, auf das sich Ihre Angaben, die Sie in einem Bogen dokumentieren, beziehen. Der Stichtag errechnet sich aus dem Aufnahmedatum des Kindes in die Integrationsmaßnahme. Es zählt hierbei nicht das Datum, zu dem das Kind in die Einrichtung aufgenommen wurde, sondern jenes Datum, zu dem die Integrationsmaßnahme begonnen wurde.

Aus dem Stichtag ergibt sich, wann der nächste Dokumentationsbogen für ein Kind zu bearbeiten ist. Sicherlich können Sie aus aktuellem Anlass zu jeder Zeit einen zusätzlichen Bogen bearbeiten und damit den Abstand zwischen zwei Dokumentationsbögen verringern, deutlich länger als sechs Monate sollte der Abstand zwischen zwei Bögen jedoch niemals sein.

Beispiel:

Datum	Ereignis	Stichtag	Instrument
6.8.2006	Hilfebeginn	06/08/2006	Aufnahmebogen
6.2.2007	1. Hilfehalbjahr	06/02/2007	1. Verlaufsbogen
6.8.2007	2. Hilfehalbjahr	06/08/2007	2. Verlaufsbogen
21.12.2007	Hilfeende	21/12/2007	Abschlussbogen

Da es in der Regel nicht möglich und auch nicht erforderlich ist, den Bogen am jeweiligen Stichtag zu bearbeiten, gibt das Erhebungsdatum an, an welchem Tag der entsprechende Bogen ausgefüllt wurde. Falls die Erhebung nicht an *einem* Tag durchgeführt wurde, ist das Datum zu wählen, an dem der größte Teil des Bogens bearbeitet wurde.

Folgende **Fristen** (Zeiträume) sollten Sie in Bezug auf das Erhebungsdatum, also die Bearbeitung des jeweiligen Bogens einhalten:

Der **Aufnahmebogen** sollte **spätestens sechs Wochen nach dem Beginn** der Integrationsmaßnahme ausgefüllt werden.

Das Dokumentationssystem QUINT

Verlaufsbögen sollten **spätestens vier Wochen nach dem jeweiligen Stichtag** bearbeitet werden.

Der **Abschlussbogen** sollte **spätestens vier Wochen nach dem Entlassungsdatum** fertig ausgefüllt sein.

Beispiel:

Datum	Ereignis	Stichtag	Erhebungszeitraum
6.8.2006	Hilfebeginn	06/08/2006	6.8.–17.9.2006
6.2.2007	1. Hilfehalbjahr	06/02/2007	6.2.–6.3.2007
6.8.2007	2. Hilfehalbjahr	06/08/2007	6.8.–3.9.2007
21.12.2007	Hilfeende	21/12/2007	21.12.2007–18.1.2008

Tipp: Mit einer Kontrollliste ist es leichter, den Überblick zu behalten. Eine entsprechende Vorlage finden Sie auf der CD-ROM. Eine solche Kontrollliste kann folgende Informationen enthalten:

- Übersicht über die mit QUINT begleiteten Kinder.
- Information über die zuständige Kollegin. Diese Eintragung macht Sinn, wenn man festhalten möchte, welche Kollegin für die Bearbeitung des Bogens die Hauptverantwortung trägt.
- Information über die Anzahl der pro Kind bearbeiteten Bögen. Diese Angabe gibt einen Überblick über die Anzahl der stattgefundenen Hilfeplangespräche und die Anzahl der bearbeiteten Dokumentationsbögen pro Kind.
- Fristenübersicht: Welche Bögen oder Hilfeplangespräche aktuell bzw. demnächst anstehen, kann durch die Eintragung des Stichtages angezeigt werden.
- Auf der Liste kann zusätzlich die Hauptansprechpartnerin in der Einrichtung für QUINT benannt werden.

Beobachtung und Dokumentation stehen in QUINT **immer in Zusammenhang mit dem Hilfeplangespräch**, das mit der gleichen Regelmäßigkeit erfolgen sollte.

Das wichtigste Element, das die Dokumentation und die Hilfeplanung miteinander verbindet, ist die **Vereinbarung von Zielen für die pädagogische Arbeit mit dem Kind sowie für die Zusammenarbeit mit den Erziehungsberechtigten**. Diese **Ziele** werden im Hilfeplangespräch miteinander abgestimmt und vereinbart. Sie werden daraufhin in die Dokumentation übertragen.

Die in der Dokumentation festgehaltene **Einschätzung der Entwicklung des Kindes und der Zielerreichung** stellt die **Grundlage für das nächste Hilfeplangespräch** dar. Auf dieser Grundlage können im Dialog mit den Eltern und weiteren Beteiligten Ziele für das kommende halbe Jahr abgeleitet werden.

Im **zeitlichen Ablauf** stellt sich die Verknüpfung von Dokumentation und Hilfeplanung wie folgt dar:

Beispiel: Bei der Aufnahme des Kindes z. B. im August 2006 werden zunächst im Aufnahmebogen alle Informationen dokumentiert, die im Aufnahmegespräch erfragt wurden. Nach einer Eingewöhnungszeit von vier bis sechs Wochen kann dann im Aufnahmebogen eine erste Einschätzung dokumentiert werden. Ebenfalls innerhalb der ersten sechs

Wochen sollte das erste Hilfeplangespräch stattfinden. Die hier vereinbarten Ziele werden in den Aufnahmebogen übertragen, dessen Bearbeitung hiermit abgeschlossen ist.

Nach einem halben Jahr wird die Entwicklung des Kindes sowie die Zielerreichung im ersten Verlaufsbogen dokumentiert. Diese Einschätzung ist Grundlage des zweiten Hilfeplangesprächs. Hier werden wiederum Ziele vereinbart, die im ersten Verlaufsbogen eingetragen werden. Dieser Ablauf wiederholt sich nun halbjährlich, bis das Kind z. B. im Juni 2008 die Kindertagesstätte verlässt und die Dokumentation mit einem Abschlussbogen endet.

4.3 Allgemeine Hinweise zu den Bögen

Der **Aufnahmebogen** basiert auf den Beobachtungen in der Eingewöhnungszeit. Bei diesem ersten Dokumentationsbogen kann es sein, dass Ihnen eine Einschätzung in manchen Bereichen nicht möglich ist, da Sie das Kind noch nicht ausreichend kennengelernt haben. Das ist durchaus in Ordnung, es bildet die Realität in dieser Kennenlernphase ab. Auf keinen Fall sollten Sie sich zu Einschätzungen hinreißen lassen, zu denen Sie sich noch nicht imstande sehen. Im Zweifelsfall ist es besser, im ersten Dokumentationsbogen bei einigen Items anzugeben, dass Ihnen hierzu noch die erforderlichen Informationen fehlen. Die Bearbeitung des ersten Dokumentationsbogens nach der Eingewöhnungszeit bietet die Chance zu erkennen, in welchen Bereichen eine weitere oder gezielte Beobachtung noch erforderlich ist.

Der **Abschlussbogen** ist in erster Linie ein Instrument zur rückblickenden Bewertung und Reflexion der gesamten Integrationsmaßnahme. Er unterstützt die Kindertagesstätte darin, **positive Rückmeldungen und Kritikpunkte zusammenzutragen** und in diesem Bogen festzuhalten. Dabei geht es nicht darum, ausschließlich Verbesserungsbedarf innerhalb der Einrichtung festzuhalten. Vielmehr sollte im Dialog mit den Beteiligten einer Integrationsmaßnahme (Eltern, Träger, Frühförderstelle und Fachberatung) **gegenseitig** Gelegenheit gegeben werden, positive wie negative Aspekte zu äußern. Zielsetzung einer so ausführlichen Reflexion am Ende einer Maßnahme ist die Verbesserung der Bedingungen für zukünftige Integrationsmaßnahmen.

Eine Integrationsmaßnahme kann auf unterschiedlichen Wegen beendet werden: In der Regel endet sie mit dem Übergang in die Schule, in einigen Fällen kommt es zum Wechsel der Einrichtung, z. B. weil die Familie umzieht. Aber auch die Unzufriedenheit der Eltern mit den gegebenen Fördermöglichkeiten oder die Erkenntnis der Erzieherinnen, nicht die geeignete Einrichtung für die Bedürfnisse dieses Kindes zu sein, können Anlass für einen Wechsel und somit die Beendigung der Integrationsmaßnahme in dieser Einrichtung sein. Ein totaler Abbruch der Integrationsmaßnahme, der etwa durch einen längeren Krankenhausaufenthalt auf Wunsch der Eltern eintreten kann, ist die Ausnahme, aber auch hier muss der Abschlussbogen die Möglichkeit bieten, diesen Weg der Beendigung dokumentieren zu können. Der Abschlussbogen ist umfangreich, da er alle Varianten berücksichtigt. Im Einzelfall ist es jedoch nur ein Weg der Beendigung, in der Regel der Übergang in die Schule, zu dem Sie die entsprechenden Items ausfüllen müssen. Daher leiten Sie eingeschobene Anmerkungen der Art „Fahren Sie fort mit Item XY" durch den Bogen und zeigen Ihnen, welche Items übersprungen werden können.

Wir empfehlen Ihnen, den Abschlussbogen zum Teil vor einem **Abschlussgespräch** auszufüllen, da er aus unserer Sicht eine gute Vorbereitung auf das Gespräch darstellt.

Er kann ferner als eine Art Checkliste gelesen werden, da er **Anregungen** gibt, wie der Übergang bei der Beendigung einer Integrationsmaßnahme gestaltet werden kann.

Die vom Hessischen Sozialministerium veröffentlichte Broschüre „Gemeinsam im Kindergarten – gemeinsam in die Schule" (→ Literaturverzeichnis) gibt ebenfalls viele Anregungen, wie dieser Übergang gestaltet werden kann. Ferner möchten wir an dieser Stelle auf die Inhalte von „Hurra, ich kann's. Den Schulanfang vorbereiten und begleiten" von Frank Sedlak und Brigitte Sindelar (→ Literaturverzeichnis) verweisen, die mit QUINT sehr gut kombiniert werden können.

4.4 Glossar

Wichtig ist, dass alle, die mit den Dokumentationsbögen arbeiten, nach und nach ein gemeinsames Verständnis für die einzelnen Beschreibungen in den Instrumenten entwickeln. Dieses Glossar gibt zu einzelnen Items Hinweise und Erläuterungen. Im Hinblick auf die Entwicklung einer gemeinsamen Sprache ist es sinnvoll, diese Beschreibungen bei Bedarf im Team noch weiter zu präzisieren oder zu ergänzen.

Die Abkürzung AU verweist auf Items des Aufnahmebogens, VB steht für Items aus dem Verlaufsbogen und das Kürzel AB kennzeichnet Items aus dem Abschlussbogen.

Auf der beiliegenden CD-ROM finden Sie die Vorlagen der Dokumentationsbögen.

Item Nr.	Hinweis
1–2 (AU) 1–2 (VB) 1–2 (AB)	In QUINT können die Daten des einzelnen Kindes über die Verwendung eines Codes anonymisiert werden. Auf jedem Bogen gibt es die Möglichkeit, eine **Einrichtungscodenummer** und eine **Kindcodenummer** zu vergeben. Solange Sie die Dokumentation nur in der Einrichtung auswerten, können Sie auf die Verwendung von Codes verzichten. Sobald jedoch die Daten des einzelnen Kindes in eine Gesamtauswertung einfließen sollen, sollten diese persönlichen Angaben über die Verwendung von Codes geschützt werden.
3 (VB)	Da pro Kind i. d. R. mehrere Verlaufsbögen ausgefüllt werden, ist im Kopf des Dokumentationsbogens eine **Nummer für den vorliegenden Verlaufsbogen** zu vergeben. Die Durchnummerierung der Verlaufsbögen dient allein einer besseren Übersicht.
3–4 (AU) 4–5 (VB) 3–4 (AB)	Siehe Kapitel 4.2 → „Regelmäßigkeit und zeitlicher Ablauf".
6 (VB) 5 (AB)	**Bisherige Dauer der Integrationsmaßnahme** Anzahl der Monate, vom Beginn der Integrationsmaßnahme bis zum Stichtag des Verlaufsbogens
7 (VB)	**Anzahl der Fehltage** Atteste sollten in der Kindakte abgeheftet werden und ggf. ist eine Liste mit den Fehltagen anzulegen.
8 (AB)	**Durch folgende Angebote unterstützte die Kindertagesstätte Eltern und Kind beim Übergang in die Schule** Beim Übergang in die Schule hat die Kindertageseinrichtung eine beratende Funktion gegenüber den Eltern. Geben Sie für jedes der genannten Angebote in der ersten Spalte an, ob Ihre Einrichtung dieses Angebot in diesem Jahr durchgeführt hat. Geben Sie bitte zusätzlich in der zweiten Spalte an, ob die Eltern des Kindes, auf welches sich dieser Bogen bezieht, dieses Angebot wahrgenommen haben.

Glossar

Item Nr	Hinweis
9 (AB)	**Sofern die Eltern eines der unter 8 genannten Angebote nicht wahrgenommen haben, nennen Sie bitte die Ihnen bekannten Gründe** Zum Beispiel: Die Eltern wünschen/benötigen keine Begleitung beim Besuch der zur Auswahl stehenden Schulen.
10 (AB)	**Zur Vorbereitung auf die Schule führte die Einrichtung in diesem Jahr folgende Angebote durch** Geben Sie für jedes der genannten Angebote in der ersten Spalte an, ob Ihre Einrichtung dieses Angebot in diesem Jahr durchgeführt hat. Geben Sie bitte zusätzlich in der zweiten Spalte an, ob das Kind, auf welches sich dieser Bogen bezieht, dieses Angebot wahrgenommen hat.
11 (AB)	**Sofern das Kind an einem der unter 10 genannten Angebote nicht teilgenommen hat, nennen Sie bitte die Ihnen bekannten Gründe** Zum Beispiel: Weil die Eltern sich gegen die Teilnahme ihres Kindes aussprachen.
16 (AB)	**Durch folgende Angebote unterstützte die Kindertagesstätte Eltern und Kind beim Übergang in die neue Einrichtung** Geben Sie für jedes der genannten Angebote in der ersten Spalte an, ob Ihre Einrichtung dieses Angebot in diesem Fall angeboten hat und geben Sie bitte zusätzlich in der zweiten Spalte an, ob die Eltern des Kindes, auf welches sich dieser Bogen bezieht, dieses Angebot wahrgenommen haben.
17 (AB)	**Folgende Veränderung hat dazu geführt, dass die Voraussetzungen für die Bewilligung bzw. Verlängerung der Integrationsmaßnahme nicht mehr gegeben sind** Zum Beispiel: Die Entwicklungsverzögerung hat sich aus Sicht des Amtsarztes soweit gebessert, dass eine Integrationsmaßnahme nicht mehr erforderlich erscheint.
8 (VB)	**Elterngespräche** Dieses Item bezieht sich auf vereinbarte Elterngespräche, nicht auf Tür-und-Angel-Gespräche. Der Ort des Gesprächs ist irrelevant, es können sowohl Gespräche notiert werden, die telefonisch geführt wurden als auch persönliche Gespräche. Die Bedeutung von Tür-und-Angel-Gesprächen für die Beziehungsebene und den effizienten Informationsaustausch steht außer Frage. Wir gehen davon aus, dass eine Vielzahl dieser Gespräche in den Einrichtungen stattfindet. Diese zu dokumentieren würde eine zusätzliche Mehrarbeit bedeuten, deren Nutzen nicht zu rechtfertigen ist. Es wird daher an dieser Stelle ausschließlich nach geplanten, ausführlichen Gesprächen gefragt. Dazu zählen auch die Hilfeplangespräche.
9 (VB)	**Anzahl der Kooperationsgespräche in den vergangenen 6 Monaten** Der Ort des Gesprächs ist irrelevant, es können sowohl Gespräche notiert werden, die telefonisch geführt wurden als auch persönliche Gespräche. Die Bedeutung von Tür-und-Angel-Gesprächen für die Beziehungsebene und den effizienten Informationsaustausch steht außer Frage. Wir gehen davon aus, dass eine Vielzahl dieser Gespräche in den Einrichtungen stattfindet. Diese zu dokumentieren würde eine zusätzliche Mehrarbeit bedeuten, deren Nutzen nicht zu rechtfertigen ist. Es wird daher an dieser Stelle ausschließlich nach geplanten, ausführlichen Gesprächen gefragt. Dabei ist es egal, von welcher Seite der Kontakt aufgenommen wurde (z. B. ob die Frühförderstelle die Einrichtung angerufen hat oder umgekehrt). Alle hier angegebenen Gespräche sollten eine Dauer von mindestens 15 Min. haben. Auch eine Teilnahme der Erzieherin an der Krankengymnastik, in der ein

Item Nr.	Hinweis
	fachlicher Austausch bzw. eine Beobachtung stattfindet, ist als ein „Gespräch" zu dokumentieren. Unter „sonstige" Kooperationspartner können Sie beispielsweise Termine im Sozialpädiatrischen Zentrum oder mit Ärzten dokumentieren.
22 (AU) 11 (VB) 20 (AB)	**Praktische soziale Selbstständigkeit** Das Kennenlernen neuer Situationen, neuer Umgebungen und neuer Menschen bietet einem Kind zahlreiche Möglichkeiten, sein Wissen und Können unter diesen neuen Umweltbedingungen zu erweitern. Kinder entwickeln sich, indem sie sich mit neuen Anforderungen auseinandersetzen und sich neue Umwelten mehr und mehr selbstständig erschließen. In diesem Item sind einige Beschreibungen aufgeführt, die im Hinblick auf eine wachsende Selbstständigkeit und Autonomie des Kindes im Kindergartenalltag beobachtbar sind. Zu Skala 1: Teilt das Kind mit, wenn es z. B. Hunger oder Durst hat? Dies kann verbal, aber auch durch entsprechende Mimik oder Gestik geschehen. Zu Skala 3: Das Kind muss sich das Essen nicht selbst zubereiten, es geht ausschließlich um die Nahrungsaufnahme.
23 (AU) 12 (VB) 21 (AB)	**Visuelle Wahrnehmung** Zu Skala 1: Das Kind folgt mit den Augen einem roten Gegenstand, wendet sich einer Lichtquelle zu, verfolgt Personen mit den Augen, beobachtet ein Mobile etc. Zu Skala 2: Das Kind zeigt beim Erblicken eines Gesichtes eine deutliche Reaktion, z. B. hält es einen Augenblick inne, zeigt Zeichen des Erkennens durch ein Lächeln. Es ist darauf zu achten, das Kind zunächst nicht anzusprechen, um sicherzustellen, dass das Kind nicht auf die Ansprache, sondern auf das, was es sieht, reagiert hat. Zu Skala 3: Das Kind zeigt durch seine Reaktionen (Freude, Weinen), dass es zwischen vertrauten und fremden Personen unterscheiden kann. Zu Skala 4: Ist das Kind in der Lage auch Gegenstände zu fixieren, die sich in einiger Entfernung befinden? Kann es auch Gegenstände, die in Bewegung sind, mit den Augen verfolgen (z. B. Seifenblasen oder die Kugeln einer Kugelbahn)? Zu Skala 5: Das Kind betrachtet Gegenstände, die es selbst in den Händen hält oder die ihm hingehalten werden, mit besonderer Aufmerksamkeit. Zu Skala 8: Zum Beispiel: Auf Nachfrage „Wo ist der Hund?" zeigt das Kind im Bilderbuch entsprechend richtig an, wo sich der Hund auf dem Bild befindet. Zu Skala 9: Das Kind kann sicher, d. h. ohne Versuch/Irrtum, Becher unterschiedlicher Größe ineinanderstecken oder daraus einen Turm bauen. Zu Skala 10: Ordnet unterschiedliche Formen in einem Holzsteckbrett oder einer Steckbox richtig zu.

Glossar

Item Nr.	Hinweis
	Zu Skalen 9–10: Diese Beschreibungen stehen im Zusammenhang mit der Wahrnehmungskonstanz: Wahrnehmen von Größe, Form und Farbe eines Gegenstandes trotz unterschiedlichen Netzhautbildes, z. B. die Farbe Rot in unterschiedlichen Farbschattierungen erkennen. Zu Skala 12: Raumlage: Unterscheiden können zwischen innen – außen, oben – unten etc. Dabei ist die Lage des Gegenstandes in räumlicher Beziehung zum Wahrnehmenden zu sehen, z. B. der Tisch steht vor mir. Zu Skala 13: Figur-Grund-Wahrnehmung: Das Augenmerk wird auf den wichtigsten Reiz aus einer Vielzahl von Sinneseindrücken gerichtet, z. B. das Kind findet den Ball in einer Vielzahl von anderen Spielsachen. Zu Skala 14: Dies zeigt sich z. B. darin, dass das Kind Perlen auffädelt, Puzzle zusammensetzt oder die passende Form in die Öffnung der Steckbox steckt (visumotorische Koordination = Auge-Hand-Koordination). Zu Skala 15: Räumliche Beziehungen: Die Lage von zwei oder mehreren Gegenständen wird in Bezug auf sich selbst und in Bezug zueinander wahrgenommen, z. B. Perlen auffädeln.
24 (AU) 13 (VB) 22 (AB)	**Auditive Wahrnehmung** Zu Skala 1: Das Kind hält in seinen Bewegungen inne, wenn es ein Glöckchen hört. Zu Skala 3: Das Kind zeigt durch seine Reaktion, dass es eine vertraute Person an der Stimme erkennt. Zu Skala 4: Auditive Lokalisation: Eine Geräuschquelle räumlich einordnen können, d. h. die Richtung, aus der das Geräusch oder eine Stimme kommt, erkennen. Das Kind wendet den Kopf einer Geräuschquelle, z. B. Stimme oder Musik, zu. Zu Skala 5: Als angemessen ist zu verstehen, wenn das Kind bei einer zuknallenden Tür oder einem umfallenden Stuhl zusammenzuckt, aber nicht wenn es voller Panik zu schreien beginnt. Zu Skala 6: Wendet den Kopf oder hält in der Tätigkeit inne, wenn es seinen Namen hört. Zu Skala 7: Auditive Diskrimination: Ähnlichkeiten und Unterschiede zwischen Lauten und Tönen müssen erkannt und richtig zugeordnet werden, z. B. ähnlich klingende Buchstaben wie „d" und „t" oder „g" und „k" voneinander unterscheiden können. Zu Skala 8: Auditive Merkfähigkeit: Gehörtes wird gespeichert, um wiedererkannt und wieder abgerufen werden zu können. Dies bildet die Grundlage für die Fähigkeit, die Reihenfolge von Buchstaben und Wörtern zu behalten und ist somit eine wichtige Voraussetzung für das Lesenlernen. Zu Skala 9: Auditiv-kinästhetische Koordination: Das Kind kann seine eigene Lautproduktion überwachen, steuern und gegebenenfalls korrigieren.

Item Nr.	Hinweis
	Zu Skala 10: Auditive Aufmerksamkeit: Ein Kind muss sich auf Gehörtes konzentrieren, auf auditive Reize einstellen können, um z. B. einer erzählten Geschichte folgen zu können. Dabei greift auch die auditive Figur-Grund-Wahrnehmung: Reize werden aus ihren Nebengeräuschen herausgefiltert, z. B. kann das Kind beim Vorlesen trotz verschiedener Nebengeräusche der Erzieherin zuhören.
25 (AU) 14 (VB) 23 (AB)	**Taktil-kinästhetische Wahrnehmung** Die folgenden Skalen beschreiben die Wahrnehmung des Kindes über die sogenannten Basissinne: den Tastsinn (taktiles System), den Bewegungs- und Stellungssinn (kinästhetisches System). Es wird in der taktilen Wahrnehmung zwischen einer Überempfindlichkeit/-sensibilität bzw. einer Unterempfindlichkeit/-sensibilität unterschieden, während es im Bereich des kinästhetischen Systems nur eine Unterempfindlichkeit bzw. Unterfunktion der Reizempfindlichkeit gibt, d. h., die Reize werden nicht oder nur schwach wahrgenommen. So beziehen sich die Skalen • „Sucht nach taktilen Reizen" • „Sucht vestibuläre Reize" • „Sucht Reize, die die Tiefensensibilität betreffen" auf eine Untersensibilität, d. h., das Kind sucht sich in einem dieser Wahrnehmungsbereiche in besonderem Maße Reize, da es hier besonders intensive Impulse benötigt, damit diese im Gehirn ankommen. Die Skalen • „Vermeidet bestimmte Materialien" • „Vermeidet vestibuläre Reize" beziehen sich dagegen auf eine Übersensibilität, d. h., das Kind meidet diese Reize, z. B. weil Schaukeln von dem Kind aufgrund von Gleichgewichtsproblemen als unangenehm empfunden wird. **Die Skalen, die ein Vermeidungsverhalten oder eine verstärkte Suche nach Reizen abfragen, sind bei Errechnung des Mittelwerts in der Auswertung nicht mit einzubeziehen, da sie nicht eindeutig interpretiert werden können. Weil sie aber wichtige Hinweise auf den Förderbedarf des Kindes in diesen Entwicklungsbereichen geben, müssen sie bei der Beobachtung und Dokumentation mit berücksichtigt werden.** Im Folgenden sind für die einzelnen Skalen Hinweise bzw. Beispiele gegeben, die Ihnen bei der Veranschaulichung der Skalen helfen. Zu Skala 1: Berühren/Streicheln mit Feder, Pinsel, Strohhalm etc. Zu Skala 2: Reagiert z. B. auf tief brummende Töne oder auf Gegenstände, die Vibration erzeugen. Zu Skala 3: Weich: z. B. Wattebausch, Tuch, Fell etc. Rau: z. B. Bürste, Sandpapier, Topfkratzer etc.

Item Nr.	Hinweis
	Zu Skala 4: Das Kind zeigt eine besondere Vorliebe für bestimmte taktile Reize, z. B. streicht es oft mit den Händen über bestimmte Oberflächen oder Gewebe oder berührt sich gerne mit diesen Materialien im Gesicht. Zu Skala 5: Das Kind zeigt durch sein Verhalten, Mimik, Gestik, Laute, sein Wohlbefinden bei bestimmten Berührungen wie Streicheln, Kraulen, Abrubbeln, Massage etc. Zu Skala 6: Das Kind meidet Knete, Fingerfarben, mag nichts Klebriges an den Händen oder äußert Unbehagen beim Tragen von bestimmten Kleidungsmaterialien. Zu Skala 7: Das Kind ist viel in Bewegung, lässt sich gerne fallen, sitzt kaum ruhig, wechselt ständig die Sitzposition. Es sucht häufig körperlichen Widerstand z. B. in Form von Raufen und Kämpfen. Zu Skala 8: Die Reaktion des Kindes entspricht dem Reiz, z. B. hält es kurz in seiner Bewegung inne, wenn es sich anstößt. Zu Skala 9: Das Kind zeigt oder benennt ohne Augenkontrolle die berührte Körperstelle (dabei darauf achten, wie viel Druck beim Berühren ausgeübt wurde). Zu Skala 11: gegenüber Menschen/Materialien
26 (AU) 15 (VB) 24 (AB)	**Vestibuläre Wahrnehmung** Auch der Gleichgewichtssinn (vestibuläres System) zählt zu den Basissinnen. Auch hier wird zwischen einer Überempfindlichkeit und einer Unterempfindlichkeit unterschieden (vgl. vorheriges Item). Zu Skala 1: Das Kind schaukelt stundenlang oder dreht sich im Karussell, ohne Unbehagen zu äußern. Es hat ein starkes Bewegungsbedürfnis. Zu Skala 2: Das Kind vermeidet Klettern, Balancieren, Schaukeln. Es neigt zu Schwindelgefühlen und Übelkeit bei Drehbewegungen und meidet sie deshalb. Häufig mag es auch keine Eltern-Kind-Spiele wie „Hoppe-Reiter" oder das Hochwerfen in die Luft. Zu Skala 3: Alle motorischen Tätigkeiten werden immer mit großer Schnelligkeit ausgeführt, über Geschwindigkeit kompensiert das Kind seine Probleme mit dem Gleichgewicht. Je schneller es sich bewegt, umso statischer/fester ist es, dadurch hat das Kind das Empfinden, seinen Körper besser zu beherrschen. Schnelle Bewegungen bauen Muskeltonus auf, langsame Bewegungen bauen Muskeltonus ab. Animiert man das Kind, z. B. langsam über eine Turnbank zu gehen, hat es große Schwierigkeiten, es zeigt viele Ausgleichbewegungen. Zu Skala 4: Das Kind versucht möglichst jede Lageveränderung seines Körpers zu vermeiden, da diese zu Irritationen seines Gleichgewichtssystems führen. Die Skalen 5: „Geht sicher auf unebenem Untergrund" 6: „Geht rückwärts"

Item Nr.	Hinweis
	7: „Geht Treppe, mit Fußwechsel aufwärts" 8: „Geht Treppe, mit Fußwechsel abwärts" beschreiben Fähigkeiten, die ein gut integriertes Gleichgewichtssystem voraussetzen. Es ist daher zum Beispiel bei Skala 5 darauf zu achten, dass das Kind keine Ausgleichsbewegungen benötigt. Zu Skala 9: Das Kind springt mit geschlossenen Füßen und Beinen (setzt gute Bewegungskoordination voraus) mehrere Schlusssprünge, ohne zur Seite zu kippen oder die Beine zu öffnen (breite Basis schafft mehr Stabilität). Zu Skala 10: Das Kind steht mehrere Sekunden im Wechsel ohne Festhalten auf einem Bein, das andere Bein ist deutlich in der Höhe abgewinkelt. Dabei ist darauf zu achten, ob das Kind wirklich frei auf einem Bein steht oder eventuell durch Anpressen des abgewinkelten Beins an das stehende Bein versucht, mehr Stabilität zu bekommen (Hinweis auf ein noch nicht gut integriertes Gleichgewichtssystem).
27 (AU) 16 (VB) 25 (AB)	**Grobmotorik** Zu Skala 5: Das Kind bewegt sich vorwärts, indem es sich mit den Armen wechselweise nach vorne zieht. Diese Bewegung wird durch wechselndes Anbeugen des entgegengesetzten Beines unterstützt (linker Arm, rechtes Bein). Wenn ein Kind anfängt zu robben, kann man auch oft beobachten, dass es nur die Arme einsetzt und sich nach hinten schiebt. Zu Skala 6: Unter reziprokem Krabbeln versteht man die gegengleiche Bewegung zwischen Armen und Beinen, d. h., wenn die linke Hand nach vorne geht, geht das rechte Bein vor und umgekehrt. Zu Skala 8: Stehen auf Händen und Füßen (analog zu Tieren, die sich auf vier Füßen fortbewegen, z. B. Hund). Zu Skala 13: Die Arme schwingen beim Gehen locker mit, das Kind bewegt sich mit Rotation von Hüfte und Wirbelsäule. Zu Skala 14: Die Bewegungen des Kindes wirken harmonisch und sicher; geplant und gezielt, nicht zufällig.
28 (AU) 17 (VB) 26 (AB)	**Feinmotorik** Zu Skala 1: Gemeint ist das bewusste Greifen und Festhalten eines Gegenstandes, nicht der Greifreflex eines Säuglings. Zu Skala 2: Gemeint ist das bewusste Loslassen eines Gegenstandes, d. h., die Hand wird gezielt geöffnet. Zu Skala 5: Gegenstände werden in der Hand oder in den Händen gedreht, geschüttelt, es wird mit ihnen auf den Boden oder gegen etwas anderes geklopft, um so die Eigenschaften des Gegenstandes kennenzulernen.

Item Nr.	Hinweis
	Zu Skala 7: Kind ergreift z. B. Perlen zunächst mit Pinzettengriff, später mit Zangengriff (siehe Kap. 5.4 „Entwicklung der Feinmotorik").
	Zu Skala 10: Das Kind bevorzugt eine Hand beim Greifen, Malen etc.
	Zu Skala 11: Zum Beispiel beim Ausschneiden, mit zwei Händen kneten, Perlen auffädeln etc.
	Zu Skala 12: Neben Stifthaltung (3-Punkt-Griff) auch auf Kraftdosierung achten.
	Zu Skala 15: altersgemäß: siehe Kapitel 5.4 „Entwicklung der Feinmotorik".
29 (AU) 18 (VB) 27 (AB)	**Kognition und Lernverhalten**
	Unter dem Begriff der Kognition werden alle Prozesse zusammengefasst, die zwischen der Aufnahme von Reizen und dem Verhalten vermitteln. Es geht um Prozesse der Verarbeitung von Reizen, der Speicherung von Information in unserem Gedächtnis und der Erzeugung von Information (Denken).
	Gerade in der Interaktion mit Eltern, anderen Kindern und Erwachsenen wird die kognitive Entwicklung eines Kindes stimuliert.
	In diesem Item sind einige Beschreibungen aufgeführt, die kognitive Prozesse beschreiben.
	Zu Skala 1: Auf Blickkontakt reagiert es mit Lächeln oder gibt Laute von sich.
	Zu Skala 2: z. B. indem das Kind einen Gegenstand betastet.
	Zu Skala 5: Nach dem Motto „Be-Greifen", es betätigt z. B. Knöpfe am Spielzeug, die bei Drücken etwas auslösen.
	Zu Skala 16: Versucht naturwissenschaftliche Phänomene zu verstehen, indem es Bedingungen variiert. Trägt z. B. Schnee in den Gruppenraum und beobachtet, wie er schmilzt.
	Zu Skala 17: Ein Beispiel für einen Plan wäre, wenn ein Kind, das besonders gerne mit dem Roller fährt, sich merkt, wann der Geräteschuppen aufgeschlossen wird, und beschließt, immer schon kurze Zeit vorher an der Tür zu warten, um als Erstes eingelassen zu werden und sich den Roller sichern zu können. Dass das Kind einen Plan hat, ist im Gespräch mit dem Kind und am Ergebnis erkennbar.
	Zu Skala 18: Hier geht es darum, ob das Kind, Pläne, die es macht, auch umsetzt. Zum Beispiel hat das Kind die Idee, eine Höhle zu bauen, holt sich Decken und Wäscheklammern und baut daraus schließlich auch die Höhle.
	Weitere Erläuterungen dazu finden Sie im Kapitel 5.4 „Entwicklung der Kognition".

Item Nr.	Hinweis
30 (AU) 19 (VB) 28 (AB)	**Kommunikation** In diesem Item sind Beschreibungen ausgewählt worden, die sich auf die soziale Kommunikation des Kindes mit anderen Kindern und Erzieherinnen der Kindertageseinrichtung beziehen. Es geht um das Verstehen von Botschaften, die an das Kind gerichtet werden, um aktives Sichmitteilen und in der letzten Beschreibung um den Dialog. Kommunikative Kompetenzen stehen in engem Zusammenhang mit der Sprachentwicklung des Kindes. Fällt Ihnen bei der Bearbeitung dieser Skalen auf, dass das Kind in der Sprachentwicklung möglicherweise größere Schwierigkeiten hat, empfehlen wir, in einem Sprachscreening oder mit einer spezifischen, logopädischen Diagnostik diesem Thema weiter nachzugehen. Zu Skala 2: Dies kann durch Sprache geschehen, aber auch durch Blinzeln oder Töne, die das Kind von sich gibt. Zu Skala 3: Am Verhalten bzw. der Reaktion des Kindes ist ablesbar, dass es verstanden hat, worum es geht. Zu Skala 4: Zum Beispiel „Ham-Ham" = Hunger, d. h., das Kind spricht in Einwortsätzen, benutzt eventuell noch Kindersprache und drückt damit seine Bedürfnisse aus. Häufig nutzt das Kind dabei noch eine Kombination von Betonung und Körpersprache zur Verdeutlichung. Zu Skala 10: Eine differenzierte Sprachmelodie meint, dass das Kind in der Lage ist, seine Sprachmelodie an die Situation anzupassen, d. h., bei Fragen hebt es am Ende der Frage die Stimme, bei Aussagen senkt es am Ende des Satzes die Stimme. Ferner wechseln sich betonter und unbetonter Tonfall entsprechend des Inhaltes und der Aussage des Satzes ab. Das Kind spricht also nicht in einem monotonen Tonfall. Zu Skala 12: Ein Dialog zeichnet sich dadurch aus, dass ein Kind auf das, was ein anderes Kind ihm verbal mitteilt, eingeht.
31 (AU) 20 (VB) 29 (AB)	**Emotionale Entwicklung** Zu Skala 2: Sagt z. B.: „Ich bin traurig." Zu Skala 3: Hier ist nicht gemeint, dass das Kind seine Gefühle unterdrückt, sondern in sozial verträgliche Bahnen lenken kann, z. B. bei Wut schreit, aber nicht unkontrolliert um sich schlägt. Zu Skala 4: Das Kind erkennt, wenn ein anderes Kind traurig ist. Es erkennt auch, wie es mit seinem Verhalten ein anderes Kind erfreut oder traurig macht. Zu Skala 5: Zeigt das Kind Interesse an seinem Spiegelbild? Erkennt es sich dabei als „Ich", kann es sich als eigenständige Person von anderen Menschen abgrenzen/unterscheiden (Ich-Findung).

Glossar

Item Nr.	Hinweis
	Zu Skala 6: Das Kind verfügt über ein positives Selbstwertgefühl. Zu Skala 7: Das Kind übernimmt kleine Aufträge und Verantwortlichkeiten. Zu Skala 8: Das Kind fordert z. B. Hilfe an, wenn es sie benötigt. Zu Skala 12: Zeigt den Wunsch, neue Anforderungen zu bewältigen, indem es z. B. versucht, Fahrrad zu fahren. Auf Herausforderungen geht es aktiv zu, statt diese zu vermeiden.
32 (AU) 21 (VB) 30 (AB)	**Spielverhalten** Als die wesentlichsten Voraussetzungen für die kindliche Spielentwicklung gelten Wahrnehmung, Motorik und Körperbewusstsein. Umgekehrt bedeutet das, dass Auffälligkeiten im Spielverhalten ein Hinweis auf eine Entwicklungsstörung in einem der drei Bereiche sein können. Hiervon zu unterscheiden ist ein gestörtes Spielverhalten, dessen Ursache eher im emotionalen oder sozialen Bereich zu suchen ist. Nähere Erläuterungen zur Entwicklung des Spielverhaltens finden Sie im Kapitel 5 „Entwicklungspsychologische Grundlagen". Zu Skala 1: Hier muss berücksichtigt werden, dass die Dauer des Spiels altersabhängig ist. Auch kann es einen Unterschied machen, ob das Spiel durch einen Erwachsenen begleitet wird, das Kind allein, spielt oder mit anderen Kindern zusammen. Nutzen Sie die Möglichkeit, Ihre Einschätzung durch entsprechende Notizen bezüglich der Spielsituation zu ergänzen. Zu Skala 2: Hält das Kind sich bei Regel- bzw. Tischspielen an die vorgegebenen Regeln? Kann es sich z. B. im gemeinsamen Spiel in der Puppenecke an Absprachen halten? Wenn nicht, liegt es daran, dass das Kind die Regeln/Absprachen kognitiv nicht erfassen kann? Oder will/kann es sich nicht daran halten (soziale Kompetenzen). Zu Skala 3: Spielt das Kind immer mit den gleichen Dingen oder nutzt es die verschiedenen Spielangebote wie Rollenspiel, Konstruktionsmaterial, Tischspiele, Puzzle etc. Verfügt es dabei auch über Variationsmöglichkeiten? Deutlich zu unterscheiden ist hier jedoch das Nutzen von unterschiedlichen Spielmöglichkeiten gegenüber einem ständigen Wechsel von Spielmaterial und Spielorten. Dieses Verhalten könnte eventuell ein Hinweis auf Konzentrations- bzw. Ausdauerprobleme sein. Zu Skala 5: Ist das Kind bereit, Kompromisse zu schließen, z. B. wenn es im Rollenspiel um die Verteilung von Rollen geht oder beim Tischspiel um die Frage „Wer darf anfangen?" Zu Skala 6: Beteiligt sich das Kind *aktiv* am Spiel? Macht es Spielvorschläge, liefert Ideen? Oder ist es mehr Zuschauer, passiver Teilnehmer?

Item Nr.	Hinweis
33 (AU) 22 (VB) 31 (AB)	**Auffälligkeiten im Verhalten** Psychische Störungen werden nur beim Vorhandensein mehrerer Symptome über eine bestimmte Dauer diagnostiziert. Bei den hier aufgeführten Beschreibungen handelt es sich um *Indikatoren*, die auf psychische Störungen hinweisen *können*. Stereotypes Verhalten ist beispielsweise ein Indikator unter mehreren, die bei der Diagnose einer autistischen Störung von Bedeutung sind. Das Zutreffen einzelner Indikatoren, z. B. Aggressionen gegenüber anderen Kindern, und deren dauerhaftes Auftreten, sollte dazu führen, dass dieser bestimmten Problematik durch eine gezieltere Beobachtung im Kindergartenalltag weiter nachgegangen wird. So kann eine strukturierte Beobachtung etwa dabei helfen, zu konkretisieren, welche Situationen und Auslöser dem Verhalten vorausgehen. Unter Umständen ist daraufhin eine differenziertere Diagnostik anzuregen, wie sie beispielsweise in sozialpädiatrischen Zentren vorgenommen werden kann. Zu Skala 1: Die orale Phase, in der Kinder ihre dingliche Umwelt sehr stark über den Mund erfahren, indem sie Gegenstände in den Mund stecken, sollte sich im Verlauf des ersten Lebensjahres zugunsten einer Umwelterfahrung durch andere Sinneskanäle (greifen, sehen, hören) verändern. Kinder, die auch in höherem Lebensalter noch viele Gegenstände in den Mund stecken, zeigen damit, dass sie auf einer niedrigeren Entwicklungsstufe stehen. Eine weitere Ursache könnte sein, dass bei dem Kind eine Unterempfindlichkeit in der taktilen und Körpereigenwahrnehmung vorliegt und sich das Kind auf diese Weise Reize zur Stimulation zuführt. Zu Skala 2: Die Erregbarkeit kann sich sowohl auf positive wie auch auf negative Ereignisse beziehen. Zu Skala 4: Von einer Auffälligkeit ist dann zu sprechen, wenn das Kind sich stark von anderen Kindern absondert und den Kontakt mit anderen vermeidet. Oder wenn sich das Kind häufig selbst stimuliert, was auf eine Unterempfindlichkeit in der Eigenwahrnehmung oder auf autistische Verhaltensweisen hinweisen könnte. Zu Skala 8: Aggressive Verhaltensweisen können offen gezeigt, aber auch auf eine verdeckte Weise ausgeübt werden (z. B. lästern), Aggression kann sich in körperlichen (z. B. schlagen, stoßen, treten) aber auch in verbalen Angriffen äußern (beschimpfen). Aggression liegt die Motivation zugrunde, zu schädigen, sie dient nicht nur der bloßen Selbstbehauptung oder der Kommunikation. Mangelt es einem Kind zum Beispiel an Fähigkeiten, zu anderen auf adäquate Weise Kontakt aufzunehmen und tut es dies dann, indem es andere schubst oder ärgert, ist dies nicht als Aggression zu bewerten. Zu Skala 9: Stereotypien sind rhythmische Bewegungen, die hochgradig automatisiert sind und unbewusst ablaufen. Diese sind zum Beispiel im Spielverhalten des Kindes zu beobachten – sie können, wenn überhaupt, nur durch starke Reize von außen unterbrochen werden. Am auffälligsten sind die typischen Handstereotypien, bei denen die Kinder die Hände vor dem Körper kneten, reiben oder wringen. Einige klopfen mit den Händen z. B. auf die Schulter oder klatschen. Auch seitlich abgewinkelte Arme mit drehenden Handbewegungen wie eine Tempeltänzerin kommen vor. Manche Kinder entwickeln grobmotori-

Item Nr.	Hinweis
	sche Stereotypien, die sich in Rumpfschaukeln, Oberkörperpendeln oder Trippeln auf der Stelle äußern. Auch das Zähneknirschen wird zu den Stereotypien gerechnet und tritt wie diese gehäuft in Situationen auf, die für das Kind eher langweilig oder im Gegenteil sehr fordernd sind. Zu Skala 10: Ängste hat jeder Mensch. Ein Indikator für Angst im klinischen Sinne ist die Irrationalität, d. h., das Ausmaß der körperlichen Erregung ist in Anbetracht der Bedrohung nur schwer nachzuvollziehen. Als Bedrohung werden nicht nur Bedrohungen der körperlichen Unversehrtheit verstanden. Auch Situationen, die unseren Selbstwert bedrohen, können Angstzustände auslösen (wenn beispielsweise ein Kind beim Sprechen im Stuhlkreis deutliche Angstsymptome zeigt). Angst zeigt sich auf drei Ebenen, die sich teilweise beobachten oder im Gespräch mit dem Kind erfragen lassen: Verhalten (zittern, schwitzen u. Ä.), das emotionale Empfinden und Gedanken, die sich rund um die erlebte Bedrohung drehen. Als letztes typisches Kennzeichen von Angst sei hier das Vermeidungsverhalten erwähnt. Situationen, die wir extrem bedrohlich finden, versuchen wir i. d. R. zu vermeiden (das Kind muss vielleicht immer dann auf Toilette, wenn der Stuhlkreis „droht", da es sehr große Angst vorm Sprechen in dieser Runde hat). Das Vermeiden verstärkt jedoch die Angst und so ist es eine wichtige Aufgabe, den Teufelskreis „Angst – Vermeidung – mehr Angst" zu durchbrechen, damit eine Gewöhnung an die Situation und die wiederholte Erfahrung, dass es ja doch nicht so schlimm ist, dazu führen kann, dass sich die Angst nach und nach reduziert. Zu Skala 11: Dieses Verhalten findet man teilweise bei Kindern mit einer geistigen Behinderung. Sie unterscheiden oftmals nicht zwischen bekannten/befreundeten und fremden Personen und bringen Unbekannten eine (körperliche) Nähe entgegen, die in den Augen anderer Menschen unangemessen erscheint. Dieses Verhalten wird manchmal als Offenheit gedeutet, welche aber auch eine gewisse Gefahr birgt, da es Menschen gibt, die diese Offenheit möglicherweise für sich und gegen die Interessen des Menschen mit Behinderung ausnutzen könnten. Aus diesem Grunde erscheint es sinnvoll, dass Kinder mit einer geistigen Behinderung auch einen unterschiedlichen Umgang mit bekannten/befreundeten und fremden Personen lernen. Zu Skala 12: Hier ist von einer Auffälligkeit zu sprechen, wenn das Verhalten des Schutzsuchens mit ausgeprägten Ängsten des Kindes in Verbindung steht oder wenn das Kind z. B. grundsätzlich bei Konflikten mit anderen Kindern sich an die Erzieherin wendet und nicht in der Lage ist, diese selbstständig zu lösen, auch keine Versuche dazu zeigt. Dieses Schutzsuchen tritt dann häufig auch gekoppelt mit „Petzen" auf.
34 (AU) 23 (VB) 32 (AB)	**Zusammenleben in der Kindergruppe** Die vorliegenden Skalen beschreiben die Interaktion zwischen dem Kind mit Behinderung und anderen Kindern in der Bezugsgruppe. Es wird im ersten Teil des Items auf die Stärken des Kindes geschaut, die für die soziale Integration und das Zusammensein in der Gruppe förderlich sind. Im zweiten Teil des Items wird dann die Gruppe näher betrachtet und eingeschätzt, inwieweit die Gruppe auf das Kind zu- und eingeht.

Item Nr.	Hinweis
	Teil a) Ressourcen des Kindes Zu Skala 1: Das Kind zeigt durch seine Reaktion (lächeln, sich zuwenden etc.) deutlich, dass es den körperlichen Kontakt zu anderen Menschen als angenehm empfindet, indem es positiv auf Streicheln, in den Arm nehmen oder Ähnliches reagiert. Positive Reaktionen führen wiederum dazu, dass die Umwelt, d. h. die Kindergruppe, motiviert wird, diese Form des Kontaktes als Interaktionsmöglichkeit auch weiterhin zu wählen. So kann eine Beziehung auch dort bestehen, wo eventuell Sprache als Kommunikationsmittel nicht zur Verfügung steht. Zu Skala 2: Zeigt das Kind auf Ansprache eine positive Reaktion z. B. durch Veränderung der Mimik, Laute etc.? Sind eventuell auch Unterschiede zu erkennen, je nachdem, wer das Kind anspricht? Zu Skala 3: Verändert das Kind bei Zuwendung sein Verhalten, z. B. hört es auf zu weinen? Die Skalen 1–3 beschreiben, welche Bedeutung zwischenmenschliche Kontakte und Zuwendung für das Kind mit Entwicklungsverzögerung oder Behinderung haben. Gerade bei Kindern mit einer mehrfachen Beeinträchtigung kann man nur durch sehr gezielte und genaue Beobachtung hierzu eine Aussage machen. Zu Skala 7: Wenn die Erzieherin ruft: „Die Mäusegruppe geht in den Turnraum", fühlt sich das Kind angesprochen, identifiziert es sich mit der Gruppe? Zu Skala 8: Das Kind ist in der Lage, Konfliktsituationen ohne die Hilfe eines Erwachsenen zu meistern, d. h., es ruft nicht gleich nach der Erzieherin oder zieht sich sofort aus der Situation zurück. Zu Skala 9: Mehrere Kinder möchten auf dem Spielplatz dasselbe Fahrzeug benutzen. Das Kind macht den Vorschlag, sich abzuwechseln. **Teil b) Ressourcen der Gruppe** Zu Skala 10: Kinder wissen um die Unterschiedlichkeit und die Beeinträchtigungen des Kindes. Zu Skala 13: Zum Beispiel: Geben dem Kind etwas zu trinken. Zu Skala 14: Zum Beispiel: Fordern das Kind in der Bauecke auf, am Bauen eines Turms mitzuwirken.
35 (AU) 24 (VB) 33 (AB)	**Globaleinschätzung der Ressourcen** Die vorliegenden Skalen beschreiben zusammenfassend **die Stärken des Kindes und seiner Umwelt**, die soziale Integration fördern bzw. erleichtern. In den Items zuvor haben Sie auf der konkreten Verhaltensebene die Ressourcen des Kindes und seiner Umwelt eingeschätzt. Nehmen Sie nun an dieser Stelle abschließend eine

Glossar

Item Nr.	Hinweis
	Gesamteinschätzung der Ressourcen vor, die auf der zuvor dokumentierten Einschätzung basiert. Die folgenden Hinweise sollen bei der Veranschaulichung der Skalen helfen: Integration in der Familie: Zum Beispiel: Die Familie unternimmt viele Dinge gemeinsam; das Kind hat, orientiert an seinen Fähigkeiten und Möglichkeiten, ebenso Rechte, Pflichten und Freiräume wie seine Geschwister; aktive Teilnahme am Familienleben; Regeln der Familie werden respektiert; Sensibilität für die Befindlichkeit der Familienmitglieder untereinander. Beziehungen zu Gleichaltrigen bzw. zu Kindern in der Gruppe: Zum Beispiel: Freundschaften; intensive Beziehungen. Wohlbefinden in der Kindertagesstätte: gerne in die Einrichtung kommen; vertrauensvolle Beziehungen zu Kindern und Erzieherinnen; Motivation und Anteilnahme am Kindergartenalltag. Integration im gesamten sozialen Umfeld: Zum Beispiel: soziale Unterstützung der Familie durch Nachbarschaft und Freunde; Mitgliedschaft in einem Verein; aktive Teilnahme am Leben in einer Gemeinde. Sozial-kommunikative Kompetenzen: sprachliche und nonverbale Fähigkeiten; sprachliche Gewandtheit; Fähigkeit, eigene Gefühle wahrzunehmen und mitzuteilen; Interesse an Sozialkontakten; soziale Offenheit; sozialverträgliche/konstruktive Konfliktbewältigung; sozialverträgliche/konstruktive Durchsetzungsfähigkeit. Interessen, Aktivitäten: ausgeprägte Interessen und Vorlieben; hohes Aktivitätsniveau (vieles unternehmen und machen, Initiative ergreifen); Aufmerksamkeit (sich den jeweiligen Tätigkeiten konzentriert und ausdauernd zuwenden können). Bewältigungsstrategien: Optimismus/Zuversicht; Überzeugung, seine Lebensumstände durch das eigene Verhalten aktiv beeinflussen zu können (im Gegensatz zu Gefühlen der Ohnmacht und Hilflosigkeit); zwischen verschiedenen belastenden Situationen differenzieren und angemessen auf sie reagieren können; kreative Problemlösungen; Frustrationstoleranz; Humor. Selbstsicherheit: positive Selbstwahrnehmung (sich für liebenswert halten und sich den gestellten Anforderungen bzw. Aufgaben gewachsen fühlen); Zufriedenheit mit sich selbst/ dem eigenen Körper; realistische Selbsteinschätzung. Autonomie (Selbstständigkeit, Unabhängigkeit): Selbstständigkeit im Umgang mit alltäglichen Anforderungen; konstruktiv eigene Wünsche äußern und die eigenen Rechte verteidigen.

Item Nr.	Hinweis
36 (AU) 25 (VB) 34 (AB)	**Einschätzung des Hilfebedarfs** Betrachten Sie im Überblick Ihre Einschätzungen in den vorangegangenen Items. Sie haben zuvor auf der konkreten Verhaltensebene die Fähigkeiten und Schwierigkeiten des Kindes festgehalten. Nehmen Sie nun in diesen Items eine zusammenfassende Gesamteinschätzung vor.
27 (VB) 35 (AB)	**Kindbezogene Ziele des letzten halben Jahres** In diesem Item sind die *kindbezogenen Ziele zu wiederholen, die im vergangenen halben Jahr verfolgt wurden.*
28 (VB) 36 (AB)	**Beschreibung der durchgeführten Maßnahmen zur Erreichung der kindbezogenen Ziele in den Formatvorlagen am Ende des Bogens** *Wichtig:* In diesem Item geht es ausschließlich um die *in der Einrichtung bzw. von den Fachkräften der Einrichtung* durchgeführten Maßnahmen zur Erreichung der benannten Ziele. Bitte beachten Sie, dass nur Maßnahmen zu nennen sind, die zu den in diesem Item genannten Zielen in Beziehung stehen (diejenigen Maßnahmen, die Sie in der Zielpyramide des Hilfeplans den drei Zielen zugeordnet haben)! In der ersten Spalte sind zu jeder Maßnahme drei Angaben zu machen: • Die Maßnahme ist zu *benennen.* • *Setting:* Bei einer Kleingruppe gehen wir von 2 bis 6 Kindern aus. Wenn mehr als 6 Kinder an dem Angebot teilnehmen, wird dies als Großgruppe bezeichnet. • *Regelmäßigkeit:* Bitte geben Sie an, mit welcher Regelmäßigkeit die Maßnahme durchgeführt wird (täglich, wöchentlich, mehrmals wöchentlich, monatlich etc.).
29 (VB) 37 (AB)	**Angabe der aktuellen kindbezogenen Zielerreichung** Die Angabe der aktuellen kindbezogenen Zielerreichung bezieht sich auf die vor einem halben Jahr im Hilfeplan formulierten Ziele.
30 (VB) 38 (AB)	**Begünstigende bzw. hemmende Faktoren bei der Erreichung der Ziele** Nach der Einschätzung der aktuellen Zielerreichung wird in diesem Item eine Reflexion angestrebt. • Bei Erreichen oder Übertreffen des Ziels: Was hat die Zielerreichung erleichtert/begünstigt? Was war förderlich? *Bsp.: begleitende therapeutische Angebote, Kind hat einen engen Freund gefunden etc.* • Bei Verschlechterung bzw. wenn die angestrebte Änderung ausgeblieben ist: Was waren diejenigen Faktoren, die sich hemmend/ungünstig auf die Zielerreichung ausgewirkt haben? Was war hinderlich? *Bsp.: Trennung der Eltern, Fluktuation der Mitarbeiterinnen, Ziel nicht entwicklungsangemessen formuliert etc.*

Glossar

Item Nr.	Hinweis
31–34 (VB) 39–42 (AB)	Die Items sind analog zu den vorangegangenen Items zu bearbeiten.
38 (AU) 35 (VB)	**Kindbezogene Ziele für das nächste halbe Jahr** In diesem Item sind die *kindbezogenen Ziele des kürzlich durchgeführten, aktuellen Hilfeplangesprächs* zu benennen. Die *Nummerierung ist als Hierarchie zu verstehen*, d. h., das wichtigste Ziel ist an erster, das zweitwichtigste Ziel an zweiter und das drittwichtigste Ziel an dritter Stelle zu notieren.
39 (AU) 36 (VB)	**Prognose zum Zielerreichungsgrad in einem halben Jahr (für kindbezogene Ziele)** Die Prognose bezieht sich auf die in Item 42 formulierten Ziele. Sie soll getrennt für jedes genannte Ziel vorgenommen werden. Fragen Sie sich bei Ihrer Einschätzung, inwieweit das erwünschte Ergebnis bis zum Ausfüllen des nächsten Bogens (in einem halben Jahr) voraussichtlich erreicht wird. Das Stellen von Prognosen und deren Überprüfung dient der Überprüfung der eigenen Urteilsfähigkeit. Stellt sich heraus, dass Prognosen nicht zutreffen, führt dies zukünftig zu einer realistischeren Zielsetzung. Treten Prognosen ein, erhöht dies zukünftig Ihre fachliche Sicherheit. Die Möglichkeit „keine Änderung" zu prognostizieren, kann beispielsweise dann angemessen sein, wenn die Eltern auf ein Ziel bestehen, bei dem die Mitarbeiterinnen der Einrichtung kaum Aussicht auf Besserung sehen, jedoch dem Wunsch der Eltern entsprechen und das Mögliche versuchen.
40–41 (AU) 37–38 (VB)	Die Items sind analog zu den vorangegangenen Items zu bearbeiten.
43 (AB)	**Abschließende Gesamtbewertung der Integrationsmaßnahme durch die Kindertagesstätte** Wir empfehlen, im Team das Gelingen der Integrationsmaßnahme in Bezug auf folgende Aspekte zu reflektieren: • Wohlbefinden • Soziale Integration des Kindes • Individuelle Förderung • Rahmenbedingungen (Personal, materielle und räumliche Ausstattung etc.) • Subjektive Zufriedenheit (unabhängig von der Sachlage, wie geht es dem Team mit der Integration, wo wünschen sich die Mitarbeiterinnen zukünftig mehr Unterstützung, was waren die Highlights?)

Item Nr.	Hinweis
44–45 (AB)	**Abschließende Gespräche mit der Frühförderstelle und der (Heilpädagogischen) Fachberatung** Sofern die Frühförderstelle und die (Heilpädagogische) Fachberatung an der Durchführung der Integrationsmaßnahme beteiligt waren, sollte die Beendigung der Maßnahme für einen rückblickenden Erfahrungsaustausch genutzt werden. Unabhängig von Reflexionsgesprächen während der Maßnahme ist eine Gesamtbewertung am Ende für beide Seiten ausgesprochen hilfreich. Sofern dieses Gespräch *vor* einem abschließenden Elterngespräch geführt werden konnte, besteht die Gelegenheit, Empfehlungen dieser beiden Stellen im Abschlussgespräch an die Eltern weiterzugeben.
46–48 (AB)	**Abschließende Gesamtbewertung der Integrationsmaßnahme durch die Eltern** Wir empfehlen, im Rahmen eines Abschlussgesprächs das Gelingen der Integrationsmaßnahme in Bezug auf folgende Aspekte zu reflektieren: • Wohlbefinden des Kindes in der Kindertagesstätte • Soziale Integration und individuelle Entwicklung des Kindes • Rahmenbedingungen • Zusammenarbeit mit der Kindertagesstätte (Wo hätten Sie sich mehr Unterstützung gewünscht, was war für Sie besonders hilfreich oder erfreulich?)
49 (AB)	**Weiterführende Maßnahmen, die den Eltern im Abschlussgespräch empfohlen wurden** An dieser Stelle können Empfehlungen dokumentiert werden, die im Rahmen der abschließenden Gespräche von der Kindertagesstätte, der Frühförderung oder Therapeuten gegenüber den Eltern ausgesprochen wurden.
42 (AU) 39 (VB) 50 (AB)	**Grundlage der kindbezogenen Einschätzungen** Es sollen die Informationsquellen benannt werden, die zur Einschätzung herangezogen wurden. Unter „Informationen aus Akten" können alle Informationen, die es in schriftlicher Form gibt, also auch Kurzberichte, Gutachten oder Krankenakten dokumentiert werden.

Entwicklungspsychologische Grundlagen

Inhalte dieses Kapitels

5	**Entwicklungspsychologische Grundlagen**	**118**
5.1	Zum Verständnis von Entwicklung	118
5.2	Zum Verlauf von Entwicklung	119
5.3	Entwicklungsbereiche	120
5.4	Die Entwicklung eines Kindes in den ersten sechs Jahren	121
5.5	Anregungen für die Erstellung eines Entwicklungsberichts	136

5 Entwicklungspsychologische Grundlagen

Ilka Müller, Elisabeth Honervogt

Zur Beobachtung und Dokumentation von Entwicklung ist ein Basiswissen im Bereich der Entwicklungspsychologie erforderlich, um die in der Dokumentation aufgeführten Beschreibungen einordnen und die Beobachtungen bei dem einzelnen Kind interpretieren zu können.

Dieses Kapitel lädt dazu ein, den persönlichen Kenntnisstand sowie den des gesamten Teams einmal genauer zu betrachten.

 Tipp: Stellen Sie größere Lücken fest, können diese mithilfe von Fortbildungen geschlossen werden. Geht es allein darum, vorhandenes Wissen wieder verfügbar zu machen oder „aufzuwärmen", kann es sehr effektiv sein, das Thema „Entwicklung" im Rahmen von Teambesprechungen zu vertiefen und/oder auf die im Literaturverzeichnis angegebenen Quellen zurückzugreifen.

5.1 Zum Verständnis von Entwicklung

Entwicklung hat einige charakteristische Merkmale, deren Kenntnis dabei hilft, scheinbar widersprüchliche oder unerwartete Beobachtungen richtig zu bewerten:

- Entwicklung besteht aus **einer Reihe von Veränderungen**, die miteinander in **Zusammenhang** stehen. Diese Veränderungen weisen individuelle Unterschiede auf, z. B. erlernen Kinder das Laufen bei einer „normalen" Entwicklung zwischen dem 11. und 15. Lebensmonat.
- Entwicklung hat eine **quantitative und eine qualitative Dimension**, das heißt, Veränderungen sind sowohl von der Menge und Intensität als auch von der Güte und Beschaffenheit her zu betrachten. Dabei folgen die qualitativen den quantitativen Veränderungen. So sind z. B. bei Kindern, die laufen gelernt haben, anfangs noch Ausgleichsbewegungen zu beobachten. Diese verlieren sich im Laufe der Zeit, die Bewegungen beim Gehen werden fließender und koordinierter (loses Herabhängen der Arme, Abrollen des Fußes von der Ferse zur Fußspitze).
- Entwicklung ist als **lebenslanger Prozess** zu sehen, wobei in den ersten Lebensjahren große quantitative und qualitative Veränderungen auftreten, während es später um Weiterentwicklung und Stabilisierung und im Alter oft auch um Abbau geht.
- Die Entwicklung vom Säugling über das Kleinkind zum Schulkind kann als eine **Treppe** veranschaulicht werden: Ist eine Stufe erreicht, kommt die nächste dran, die es zu ersteigen gilt. Die Stufen bauen auf den vorangegangenen auf. Dies lässt sich gut bei der motorischen Entwicklung beobachten, aber auch bei der sprachlichen, sozialen und kognitiven Entwicklung des Kindes. Sprache entwickelt sich z. B. vom Schreien über einzelne Laute zu Silben und Wörtern bis hin zu ganzen Sätzen.
- Entwicklung verläuft in verschiedenen Bereichen **parallel**: Neue Entwicklungsstufen lösen alte nicht unbedingt ab, sondern sie existieren nebeneinander und werden unterschiedlich bei Bedarf eingesetzt. So wird auch ein Kind, das laufen kann, weiter krabbeln, wenn es die Situation erfordert, etwa um unter ein Sofa zu gelangen. Das Sitzen erlernt ein Kind vor dem Laufen, aber es wird diese Fähigkeit natürlich auch noch nutzen, wenn es laufen gelernt hat.
- Entwicklung verläuft in **Sprüngen**: Sie verläuft nicht unbedingt immer kontinuierlich und es gibt auch Rückschritte. Dies hängt damit zusammen, dass zur Entwicklung von neuen Fähigkeiten

im Gehirn Reifungs- und Umorganisierungsprozesse stattfinden. Sind diese erfolgt, verfügt das Kind über neue Fähigkeiten; ist es aber erst einmal verunsichert, kann es die neuen Fähigkeiten möglicherweise noch nicht vollständig nutzen. Dies gelingt ihm aber im Laufe der Zeit, wenn es die Veränderungen verkraftet hat. So ist gerade nach größeren Entwicklungsschritten häufig ein eher regressives Verhalten zu beobachten.

Beispiel: Das Kind besucht seit mehreren Wochen den Kindergarten, nach anfänglichen Schwierigkeiten trennt es sich jetzt morgens ohne Probleme von der Mutter. Parallel dazu nässt das Kind plötzlich wieder ein.

5.2 Zum Verlauf von Entwicklung

Für den Verlauf von Entwicklung sind sogenannte „**sensible Phasen**" von starker Bedeutung. In einem bestimmten Zeitabschnitt können spezifische Erfahrungen besonders starke (positive oder negative) Wirkungen haben.

Beispiel: Sprachentwicklung: Ungefähr im vierten Lebensmonat beginnt die Lallphase eines Kindes. Auch taube Kinder fangen zu diesem Zeitpunkt an zu lautieren. Da sie aber über das Innenohr keine Rückmeldung in Form von Tönen erhalten, hören sie nach einiger Zeit wieder damit auf. Genauso ist es, wenn Kinder in dieser Phase keine Rückmeldung von ihren Eltern erhalten. Auch dann stellen Kinder das Lautieren ein oder machen es nur selten, da diese Form der Kommunikation für sie keine Funktion mehr hat.

Als „**Entwicklungsaufgaben**" bezeichnet man Anforderungen innerhalb eines bestimmten Lebensabschnitts, deren Bewältigung eine Weiterentwicklung, z. B. veränderte Verhaltensweisen des Menschen, bewirkt. Aufgaben ergeben sich aus Reifungsprozessen (z. B. laufen lernen) oder aus Alltagsanforderungen (z. B. Anpassung an den Lebensraum in der Kindertagesstätte).

Es wird unterschieden zwischen folgenden **Formen von Entwicklungsverläufen**:

- Kontinuierliche positive Anpassung: Das Kind zeigt kontinuierliche Entwicklungsfortschritte auf ein höheres Entwicklungsniveau hin.
- Kontinuierliche Fehlanpassung: Dies trifft auf Kinder mit einer geistigen und/oder körperlichen Behinderung zu oder auf Kinder mit Wahrnehmungsstörungen. Die Entwicklung verläuft langsamer und/oder es werden alternative Entwicklungsschritte erreicht, z. B. erlernen Kinder nicht das reziproke Krabbeln, sondern bewegen sich auf beiden Knien gleichzeitig vor, indem sie sich mit beiden Händen nach vorne ziehen und die Beine zusammen hinterherziehen.
- Zwischenzeitlich positive Anpassung gefolgt von negativen Veränderungen (als negative Veränderungen werden Stagnation oder Rückschritte angesehen): Diese Form des Entwicklungsverlaufs wird oftmals durch äußere Einflüsse hervorgerufen, etwa wenig Unterstützung durch das soziale Umfeld, sodass das Kind keine Anregungen zur Weiterentwicklung erhält, oder diese Form des Entwicklungsverlaufs ist in der Beeinträchtigung des Kindes begründet.

Beispiel: Das Kind zeigt zu Beginn des Kindergartenbesuchs noch eine annähernd altersgemäße Entwicklung, nach einem Jahr aber bereits einen deutlichen Entwicklungsrückstand in mehreren Bereichen. Die im Sozialpädiatrischen Zentrum durchgeführte Diagnostik ergibt, dass bei dem Kind eine Lernbehinderung vorliegt.

- Zwischenzeitliche Fehlanpassung gefolgt von positiven Veränderungen: Förderung und Therapie wirken sich oft positiv auf die Entwicklung aus. Dabei ist aber zu beachten, dass sie nicht zwangsläufig zu einer konstanten Weiterentwicklung führen müssen.

5.3 Entwicklungsbereiche

Im Folgenden geben wir einen Überblick über die einzelnen Entwicklungsbereiche. Zur Vertiefung verweisen wir auf das darauffolgende Kapitel sowie die im Literaturverzeichnis genannte Lektüre.

Lebenspraktische Fertigkeiten
- An- und Ausziehen
- Nahrungsaufnahme einschließlich „Zubereitung" (Teller/Becher holen, Brot in Stücke schneiden usw.)
- Sauberkeitserziehung

Wahrnehmung
- Taktile Wahrnehmung (Tastsinn)
- Vestibuläre Wahrnehmung (Gleichgewichtssinn)
- Propriozeptive (taktil-kinästhetische) Wahrnehmung (Körpereigenwahrnehmung über Muskeln, Sehnen und Gelenke)
- Visuelle Wahrnehmung (Sehsinn)
- Auditive Wahrnehmung (Hörsinn)
- Olfaktorische Wahrnehmung (Geruchssinn)
- Gustatorische Wahrnehmung (Geschmackssinn)

Grobmotorik
- Bewegungsablauf
- Bewegungskoordination
- Bewegungsplanung
- Bewegungssteuerung
- Symmetrie der Bewegungen
- Kraftdosierung
- Sprungkraft
- Bewegungsgeschwindigkeit
- Gleichgewicht
- Muskelspannung
- Reaktionsfähigkeit

Feinmotorik
- Gezieltes Greifen und Loslassen
- Auge-Hand-Koordination (Fähigkeit, die Bewegungen der Hände mit den Augen zu kontrollieren, notwendig um z. B. einen Gegenstand ergreifen zu können)
- Hand-Hand-Koordination (Fähigkeit, die Bewegungen der beiden Hände miteinander zu koordinieren, natürlich auch über visuelle Kontrolle, notwendig z. B. beim Einfädeln von Perlen)
- Kraftdosierung
- Fingerdifferenzierung (Fähigkeit zu isolierten Bewegungen einzelner Finger – wichtig für differenziertes Greifen, z. B. Zangengriff oder Drei-Punkt-Griff beim Halten eines Stiftes)
- Handhabung von Gegenständen

Kognition, Lernverhalten
- Gedächtnis (wiedererkennen, reproduzieren)
- Handlungsplanung, z. B. beim Puzzle die Teile drehen oder verschieben, bis sie eingepasst werden können
- Kategorisieren: Zuordnen – Gleiches, Ähnliches, Unterschiedliches, Gegensätze, Oberbegriffe, Farben, Mengen, Zahlen, Formen, Größen, Zusammengehörigkeiten (Tisch und Stuhl)
- Körperbewusstsein (Körperteile zeigen und benennen, Männchenzeichnung, räumliche Orientierung, linke und rechte Körperseite)

Sprache und Kommunikation
- Mimik
- Gestik
- Sprachverständnis
- Aktiver Wortschatz
- Sprechbereitschaft
- Sprechfreude
- Aussprache
- Grammatik
- Interesse an sprachlichen Aktivitäten

Emotionale Entwicklung
- Selbstregulationsfähigkeit
- Selbstwertgefühl
- Umgang mit eigenen Gefühlen
- Umgang mit Gefühlen anderer

Spielverhalten
- Art der Spiele
- Umgang mit Spielmaterial
- Spielverhalten (ausdauernd, intensiv, fantasievoll, stereotyp …)

Sozialverhalten
- Kontaktaufnahme
- Spielkontakte
- Konfliktverhalten
- Rolle des Kindes in der Gruppe (Außenseiter, Anführer, Mitläufer, Gruppenclown …)
- Loslösung von den Bezugspersonen

5.4 Die Entwicklung eines Kindes in den ersten sechs Jahren

Die gemeinsame Erziehung von Kindern mit und ohne Behinderung konfrontiert das Team einer Kindertagesstätte mit einer großen Bandbreite an unterschiedlichen Entwicklungsstufen und setzt voraus, auch mit der Entwicklung von Kindern im Alter von null bis drei Jahren vertraut zu sein, da sich Kinder mit einer Behinderung in einzelnen oder auch in mehreren Entwicklungsbereichen auf Entwicklungsstufen befinden können, die deutlich unterhalb ihres biologischen Alters liegen. Im Folgenden geben wir einen Überblick über die Abfolge der wesentlichen Entwicklungsschritte. Die Kenntnis dieser Meilensteine ist wichtig, um ein Kind entwicklungsangemessen fördern zu können.

Von Geburt an setzt sich ein Kind aktiv mit seiner Umwelt auseinander. Für das Kind sind nur die Entwicklungsschritte möglich, die seinen psychischen und physischen Voraussetzungen entsprechen, das heißt, es ist an seine individuelle Abfolge der „Meilensteine" gebunden, wobei einer den anderen bedingt und in der Regel nicht übersprungen werden kann. Die Altersangaben für einzelne Entwicklungsschritte sind daher als Richtwerte zu sehen. Ein deutliches Abweichen ist jedoch als Hinweis für einen entsprechenden Förderbedarf zu verstehen.

Beispiel: Mit einem zweijährigen Kind, das noch sehr unsicher mit vielen Ausgleichsbewegungen läuft, sollte nicht vorrangig das Laufen geübt werden. Vielmehr ist es hier wichtig, Angebote zu machen, die die Grundbewegungsmuster wie z. B. das Krabbeln (siehe „Verlauf der grobmotorischen Entwicklung: 1.–12. Lebensmonat") betreffen.

Die aufgeführten Entwicklungsschritte sind nach Bereichen sortiert, analog zu der Struktur der Dokumentation. Diese Trennung dient allein der Übersicht – zwischen den Bereichen gibt es mehr oder weniger stark ausgeprägte Überschneidungen, kein Entwicklungsbereich kann isoliert betrachtet werden. Entwicklungsschritte in einem Bereich sind immer auch in Zusammenhang mit dem Entwicklungsverlauf in den anderen Bereichen zu sehen.

Wahrnehmung

Einen besonderen Stellenwert in der frühkindlichen Entwicklung nimmt der Bereich der Wahrnehmung ein. Unter Wahrnehmung versteht man zunächst einmal den Prozess der Informationsaufnahme aus Umwelt- und Körperreizen (äußere und innere Wahrnehmung) und der Weiterleitung, Koordination und Verarbeitung dieser Reize im Gehirn (Zimmer, 1995). In der Regel folgen der Wahrnehmung Reaktionen z. B. in der Motorik oder auch im Verhalten.

Unsere Basissinne, das vestibuläre System und das taktil-kinästhetische System, bilden den Grundstock aller Entwicklung, sie sind besonders eng verbunden mit der Motorik. Bewegung fördert Sinneswahrnehmung und Sinneswahrnehmung fördert Bewegung. Aber auch unsere anderen Sinnessysteme stehen miteinander in engem Zusammenhang.

Über die Wahrnehmung macht bereits das neugeborene Kind seine ersten Erfahrungen mit sich selbst und der Welt. Sie ist also auch die Voraussetzung dafür, dass sich das Kind zunehmend in seiner Umwelt orientieren, sie verstehen und gestalten kann. Die Fähigkeit, sinnliche Wahrnehmungen in der richtigen Weise miteinander zu verbinden, ist die Voraussetzung für das Erlernen von komplexeren Dingen wie z. B. das Lesen und Rechnen.

Dies bedeutet wiederum, dass frühe Störungen im Bereich der Wahrnehmung sich langfristig auf andere Entwicklungsbereiche auswirken können. Trotz normaler oder sogar überdurchschnittlicher Intelligenz lernen Kinder mit Wahrnehmungsstörungen häufig langsamer, haben Schwierigkeiten, Neues aufzunehmen und zu verarbeiten und sich auf ungewohnte Situationen einzustellen.

An der Wahrnehmung sind unsere Sinnesorgane, unser Körper, unsere Gefühle, unser Denken und unsere Erinnerung beteiligt. Dieser Zusammenhang wird an folgendem Schaubild verdeutlicht:

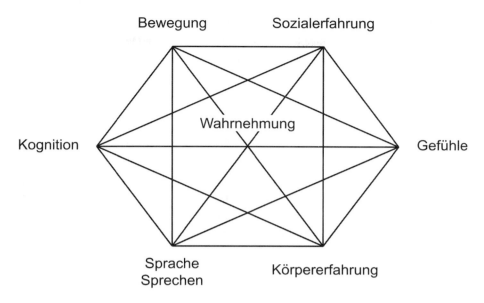

Abb. 8: Wahrnehmung
Aus: Fröhlich, A. (1992): Wahrnehmungsstörungen und Wahrnehmungsförderung (7. Auflage). Heidelberg: Edition Schindele. S. 10.

Der Prozess der Wahrnehmung umfasst neben einem objektiven Teil, der neurologischen Komponente – Aufnahme, Weiterleitung, Verarbeitung eines Reizes – auch immer einen subjektiven Teil, der von psychischen Faktoren beeinflusst ist: die Verarbeitung der Sinneseindrücke zu Empfindungen und individuellen Bewertungen. Wahrnehmung ist also mehr als die Addition einzelner Leistungen unserer Sinnesorgane.

Im Folgenden werden die „Meilensteine" der Wahrnehmungsentwicklung beschrieben. Für die jeweiligen Altersstufen werden diejenigen Fähigkeiten benannt, über die ein Kind in der Regel im jeweiligen Bereich verfügt.

Die vestibuläre Wahrnehmung

Durch das vestibuläre System wird unser Organismus befähigt, Bewegungen wie Beschleunigung, Verlangsamung und Schwerkraft wahrzunehmen. Darüber hinaus ist der Gleichgewichtssinn für die Aufrechthaltung des Körpers und für die Orientierung im Raum verantwortlich. Die Regulationsprozesse dieses Systems verlaufen vorwiegend über das im Innenohr befindliche Gleichgewichtsorgan ab und sind auf Informationen durch unsere visuelle und auditive Wahrnehmung angewiesen. Ein gutes Gleichgewichtssystem ermöglicht dem Kind, das Gleichgewicht in jeder Position, bei jeder Geschwindigkeit und jedem Richtungswechsel zu halten.

Die Wahrnehmung der Schwerkraft entwickelt sich bereits im Mutterleib. Zwischen der 6. und 8. Schwangerschaftswoche beginnt sich das Gleichgewichtssystem herauszubilden. Die entsprechenden Nervenbahnen entwickeln sich bis zur 10. Woche und stabilisieren sich bis zur 21. Woche. Das Vestibulärsystem funktioniert bereits im Beginn seines Entstehens, das heißt, bevor es ausgereift ist, und fördert seine eigene Weiterentwicklung. Durch die gerade zu Beginn der Schwangerschaft noch möglichen häufigen Lageveränderungen des Fötus wird das Gleichgewichtssystem, aber auch die Entwicklung der taktilen und kinästhetischen Wahrnehmung angeregt. Nach der Geburt und dem damit verbundenen Verlassen des schwerelosen Raums ist das Kind das ganze erste Lebensjahr mit der Aufrichtung gegen die Schwerkraft beschäftigt (Kopf heben, aufstützen etc. → motorische Entwicklung). Durch das Bewegtwerden bzw. die eigenständig ausgeführten Bewegungen und Lageveränderungen erhält das vestibuläre System immer wieder neue Anregungen zur Weiterentwicklung. Diese werden vom Kind als Genuss empfunden, es reagiert mit Lächeln, scheint sich wohlzufühlen.

Parallel zur fortschreitenden motorischen Entwicklung bildet sich beim Kind ein immer besser funktionierendes Gleichgewichtssystem heraus, welches fürs freie Sitzen und Laufen eine wichtige Voraussetzung darstellt. Auch alle weiteren im Bereich der Motorik aufgeführten „Meilensteine" der Entwicklung sind im engen Zusammenhang mit dem Entwicklungsverlauf der vestibulären, aber auch der visuellen und auditiven Wahrnehmung zu sehen.

Taktil-kinästhetische Wahrnehmung

Ein Kind „begreift" seine Umwelt auch durch die Wahrnehmung über die Haut. Durch Berühren und Erforschen mit den Händen, die zum einen Tastorgan, aber auch Werkzeug sind, erfährt es taktile und kinästhetische Reize. Diese beiden Reizwahrnehmungen gehören eng zueinander und bedingen sich gegenseitig. Nimmt das Kind einen Ball in die Hand, so erfährt es über die Haut (taktil), ob das Material weich, glatt oder rau ist. Mithilfe der kinästhetischen Wahrnehmung erfährt es, ob der Ball rund ist, ob er leicht oder schwer ist und wie es ihn halten muss.

Der Tastsinn entwickelt sich vor allen anderen Sinnesorganen. Schon mit 8 Wochen kann beim Embryo durch leichtes Berühren der Oberlippe oder Nasenflügel eine Reaktion ausgelöst werden. Zu diesem Zeitpunkt ist die Haut schon hochentwickelt, während der Embryo zu diesem Zeitpunkt noch keine Augen und Ohren hat. Die Berührungsempfindlichkeit entwickelt sich vom Kopf ausgehend nach unten.

Bis zur Geburt hat sich neben der Berührungsempfindlichkeit auch die Temperaturempfindlichkeit herausgebildet. Die Schmerzempfindlichkeit ist jedoch kurz vor und nach der Geburt (außer im Gesicht) niedrig. Dies ist ein biologischer Schutzmechanismus, der mit dem Geburtsvorgang in Zusammenhang steht.

Für den Säugling bleibt die Haut ein wichtiges Kommunikationsorgan, über das er den Kontakt zur Umwelt hält. Durch die Art wie er gehalten, gestreichelt, gedrückt wird, unterscheidet er, ob er von einer ihm liebevoll oder eher gleichgültig zugewandten Person im Arm gehalten wird. Taktile Berührung ist eine Grundlage der sozialen Existenz (Zimmer, 1995) und lebensnotwendig.

Über den Tastsinn lernt das Kind, den Berührungen die entsprechenden Bedeutungen zu geben, diese sind stark emotional geprägt und werden mit Zärtlichkeit, Wärme, Trost in Verbindung gebracht. Soziale Berührungen müssen aber nicht immer nur positiv wahrgenommen werden, sie können auch als unangenehm oder schmerzhaft empfunden werden.

Neben dem Tastsinn und dem Gleichgewichtssinn ist das kinästhetische Sinnessystem ein weiteres früh funktionierendes System des Fötus im Mutterleib. Schon im 3. Schwangerschaftsmonat erfährt der Fötus durch die Bewegungen seiner Mutter das eigene Bewegtwerden, er „schwimmt" im Fruchtwasser, bewegt seine Muskeln und Gelenke.

Mit einem Monat schmiegt sich ein Säugling gut in den Armen der Person an, die ihn hält. Aufgrund der Rückmeldungen aus seinen Muskeln und Gelenken spürt er, wie er aktiv durch die eigene Körperhaltung dieses Anschmiegen unterstützen kann.

Die Entwicklung eines Kindes in den ersten sechs Jahren

Im 2.–3. Lebensmonat geben die Empfindungen der Nackenmuskulatur dem Baby Informationen über die Stellung seines Kopfes zum Körper und über den Raum, in dem es sich befindet (Ayres, 1984).

Ab dem 4. Lebensmonat beginnt es, aufgrund der zunehmenden Koordination der Tast-, Muskel- und Gelenkwahrnehmungen und des Sehens gezielt nach Gegenständen zu greifen.

Jede Bewegung, sei sie aktiv oder passiv, führt zu einer Weiterentwicklung im Bereich der Kinästhesie. Das Kind verfügt zunehmend über die Fähigkeit, den eigenen Körper, seine Veränderungen und Zustände zu erkennen. Ayres (1984) bezeichnet dieses System deshalb auch als propriozeptives System (Eigenwahrnehmung), da das Kind mit seiner Hilfe die Grenzen und Vorstellungen des eigenen Körpers erfährt. Des Weiteren ermöglicht das propriozeptive System dem Kind ein immer genauer werdendes Abschätzen und Planen von Bewegungen und eine Vorstellung davon, welches Maß an Muskelkraft für die Ausführung einer Bewegung notwendig ist.

Verfügt ein Kind über ein gut integriertes taktil-kinästhetisches System, ist es in der Lage, auch mit geschlossenen Augen zu wissen, wie seine einzelnen Körperteile (Gelenke und Glieder) stehen (z. B. spürt es, das sein Arm angehoben wird) und gegebenenfalls eine Veränderung der Gelenkstellung ohne visuelle Kontrolle vorzunehmen (es hebt auf Aufforderung beide Arme). Es kann den jeweiligen Spannungsgrad seiner Muskulatur wahrnehmen und willentlich ändern (sich entspannen) und „weiß" wie viel Kraft es für die Durchführung bestimmter Tätigkeiten einsetzen muss (z. B. hält es einen Malstift nicht zu locker oder zu fest).

Visuelle Wahrnehmung

Der Sehsinn entwickelt sich im Mutterleib von allen Sinnen als Letzter, hat sich aber bis zur Geburt vollständig ausgebildet.

Im 1. Lebensmonat dreht das Kind seinen Kopf und die Augen waagrecht (horizontal) in die Richtung einer Lichtquelle. Schwarz-Weiß-Kontraste und Streifenmuster sind für es von besonderem Interesse.

Im 2. Lebensmonat, ab der 6. Woche, lächelt das Kind Menschen an, nimmt Augenkontakt auf und kann zwischen vertrauten und fremden Bezugspersonen unterscheiden. Es zeigt eine verbesserte Aufmerksamkeit für bewegte Objekte und senkrechte (vertikale) Bewegungen.

Im 3.–4. Lebensmonat folgt das Kind einem Gegenstand mit den Augen in einem Winkel von 180°. Bereits im Alter von 3 Monaten trägt die visuelle Kommunikation einen wichtigen Teil zur frühen Interaktion bei. So versucht das Kind z. B. das Gesicht der Mutter bei der Nahrungsaufnahme anzuschauen. Das Sehen ist bedeutsam für die Entwicklung des Greifens, zunächst „greift" das Kind mit den Augen nach einem Gegenstand, mit zunehmenden motorischen Fähigkeiten führt dies zum eigentlichen Greifen mit den Händen.

Im 5. Lebensmonat sieht das Kind nun auch auf Entfernung gut und scharf (Akkommodation), beide Augen schauen in die gleiche Richtung (Konvergenz). Dies gelingt fast so gut wie bei einem Erwachsenen. Das Kind zeigt immer mehr Interesse an Gesichtern. Einem Gegenstand folgt es mit den Augen über einen Winkel von 180° hinaus. Es fixiert Gegenstände und versucht sie zu greifen (Auge-Hand-Koordination).

Im 6. Lebensmonat schaut das Kind Gegenständen und Personen nach und beobachtet fallende Gegenstände.

Im 7. Lebensmonat betrachtet das Kind Gegenstände in der Hand und ahmt bekannte Bewegungen (z. B. „Winke-Winke"), aber noch keine Teilbewegungen wie z. B. das Strecken einzelner Finger bei Fingerspielen nach.

Im 8. Lebensmonat ist das Kind interessiert an Mittel-Zweck-Bewegungen, z. B. wenn es an der Schnur zieht, kommt das Spielzeugtier. Es findet einen vor seinen Augen versteckten Gegenstand wieder (Objektpermanenz).

Im 9.–10. Lebensmonat beginnt das Kind, Interesse an Bildern zu zeigen, es greift nach kleinen Dingen mit dem Pinzettengriff. Es beherrscht Lösungen für Problemsituationen, z. B. wenn es ein Hindernis sieht, wird es beseitigt. Das Kind unterscheidet nun genauer räumliche Beziehungen wie oben – unten, innen – außen etc.

Im 11.–12. Lebensmonat entwickelt das Kind seine Raumwahrnehmung weiter, es ahmt gesehene Vorgänge nach, spielt Verstecken. Neue Gegenstände werden erforscht, zunächst visuell-taktil am Boden, danach in Brusthöhe mit beiden Händen.

Mit 1–2 Jahren lernt das Kind mittels des Sehens das Laufen. Es schaut mit Interesse Bilderbücher an, erkennt Menschen auf einem Foto und sich selbst im Spiegel wieder. Es malt Linien nach. Es ordnet Gegenstände und versucht, sie auch schon zuzuordnen.

Mit 3 Jahren zeichnet das Kind einen vorgegebenen Kreis frei nach. Es erkennt Farben, seine Kleidung und auch bekannte Orte und Räumlichkeiten wieder. Es versucht, mit einer Schere entlang einer Linie zu schneiden (Auge-Hand-Koordination).

Mit 4 Jahren kopiert das Kind ein Kreuz und malt Kopffüßler.

Mit 5 Jahren malt das Kind erkennbare Zeichnungen und kopiert ein Dreieck.

Auditive Wahrnehmung

Die auditive Wahrnehmung geht mit dem Erwerb der Sprache Hand in Hand und entwickelt sich parallel. Ein organisch gesundes Kind lernt im Laufe seiner Entwicklung einen Dialog zu führen, wobei es das Gehörte vordergründig wahrnimmt und seine Konzentration darauf lenkt, das heißt, seinen Gesprächspartner lokalisiert, unwichtige Nebengeräusche herausfiltert, Wörter und Sätze in ihrer Bedeutung erfasst und gespeichertes Gehörtes wieder abrufen kann (vgl. Zimmer, 1995). Die folgenden Ausführungen zeigen den Entwicklungsverlauf der auditiven Wahrnehmung in seinen wesentlichen Entwicklungsschritten auf, wobei das Kind auf drei Dimensionen von Tönen reagiert: die Tonhöhe, die Lautstärke und die Tonqualität (Klangfarbe).

Im 6.–7. Schwangerschaftsmonat zeigt der Fötus schon deutliche Reaktionen auf äußere Schallreize wie z. B. die Stimme der Mutter oder Musik.

Im 1.–6. Lebensmonat ist zu beobachten, dass das Kind den Sprechenden ansieht (Tonhöhe), es hält bei leisem Ton inne bzw. erschrickt bei einem lauten Geräusch (Lautstärke). Bei Gesang und Musik lauscht es und lässt sich beispielsweise von der Musik einer Spieluhr beruhigen (Tonqualität).

Im 6.–12. Lebensmonat kommt der Erwerb des Wort- und Satzverständnisses hinzu. Das Kind stoppt sein Weinen auf Zuspruch, da es seine Bezugspersonen an der Stimme erkennt (Tonhöhe), es reagiert auf Schimpfen und lauscht bei Schritten (Lautstärke). Es versteht eine Wortbedeutung (Tonqualität und Verständnis).

Die Entwicklung eines Kindes in den ersten sechs Jahren

Im 1.–2. Lebensjahr werden Tonhöhe, Lautstärke, Tonqualität und Verständnis kombiniert. Das Kind blickt zur genannten Person, es kommt einer Aufforderung nach, z. B. „Komm mal her", es reagiert auf seinen Namen, es zeigt bis zu vier benannte Dinge, es zeigt durch Kopfwenden, dass es die Herkunftsrichtung eines Geräusches lokalisiert, es unterscheidet zwischen verschiedenen Geräuschen und ihrer Bedeutung (z. B. Hausklingel: es kommt Besuch, Telefonklingeln: es ruft jemand an), es versteht einfache Aussagen und Fragen.

Im 2.–3. Lebensjahr kennt das Kind bis zu zwanzig Wortbedeutungen, es versteht Aufforderungen und kommt ihnen nach. Bei Musik wippt es mit dem Körper mit und versucht, auch eigene Klänge zu produzieren z. B. durch Schlagen mit einem Löffel auf einen Topf.

Im 3.–4. Lebensjahr unterscheidet das Kind verschiedene Geräusche bzw. kann zwei gleiche Geräusche zuordnen. Es hat Spaß daran, eigene Laute zu produzieren, und spielt mit seiner Stimme (unterschiedliche Klangfarbe, Tonhöhe etc.). Einer erzählten Geschichte folgt es aufmerksam, merkt sich den Inhalt und gibt das Gehörte sinnrichtig wieder (auditive Merkfähigkeit). Das Wortverständnis und der Sprachschatz haben sich deutlich erweitert. Ab dem 4. Lebensjahr ist ein Kind in der Lage sämtliche auditiven Informationen seiner Umwelt zu erfassen, zu verarbeiten und zu speichern.

Im 5.–6. Lebensjahr ist das Kind in der Lage, zwischen hohen und tiefen Tönen zu unterscheiden. Einen Rhythmus klatscht es nach oder gibt ihn mit einem Instrument wieder.

 Tipp: Besonders hinweisen möchten wir auf Materialien der Frühförderstellen für sehgeschädigte und hörgeschädigte Kinder, die vom Landeswohlfahrtsverband Hessen herausgegeben wurden. Auf der beigelegten CD-ROM finden Sie vertiefende Informationen zur Früherkennung von Kindern mit diesen Sinnesschädigungen.

Motorik

Der Verlauf der motorischen Entwicklung steht in Wechselwirkung mit allen Entwicklungsbereichen, das heißt, alle Bereiche bilden zusammen eine Einheit und bedingen sich gegenseitig. Insbesondere die Ausführungen zum Entwicklungsverlauf im 1. Lebensjahr können Anhaltspunkte dafür bieten, zu erkennen, aus welcher Phase seiner Entwicklung das Kind bestimmte Entwicklungsrückstände mitbringen kann.

Grobmotorische Entwicklung

Im 1. Lebensmonat ist eine allgemeine Beugehaltung in Bauch- wie auch in Rückenlage typisch für das Neugeborene. Dabei ist der Kopf nach einer Seite gewendet und kann in Bauchlage kurzfristig angehoben werden, um sich zur anderen Seite zu drehen. Das Neugeborene ist zunächst noch nicht in der Lage, den Kopf gegen die Schwerkraft aufzurichten, das heißt, beim Hochziehen aus der Rückenlage hängt der Kopf zunächst nach hinten. Wird die Vertikale in unterstützter Sitzposition erreicht, sackt der Kopf nach vorn. Wird das Neugeborene stehend gehalten, kommt es zur Streckung der Beine. Diese Reaktion geschieht reflektorisch.

Bis zum 3. Lebensmonat kann das Kind seinen Kopf in Bauchlage mindestens eine Minute hochhalten, dabei stützt es sich auf seine Unterarme. Bis zum Ende des 5. Lebensmonats kann es in der Bauchlage Kopf und Oberkörper von der Unterlage abheben. Teilweise kippt der Säugling durch Gewichtsverlagerung aus der Bauchlage auf den Rücken, dies unterscheidet sich aber noch deutlich vom aktiven Körperdrehen des älteren Säuglings. Beim Hochziehen zum Sitz ist es nun in der Lage, den Kopf aktiv nach vorne mitzunehmen. Das Kind trägt stehend gehalten allmählich sein Körpergewicht.

Im 6. Lebensmonat kann sich das Kind vom Rücken auf den Bauch rollen. In der Bauchlage stützt es sich auf einen Unterarm und greift mit der anderen Hand nach einem Spielzeug. Am Ende des 1. Halbjahres stützt sich der Säugling beliebig lang auf die gestreckten Arme. Dabei sind die Hände halb oder auch ganz geöffnet. Es kann sich vom Bauch auf den Rücken und umgekehrt drehen. Die meisten Säuglinge lassen sich gerne zum Sitzen hochziehen. Werden seine Hände ergriffen, fasst es dies sofort als Aufforderung zum Herangezogenwerden auf. Wird es im Sitzen festgehalten, ist seine Kopfkontrolle bei jeglicher Neigung des Oberkörpers sicher. Es kann sich jetzt gut nach vorne mit Gewichtsübernahme abstützen. Stehend gehalten kann das Kind sein Körpergewicht tragen, seine Beine sind dabei leicht gebeugt, oft beginnt es in dieser Stellung durch Wechsel zwischen Streckung und Beugung zu wippen.

Im 7.–8. Lebensmonat dreht sich das Kind um die eigene Achse, die Rückenlage nimmt es nur noch selten ein. Liegt es auf dem Rücken, ergreift es gerne seine Füße, spielt mit ihnen, führt sie auch teilweise zum Mund. Voraussetzung dafür ist die Fähigkeit, die Hüften beugen zu können. Wird es hingesetzt, stützt es sich mit guter Rotation zur Seite ab.

Bis zum Ende des 8. Monats robbt es auf dem Bauch, kommt teilweise schon in den Vierfüßlerstand (Krabbelposition). Aus dieser Position kommt es über den Seitsitz selbstständig zum Sitzen.

Im 9.–10. Lebensmonat beginnt das Kind auf Händen und Füßen zu krabbeln. Von dieser Stellung ausgehend, zieht es sich über den Halbkniestand zum Stand hoch. Es läuft erstmals mit Unterstützung oder indem es sich an Möbeln festhält, sein Gleichgewicht ist allerdings noch instabil, die Beine sind deshalb weit gespreizt.

Im 10.–12. Monat bewegt sich das Kind auf Händen und Füßen (Bärengang) fort, an einer Hand gehalten geht es zunächst einige Schritte, manche Kinder laufen schon frei, wenn auch noch breitbeinig. Beim Hinsetzen aus dem Stand sind schon recht gute Bewegungszwischenstufen zu sehen. Im Sitzen kann es sich um die eigene Achse drehen.

Im 2.–3. Lebensjahr entwickelt sich das Laufen. Bis zum 15. Lebensmonat können etwa 75 % aller Kinder frei laufen. In den darauffolgenden Monaten übt und perfektioniert das Kind das freie Gehen, zunächst noch breitbeinig und mit nach außen rotierten Beinen. Dabei verschafft es sich mit erhobenen, weit ausgestreckten (abduzierten) Armen Stabilität. Mit etwa 18 Monaten kann das Kind ohne umzufallen in die Hocke gehen und einen Gegenstand aufheben. Es kann rückwärts laufen und „Fußballspielen". Aus dem Stand wirft es einen Ball. Es geht Treppen im Nachstellschritt mit Festhalten am Geländer zunächst hinauf, später auch hinunter. Es springt auf flachen Füßen. Beim Laufen kann es schon gut abbremsen.

Im 3.–4. Lebensjahr geht und läuft das Kind frei, die Arme schwingen dabei mit. Zur Quantität ist Qualität hinzugekommen. Treppen geht es frei im Wechselschritt hinauf, hinunter frei im Nachstellschritt. Es fährt Dreirad und fängt einen großen Ball mit gebeugten Armen auf.

Bis zum Ende des 4. Lebensjahres läuft es die Treppe im Wechselschritt frei hinunter, es springt mit geschlossenen Füßen mehrmals hintereinander vom Boden hoch. Beim Laufen zeigt das Kind immer größere Anpassungsleistungen an das Gelände und ist in der Lage, sich in unterschiedlichen Geschwindigkeiten fortzubewegen.

Im 4.–5. Lebensjahr steht das Kind auf einem Bein, zeigt Freude am Balancieren. Es klettert gerne in die Höhe und kommt auch ohne Hilfe wieder hinunter. Während des Gehens kann es seinen Oberkörper nach beiden Seiten drehen. Es hüpft auf beiden Füßen vorwärts.

Im 5.–6. Lebensjahr meistert das Kind schwierige Bewegungsfolgen ohne Probleme: Hopserlauf, Stehen auf einem Bein, Seilspringen etc. Viele Kinder fahren frei Roller oder Fahrrad.

Feinmotorische Entwicklung

Im 1. Lebensmonat hält das Kind die Hände überwiegend gefaustet und zeigt teilweise unkoordiniertes Öffnen der Hände. Streicht man über die Handinnenfläche, so führt dies zu einer Fingerbeugung und Faustschluss (palmarer Greifreflex).

Im 2. Lebensmonat sind die Hände locker gefaustet, das Baby steckt oft die ganze Hand oder einzelne Finger in den Mund. Die Hand öffnet sich bei Berührung z. B. mit einer Rassel. Diese wird dann festgehalten, kann aber nicht willkürlich losgelassen werden.

Im 3. Lebensmonat sind die Hände nun überwiegend geöffnet, das Baby ergreift noch unkoordiniert Spielzeug, das man ihm hinhält. Es bewegt dieses und lässt es unbeabsichtigt los. Kommt das Kind zufällig mit Gegenständen, der Bettdecke oder Kleidung in Berührung, zupft es daran (taktiles Greifen). Mit ca. 10 Wochen beginnt es mit seinen Händen zu spielen (Hand-Hand-Koordination), mit ca. 12 Wochen nimmt es Spielzeug in den Mund (Hand-Mund-Augen-Koordination), das „Be-Greifen" durch Betasten beginnt.

Im 4. Lebensmonat kommen die Hände immer mehr ins Blickfeld, es ist immer häufiger gewolltes Zusammenführen der Hände in der Körpermittellinie zu beobachten. Das Baby beginnt Geräusche mit der Rassel zu erzeugen und setzt der Wegnahme von Spielzeug Widerstand entgegen.

Im 5.–6. Lebensmonat ergreift das Kind Gegenstände willentlich, diese ergreift es mit der flachen Hand ohne Daumenbeteiligung (ulnar-palmarer Griff). Es gibt Spielzeug von einer Hand in die andere über die Körpermittellinie. Ergreift eine Hand einen Gegenstand, lässt die andere Hand einen Gegenstand fallen. Es kann noch nicht willentlich loslassen, nur fallen lassen.

Im 7.–8. Lebensmonat übt das Kind immer präziser und differenzierter das Greifen und ist in der Lage zwei Gegenstände gleichzeitig zu greifen und auch festzuhalten. Wenn sie ihm entfallen, greift es wieder danach. Es wirft wiederholt Spielsachen hinunter (absichtliches Loslassen). Spielsachen werden gegeneinander geklopft. Das Kind klatscht in die Hände, macht Winke-Winke-Spiele und zerreißt Papier. Es beginnt seine Finger isoliert zu gebrauchen, bohrt z. B. in den Öffnungen von Spielsachen.

Im 9.–10. Lebensmonat kann das Kind die Hände einzeln und zusammen bewegen und das Handgelenk drehen. Es ahmt Handspiele wie „Backe-Backe-Kuchen" nach und holt Gegenstände aus einem Becher. Es blättert in einem Bilderbuch und zeigt mit dem Zeigefinger auf abgebildete Gegenstände. Kleine Gegenstände ergreift es zunächst noch mit gestrecktem Daumen und Zeigefinger im Pinzettengriff, später auch im Zangengriff (gekrümmter Daumen und Zeigefinger). Es beginnt, Strümpfe und Schuhe auszuziehen.

Im 11.–12. Lebensmonat werden Gegenstände nun auch in Behälter wieder hineingesteckt, das Kind probiert mit dem Löffel zu essen und trinkt allein aus einer Tasse. Es baut Türme aus zwei bis drei Klötzen und spielt mit auseinandernehmbarem Spielzeug wie Duplo-Steinen. Es ergreift kleinste Krümel und Fäden und steckt sie durch enge Öffnungen.

Im 12.–15. Lebensmonat beginnt der Werkzeuggebrauch: Das Kind isst mit dem Löffel, kleckert aber noch viel und legt das Essen teilweise noch mit den Fingern auf den Löffel. Der Löffel wird zunächst noch mit Breitgriff gehalten. Gibt man dem Kind einen Malstift, beginnt es spontan zu kritzeln.

Im 15.–18. Lebensmonat probiert und hantiert das Kind viel, mit dem Zeigefinger werden zunehmend differenziertere Bewegungen wie Kratzen oder Bohren ausgeführt. Es dreht an allem Drehbaren herum, spielt mit der Formenbox, baut einen Turm aus vier Klötzen und packt Eingewickeltes aus.

Im 18.–24. Lebensmonat ist die Bevorzugung einer Hand immer deutlicher zu erkennen und das Kind kann eine Dose aufschrauben. Es ist in der Lage, zweihändige Tätigkeiten wie das Auffädeln großer Perlen (Hand-Hand-Koordination) durchzuführen. Es baut einen Turm aus vier bis acht Klötzen und beherrscht Steckspiele und einfache Puzzle. Der Malstift wird im Pfötchengriff oder gefaustet gehalten und es malt Kritzelformen.

Im 3. Lebensjahr wird die Bevorzugung einer Hand immer deutlicher, dabei ist die haltende und führende Hand erkennbar. Das Kind isst selbstständig, aber meist langsam. Es baut Zufallsprodukte aus Duplo-Steinen und Ähnlichem. Großes Interesse zeigt es an Umfüllspielen mit Sand, Wasser etc. Es beginnt Spiralen zu malen, später auch geschlossene Kreise und Linien. Dabei wird der Stift zwischen den Fingern gehalten. Es fängt einen großen, weichen Ball mit den ganzen Armen.

Im 4. Lebensjahr öffnet das Kind große Knöpfe und Reißverschlüsse, schneidet mit einer Schere Schnipsel, möchte mit Papier und Kleber basteln und malt Kreuze. Bis zum Ende des 4. Lebensjahres kann es Auf- und Zuknöpfen, einfache Dinge kneten und schneidet großräumig aus. In einer Kombination von Strichen und Kreisen malt es die sogenannten Kopffüßler.

Im 5. Lebensjahr fädelt das Kind kleine Perlen auf, bleibt beim Ausmalen innerhalb der Begrenzung und malt gegenständlich. Der Malstift wird im Drei-Punkt-Griff gehalten. Es isst mit Messer und Gabel und schneidet an einer Linie entlang. Es führt gerne einfache Werkarbeiten wie Flechten, Hämmern, Sägen etc. aus.

Im 6. Lebensjahr malt das Kind nun sehr differenziert. Bis Ende des 6. Lebensjahres schreibt es seinen Namen in Druckbuchstaben ab und es malt detailliert mit kleinen Formen und exakt ausgeführten Mustern. Es bindet seine Schuhe selbstständig, kann einen Ball mit beiden Händen sicher fangen und gezielt werfen.

Im Alter von 5 Jahren ist die Feinmotorik in ihren Grundzügen weitestgehend ausgereift. In der Regel übt das Kind aus eigener Motivation an den Feinheiten und differenziert seine Fähigkeiten immer weiter aus.

Kognition

Die ersten kognitiven Operationen beginnen direkt nach der Geburt und helfen dem Kind, sich in seiner Umwelt zurechtzufinden. Es beginnt seine sinnlichen Erfahrungen, das heißt, was es sieht, schmeckt, riecht, fühlt und hört, zu verstehen und einzuordnen. Diese Wahrnehmungen werden gespeichert, mit Neuem verglichen und verankert. Das Kind lernt aber auch von Anfang an durch sein aktives Handeln, es setzt sich mithilfe seiner Motorik mit der Umwelt auseinander. In seinen zunehmend längeren Wachphasen muss es sehen, hören und greifen können, um seine Sinne und Gehirnzellen zu aktivieren.

Im Bereich der Kognition stehen die aufgeführten Entwicklungsschritte in besonders engem Zusammenhang mit dem Entwicklungsverlauf in den anderen Bereichen, wie die folgenden Ausführungen deutlich machen.

Die Entwicklung eines Kindes in den ersten sechs Jahren

Im 1. Lebensmonat reagiert das Kind auf Geräusche. Es beruhigt sich bei Lageveränderung, wenn es hochgenommen wird. Einen großen, leicht greifbaren Gegenstand behält es in der Hand. Gelegentlich bildet es Laute.

Im 2. Lebensmonat dreht das Kind bei lauten Geräuschen in nächster Nähe den Kopf zur Schallquelle oder hält einen Augenblick in der Bewegung inne. Es beginnt zu lächeln und erkennt die Mutter. Es bewegt die Augen als Reaktion auf Objekte oder Schatten (Augenzwinkern).

Im 3. Lebensmonat verfolgt das Kind Gegenstände von einer Seite zu anderen (180°). Auf einen Blickkontakt antwortet es lächelnd oder lallend. Es reagiert, wenn das Gesicht der Bezugsperson verschwindet. Auf Ansprache reagiert es mit der Bildung von Lauten. Es sucht nach Geräuschquellen. Es beginnt mit der Auge-Hand-Koordination.

Im 4. Lebensmonat betastet das Kind mit den Händen einen Gegenstand oder es tastet ihn mit den Augen ab. Es betrachtet und untersucht seine Hände. Es lacht das erste Mal laut. Es zeigt vermehrt Interesse an der Umwelt und unterscheidet zwischen vertrauten und unbekannten Situationen.

Im 5. Lebensmonat unterscheidet das Kind zwischen fremden und vertrauten Personen. Es produziert je nach Gefühlslage (Wut, Freude etc.) unterschiedliche Laute.

Im 6. Lebensmonat versucht das Kind, entfernte Dinge durch Rollen um die eigene Achse zu erreichen. Es erkennt vertraute Dinge wieder. Es kann mit einer Hand nach einem Gegenstand greifen, gibt ihn von einer Hand in die andere, ergreift einen Becher und benutzt ihn zum Klopfen.

Im 7. Lebensmonat reagiert das Kind spielerisch auf sein Spiegelbild. Ein farbiger Gegenstand wird von ihm länger angesehen als ein farbloser.

Im 8. Lebensmonat schaut das Kind einem heruntergefallen Gegenstand nach, ein Gegenstand existiert für das Kind, auch wenn er nicht mehr sichtbar ist (Objektpermanenz). Es beginnt zwischen sich und anderen Personen zu unterscheiden und beginnt zu fremdeln. Es bringt unterschiedliche Silben hervor und lauscht vertrauten Worten mit erhöhter Aufmerksamkeit.

Im 9. Lebensmonat beginnt das Kind bewusst zu vokalisieren und macht sich laut bemerkbar, um Aufmerksamkeit zu erregen. Es sucht nach hinuntergefallenem Spielzeug. Es isst selbstständig einen Keks.

Vom 10. bis 12. Lebensmonat erkennt das Kind Orte, Personen, Dinge etc. wieder. Es sucht Dinge, die vor seinen Augen versteckt wurden. Es versteht einfache Aufforderungen. Es reagiert auf seinen Namen. Es trinkt mit Hilfe aus einer Tasse.

Im 2. Lebensjahr erreicht das Kind durch die Fähigkeit des freien Gehens einen größeren Rahmen, um zu explorieren, experimentieren und zu imitieren. Die Vielfalt und Unterschiedlichkeit der benutzten Dinge nimmt zu. Das Kind erweitert seinen aktiven Wortschatz und beginnt zu fragen. Es lernt, sich zu beschäftigen, zeigt Interesse am häuslichen Geschehen und entwickelt die Verbindung von Wahrnehmung und Reaktion, z. B. etwas sehen und es sich holen. Durch seine zunehmende motorische Entwicklung erwirbt es räumliche Vorstellungen.

Im 3. Lebensjahr erweitert das Kind seine motorischen Kompetenzen zur Erkundung der Umwelt. Im Spiel kommen häufig Illusionsrollenspiele („so als ob") vor. Es experimentiert, um den Sinn und Zweck von Gegenständen zu erfahren und sich Formunterschiede einzuprägen. Die bevorzugte Hand kommt vermehrt zum Einsatz, so z. B. beim Malen, Bauen, Kneten. Der Wortschatz erweitert sich deutlich.

Im 4. Lebensjahr verlagert sich das Neugierverhalten von der sensomotorischen Entwicklung auf die geistige Bewältigung und zur sprachlichen Erkundung der Welt (vom Greifen zum Begreifen).

Bis zum 6. Lebensjahr sind Rollenspiele weiterhin sehr beliebt, aber auch Wett- und Regelspiele werden interessant. Das Allein- bzw. Nebeneinanderspiel wird zunehmend vom gemeinsamen Spiel abgelöst und die Fähigkeit zu Kompromissen und Konfliktbewältigung nimmt zu. Das Kind erprobt eigene Kräfte, Fähigkeiten, aber auch Grenzen. Alltägliche Aufgaben werden selbstständig gelöst. Das Kind ist in der Lage, zwischen Wahrheit und Lüge zu unterscheiden und es ergänzt mangelnde Informationen durch seine Fantasie.

Sprache und Kommunikation

In den ersten Lebenswochen sind zunächst Reflexschreie, dann meist zufällig hervorgerufene Laute zu beobachten. Das Kind spielt lustbetont mit Lippen und Zunge oder stößt prustend Luft aus.

Bis zum 6. Monat sind Lallen, Gurren und Schreien zu beobachten. Beginnend mit Kehllauten wird eine Reihe von Lauten in allen Artikulationszonen gebildet, oft Konsonantenverbindungen wie z. B. „kr". Das Kind lächelt wenn es angesprochen wird, manchmal lacht es laut.

Bis zum 10. Monat kommen das Lallen von Silben wie „ba", „be" etc. und Silbenverdoppelungen wie „ga-ga" oder „da-da" vor.

Zwischen dem 6. und 9. Lebensmonat ist das muttersprachliche Lautinventar im Sprachgedächtnis des Kindes gespeichert, das heißt, es beginnt auch selbst nur noch Laute zu produzieren, die in seiner Muttersprache vorkommen. Das Kind sucht bei Benennung z. B. auf die Frage „Wo ist der Ball?" mittels Kopfdrehung den Gegenstand (beginnendes Wortverständnis).

Bis zum 12. Monat führt das Kind mit viel Vergnügen Lallmonologe wie z. B. „babagadenama", erstes „Mama" oder „Papa". Es reagiert auf seinen Namen und auf einfache Aufträge.

Bis zum 18. Monat spricht das Kind in Einwortsätzen und es versteht einfache Fragen und Aufforderungen. Die ersten Wörter werden mit einfachen Lauten gebildet, die im vorderen Mundbereich artikuliert werden, wie „m", „b", „p" oder „d". Häufig lassen sich sogenannte Übergeneralisierungen beobachten, das heißt, das Kind verwendet ein gelerntes Wort für ähnlich aussehende Gegenstände z. B. „Ball" für Apfelsine, Apfel etc.

Bis zum Alter von 2 Jahren umfasst der aktive Wortschatz 20 bis 50 Wörter, der passive Wortschatz um die 250 Wörter (Wortverständnis). Das Kind verwendet zunehmend Zwei-Wort-Sätze, dabei werden meist Substantive mit Verben verbunden wie „Mama trinken", teilweise benutzt es auch Adjektive. Es hat erfasst, dass jeder Gegenstand seinen eigenen Namen hat und beginnt, mithilfe der Satzmelodie erste Fragen zu stellen („Tür auf?"). Erste Körperteile werden benannt.

Bis zum Alter von 2$\frac{1}{2}$ Jahren nehmen die Mehrwortsätze zu, das Kind benutzt einfache Satzkonstruktionen. Wichtige Inhaltswörter überwiegen noch, aber es verwendet zunehmend auch Präpositionen und Artikel. Es gebraucht erstmalig die Ich-Form. Laute wie „k", „g", „ch", „r" (Rachenlaute) können gebildet werden.

Bis zum Alter von 3 Jahren bildet das Kind einfache Sätze und Nebensätze und hat schwierigere Lautverbindungen wie „kn", „bl", „gr" gelernt. Es benennt Farben. Dieses Alter wird als Fragealter bezeichnet: „Warum? Wie? Was?"

Bis zum Alter von 4 Jahren beherrscht das Kind die Laute seiner Muttersprache bis auf Zischlaute und schwierige Konsonantenverbindungen (z. B. „kl", „dr"). Es bildet komplexe Sätze, aber schwierige Satzkonstruktionen können noch fehlerhaft sein. Das Fragealter hält an und das Kind fragt häufig mit „Warum?". Physiologisches Stottern (entwicklungsbedingt) kann in dieser Zeit auftreten.

Bis zum Alter von 6 Jahren wird die Grammatik und Lautbildung weitgehend beherrscht, Gedankengänge können variiert durch die Verwendung von Zeit- und Pluralformen ausgedrückt werden. Der Spracherwerb ist in den Grundzügen abgeschlossen, das heißt, der Grundwortschatz ist vorhanden, er entwickelt sich jedoch, vor allem in speziellen Sachgebieten, beständig weiter.

Emotionen und soziales Verhalten

Bis zum 3. Lebensmonat bildet das Kind mit der Mutter bzw. der Bezugsperson eine „Dyade" (Zweiheit), Bezugspersonen sind zwar austauschbar, Veränderungen werden jedoch vom Baby wahrgenommen. Das Kind schreit als Appell, damit seine Unlustgefühle durch Zuspruch, körperliche Nähe, Nahrung etc. behoben werden. Es beendet sein Weinen, wenn es auf den Arm genommen wird, es schmiegt sich an die Bezugsperson und betrachtet diese. Bei Zuwendung lächelt es spontan.

Ab dem 3. Lebensmonat erwidert das Kind sprachliche Zuwendung mit Lächeln, es beginnt zu plaudern und freut sich über eigene Lautproduktionen. Es begegnet dem Blick der Mutter und sucht Kontakt zu ihr. Es ahmt Mimik und vorgezeigte Gesten nach.

Ab dem 4. Lebensmonat werden unangenehme Gefühle (Angst, Wut, Ekel etc.) durch Schreien und Weinen ausgedrückt. Das Kind beobachtet konzentriert die Tätigkeiten seiner Bezugspersonen und es zeigt ein emotional geprägtes Interesse an ihnen.

Ab dem 5. Lebensmonat erkennt das Kind die Mutter an der Stimme oder an ihren Schritten. Es zeigt gelegentlich Angst im Dunkeln, lässt sich aber durch Zuwendung beruhigen.

Ab dem 6. Lebensmonat beginnt das Kind den eigenen Körper von dem seiner Mutter zu unterscheiden, aber auch diese von anderen Personen. Die Mutter ist nicht mehr austauschbar, das Kind fühlt sich ihr zugehörig. Durch seine Reaktionen zeigt es ein Interesse an Kontakt und Zuwendung, so bahnt es Kontakt mittels Schreien an oder zeigt Freude, wenn die Mutter erscheint. Wird sein Kontaktstreben nicht beachtet, beginnt es zu weinen.

Ab dem 7. Lebensmonat widersetzt sich das Kind, wenn man ihm ein Spielzeug aus der Hand nehmen will, es testet erstmals seine soziale Stellung.

Ab dem 8. Lebensmonat wird das Kind fremden Personen gegenüber zurückhaltender, es beginnt zu „fremdeln". Durch Blicke, Laute, Bewegungen äußert es den Wunsch nach Beschäftigung mit einem Erwachsenen.

Ab dem 9. Lebensmonat baut das Kind immer mehr einen lebhaften Kontakt zu seiner Umwelt auf, es ist sozial und emotional sehr aktiv.

Ab dem 10. bis Ende des 12. Lebensmonats ahmt das Kind Gesten wie Winken und Klatschen nach und es übernimmt soziale Gesten. Es reagiert auf Zurufe wie „Nein" oder „Halt", unterbricht seine Tätigkeit kurz. Verbote vergisst es noch schnell. Wenn das Kind nicht will, verweigert es den Kontakt; hat es eigene Wünsche, so versucht es diese mit allen Mitteln und Emotionen durchzusetzen.

Im 2. Lebensjahr freut sich das Kind über Bestätigung und wiederholt Dinge, für die es gelobt wurde. Auf Kritik reagiert es empfindsam, es ist emotional noch nicht voll belastbar. Das Fremdeln ist weitgehend beendet, es sucht aber weiterhin häufig die Nähe der Mutter. Neuen Dingen gegenüber ist es interessiert. Zu anderen Kindern knüpft es Kontakt, erkundet seine Lebensumwelt genauer und beginnt sich sozial zu orientieren. Es spielt aber noch nicht mit anderen Kindern, sondern neben ihnen, häufig mit vergleichbaren oder gleichen Spielsachen.

Gegen Ende des 2. Lebensjahrs, im Übergang zum 3. Lebensjahr, beginnt das Kind sich von seiner Mutter zu lösen, Voraussetzung dafür ist eine sichere Bindung und, dass das Kind die Trennung als kontrollierbar erlebt. Es sucht Kontakt zu anderen Kindern und fängt an zu teilen. Das Kind erlebt sich als Eigenpersönlichkeit mit all seinen Wünschen, Plänen und Bedürfnissen. Dies zeigt sich unter anderem darin, dass das Kind versucht, seinen eigenen Willen durchzusetzen bzw. sich gegen den Willen der Eltern zu wehren (Trotzalter). Das Kind kann sich zunehmend allein beschäftigen.

Mit 3 Jahren spricht das Kind von sich in der Ich-Form und erkennt sich im Spiegel als eigene Person. Es zeigt weiterhin ein Bedürfnis nach Selbstbestimmung und Autonomie. In einer Kindergruppe findet es sich zunehmend zurecht, versteht Anweisungen an die gesamte Gruppe und kann ihnen ohne häufige Wiederholung der Aufforderung nachkommen. Es wetteifert im Spiel mit Gleichaltrigen und bevorzugt bestimmte Kinder zum Spielen. Es bildet erste Freundschaften. Es setzt nicht nur seinen eigenen Willen durch, sondern beginnt die von ihm gewünschten Ziele den Forderungen des Zusammenlebens mit anderen anzugleichen. Das Kind kann sich in das emotionale Erleben anderer hineinversetzen und zeigt Mitgefühl.

Vom 4. bis 6. Lebensjahr nimmt das Interesse für die soziale Umwelt außerhalb der Familie zu. Das Kind spielt gerne mit anderen Kindern und es hat spezielle Freunde. Es teilt seine Spielsachen und integriert sich gut in eine Kindergruppe. Dort übernimmt es soziale Anforderungen, die aus dem Miteinander mit anderen Kindern erwachsen, leichter, als jene, die im häuslichen Umfeld gestellt werden. Es hat gelernt, Kompromisse einzugehen und Konflikte zunehmend ohne die Hilfe eines Erwachsenen zu lösen. Es werkt und malt gerne, um anderen das Produkt schenken zu können, und ist stolz bei Lob. Eine längere zeitliche Trennung bereitet ihm keine Schwierigkeiten mehr. Es äußert seine Gefühle verbal, wie z. B. „Hab dich lieb" oder „Ich bin sauer". Bei Gesellschaftsspielen versucht es zwar sich den Regeln unterzuordnen, erträgt es aber oft schlecht zu verlieren und versucht über Kniffe zu gewinnen.

Zum Ende des 6. Lebensjahres beginnt es sich auf die Schule zu freuen und bereitet sich spielerisch mit anderen Kindern darauf vor.

Spielverhalten

Im 1. Lebensjahr tritt das Kind vor allem über den Gesichtssinn mit der Umwelt in Beziehung, es schaut und fixiert. Im Alter von 3 Monaten, spielt es durch Greifen und Ausprobieren mit den Händen. Bis zum Ende des 1. Lebensjahres entdeckt es Funktionsweisen von Spielzeugen und beginnt, Tätigkeiten zu spielen. Es liebt sich wiederholendes Spiel (z. B. „Kuckuck – da"), Ein- und Ausräumen und zeigt Interesse an rhythmischen Vers- und Fingerspielen.

Bis zum 2. Lebensjahr spielt das Kind, indem es durch Ziehen und Stoßen Gegenständen erkundet, es ahmt Tätigkeiten verstärkt nach. Es spielt in der Regel noch für sich allein, aber gerne auch in der Gemeinschaft mit anderen Kindern. Tiere und Gegenstände aus einem Buch werden ins Spiel mit einbezogen und es beginnt das Konstruktionsspiel (Bauen mit Bausteinen).

Bis zum 3. Lebensjahr kommen Sandspiele hinzu und es beginnt das Rollenspiel. Dreirad fahren und erstes Balancieren kann beobachtet werden.

Bis zum 4. Lebensjahr nimmt das Rollenspiel weiter zu. Das Kind unterscheidet dabei zwischen Spiel und Realität. Es spielt zunehmend mit anderen Kindern und es hilft, Unterstützung vorausgesetzt, beim Aufräumen mit. Dem Kind wird es wichtig, Bewunderung für seine „Werke" zu erhalten.

Bis zum 5. Lebensjahr entwickelt es die Fähigkeit, an Projekten zu arbeiten, die es von Tag zu Tag fortführt (z. B. etwas bauen). Es sind längere Perioden von Lieblingsbeschäftigungen zu beobachten. Es ordnet sich Spielregeln unter, und es beginnt im Spiel mit anderen Kindern (gerne in Kleingruppen mit zwei bis drei Kindern) zu wetteifern.

Bis zum 6. Lebensjahr werden Spiele differenzierter und ideenreicher. Gemeinschaftsspiele nehmen einen großen Raum ein (z. B. Ballspiele, Verstecken). Gegenstände werden zu Spielutensilien umfunktioniert (z. B. Stuhl als Pferd) und das Interesse an Bastelarbeiten und Tischspielen nimmt deutlich zu.

Bis zum 7. Lebensjahr gewinnen Spiele mit außerhäuslichen Rollen an Bedeutung (z. B. Schule spielen). Beim Bauen ist ein zunehmendes Interesse an komplizierten Konstruktionen zu beobachten. Das Kind stellt einfache Spielgegenstände selbst her (z. B. Papierflieger). Sammeln und Tauschen werden zu beliebten Beschäftigungen.

5.5 Anregungen für die Erstellung eines Entwicklungsberichts

Der Sozialhilfeträger fordert als Kostenträger der Integrationsmaßnahme in der Regel in kontinuierlichen Abständen einen Leistungsnachweis in Form eines Entwicklungsberichts bei der Kindertageseinrichtung an. Die Anregungen in diesem Kapitel beziehen sich ausschließlich auf Entwicklungsberichte, die zum Zwecke des Leistungsnachweises erstellt werden und sich an den Kostenträger richten. Diese Entwicklungsberichte können aber auch als Grundlage für Elterngespräche dienen oder verwendet werden, wenn für andere Institutionen ein Entwicklungsbericht geschrieben wird.

Die meisten Kostenträger in Hessen fordern einen Entwicklungsbericht in Form eines Fließtextes an. In einigen Kreisen und Kommunen wird eine Struktur vorgegeben, nach der die Kindertageseinrichtung den Entwicklungsbericht verfassen soll, in anderen bleibt es der Einrichtung überlassen. Entwicklungsberichte im Rahmen der Integrationsmaßnahme sind äußerst unterschiedlich und weisen eine unterschiedliche Qualität auf.

Die mit QUINT geleistete Dokumentation ist umfangreich und differenziert. Nicht alle Inhalte der QUINT-Dokumentation sind für einen Leistungsnachweis gegenüber dem Kostenträger relevant. Die komplette QUINT-Dokumentation als Leistungsnachweis zu verwenden, halten wir daher für wenig sinnvoll. Die Dokumentationsbögen bieten jedoch eine gute Grundlage, auf der Entwicklungsberichte formuliert, und, sofern gewünscht, vereinheitlicht werden können.

Über die gewünschte Form des Entwicklungsberichts entscheidet in diesem Fall der Kostenträger. Zwischen Sozialamt, Jugendamt, den Kindertageseinrichtungen und ihren Trägern ist daher zu klären, ob es den Bedarf gibt, die Struktur von Entwicklungsberichten zu optimieren und gegebenenfalls an die in QUINT vorgeschlagene Systematik anzugleichen. Für diesen Fall raten wir zu der im Folgenden beschriebenen Grundstruktur. Dabei gehen wir beispielhaft von einem Entwicklungsbericht aus, der ein Jahr nach Aufnahme der Integrationsmaßnahme angefordert wird. Zu diesem Zeitpunkt liegen in einer Kindertageseinrichtung, die mit QUINT dokumentiert, für das Kind mindestens ein Aufnahmebogen und ein Verlaufsbogen vor. Der zweite Verlaufsbogen ist aktuell zu bearbeiten.

Anregungen für die Erstellung eines Entwicklungsberichts

Gliederungspunkt	Bezüge zu QUINT und Anmerkungen
1 Name, Geburtsdatum und Anschrift des Kindes	Aufnahmebogen Item 6
2 Datum der Aufnahme des Kindes in die Kindertageseinrichtung und Beginn der Integrationsmaßnahme	Aufnahmebogen Item 15 Aufnahmebogen Item 5

3 Stand der Entwicklung zu Beginn der Integrationsmaßnahme
3.1 Praktische soziale Selbstständigkeit
3.2 Wahrnehmung
  – visuell
  – auditiv
  – taktil-kinästhetisch
  – vestibulär
3.3 Motorik
  – Grobmotorik
  – Feinmotorik
3.4 Kognition und Lernverhalten
3.5 Kommunikation
3.6 Emotionale Entwicklung
3.7 Spielverhalten
3.8 Auffälligkeiten im Verhalten
3.9 Zusammenleben in der Gruppe
	Zusammenfassung der Items 22–34 aus dem Aufnahmebogen.
	
	Bei Bereichen, die unauffällig sind, reicht es aus, dies in wenigen Worten zu erwähnen (z. B. „Es wurden keine Verhaltensauffälligkeiten beobachtet."). Zumindest im ersten Entwicklungsbericht sollte jedoch kein Bereich gänzlich unerwähnt bleiben.
	
	Bei den folgenden Entwicklungsberichten sollte sich auf den jeweils vorangegangenen bezogen werden, und es ist ausreichend nur die Veränderungen zu beschreiben, die im Laufe des Kindergartenjahres beobachtet wurden.

4 Ziele des ersten und zweiten Hilfehalbjahres	Aufnahmebogen Item 38 1. Verlaufsbogen Item 35
5 Maßnahmen, die zur Zielerreichung durchgeführt wurden	Im Entwicklungsbericht selbst ist es sinnvoll die Maßnahmen zusammenfassend zu erwähnen (z. B. feinmotorische Angebote etc.). Es spricht aus unserer Sicht nichts dagegen, die Kopie der Tabelle am Ende des Verlaufsbogens dem Entwicklungsbericht als Anlage beizulegen. Hier sind die Maßnahmen detailliert dokumentiert. Sofern vom Kostenträger gewünscht, kann als Leistungsnachweis außerdem die Anzahl der Gespräche mit Eltern und Kooperationspartnern angegeben werden (1. und 2. Verlaufsbogen Items 8–9)
6 Verlauf und aktueller Stand der Entwicklung in Bezug auf die unter 3 genannten Entwicklungsbereiche	Nehmen Sie sich die Einzelfallauswertung (vgl. Kap. 9.1) der Dokumentation zur Hand und versuchen Sie, sich auf die Veränderungen zu konzentrieren, die Sie im Vergleich zum Ausgangszustand beobachtet haben (Fortschritte, Rückschritte, Stagnation, Stabilisierung).

Gliederungspunkt	Bezüge zu QUINT und Anmerkungen
	Wenn es sich um einen Folgebericht handelt, entfällt dieser Gliederungspunkt, da Sie die Veränderungen bereits in 3 geschildert haben.
7 Bewertung/Reflexion	
7.1 Erreichung der Hilfeplanziele	1. und 2. Verlaufsbogen Items 20–29
7.2 Förderliche und hinderliche Faktoren	Die Erwähnung von förderlichen bzw. hinderlichen Faktoren ist wichtig, da es gegenüber dem Kostenträger die Transparenz erhöht. Unter anderem erleichtert es dem Leser nachzuvollziehen, warum gewisse Ziele nicht erreicht wurden.
8 Perspektive/Abschließende Stellungnahme	
8.1 Weiterhin bestehender Hilfebedarf	2. Verlaufsbogen Item 25
8.2 Ziele für das kommende halbe Jahr	2. Verlaufsbogen Item 35
(8.3 Im Falle einer Beendigung der Maßnahme ist der Grund zu benennen)	Abschlussbogen Item 6 und das darauffolgende Item

Grundsätzlich sollten Sie beim Formulieren von Entwicklungsberichten darauf achten, eine sachliche Sprache zu verwenden sowie Interpretationen auf ein Minimum zu reduzieren, diese mit Beispielen zu belegen und als solche kenntlich zu machen (z. B. „Aus Sicht der Kindertageseinrichtung spricht dies für ..."). Interpretationen können vor allem unter Punkt 8 „Perspektive" eingebracht werden, um den Hilfebedarf zu begründen.

 Tipp: Auf der dem Handbuch beigefügten CD-ROM finden Sie eine Vorlage, die Sie zur Erstellung von Entwicklungsberichten verwenden können.

Individuelle Hilfeplanung

Inhalte dieses Kapitels

6	**Individuelle Hilfeplanung**	**140**
6.1	Begriffsklärung	140
6.2	Beteiligte an der Hilfeplanung	142
6.3	Interdisziplinäre Zusammenarbeit	144
6.4	Grundhaltungen für eine partnerschaftliche Zusammenarbeit in der Hilfeplanung	145
6.5	Das Hilfeplangespräch	146
6.6	Zielorientierung in der Hilfeplanung	149
6.7	Glossar zum Hilfeplan-Leitfaden	155

6 Individuelle Hilfeplanung

Daniela Adams

Immer mehr Kindertageseinrichtungen legen in ihren Konzeptionen dar, in welcher Weise sie ihrem Auftrag der Erziehung, Bildung und Betreuung von Kindern nachkommen.

Eine Kindertagesstätte mit Integrationsplätzen ist zusätzlich gefordert, einen Plan zu entwickeln, wie sie die Eingliederungshilfe des einzelnen Kindes, das eine Integrationsmaßnahme in Anspruch nimmt, umsetzt. Dies geschieht im Hilfeplan.

6.1 Begriffsklärung

Die Aufgabe der Eingliederungshilfe besteht gemäß dem Gesetz (SGB XII § 53 ff.) darin, eine drohende Behinderung zu verhüten oder eine Behinderung oder deren Folgen zu beseitigen bzw. zu mildern und das Kind mit einer Behinderung in die Gesellschaft einzugliedern. Hierzu gehört vor allem, dem Kind die Teilnahme am Leben in der Gemeinschaft zu ermöglichen oder zu erleichtern und dazu beizutragen, dass es später zur Ausübung eines angemessenen Berufs oder einer sonstigen angemessenen Tätigkeit in der Lage ist oder es so weit wie möglich unabhängig von Pflege zu machen.

Wie dies erreicht werden kann, ist im Hilfeplan darzulegen. Dieser Plan soll sich pädagogisch und organisatorisch an den Bedürfnissen des einzelnen Kindes und seiner Familie orientieren – daher ist von einer *individuellen* Hilfeplanung die Rede.

Dass bei der Entwicklung eines solchen Plans eine enge Zusammenarbeit zwischen den in der Einrichtung tätigen Fachkräften und den Erziehungsberechtigten zum Wohl des Kindes gefordert wird, leuchtet daher ein. QUINT möchte dazu ermutigen, den Kreis der Beteiligten am Hilfeplan, sofern es die individuelle Situation des Kindes fordert, um zusätzliche Personen zu erweitern (z. B. die Frühförderung, betreuende Ergotherapeuten, Ärzte, Fachberatung oder weitere Vertrauenspersonen des Kindes).

> Der **Hilfeplan** ist ein von möglichst vielen Beteiligten entwickeltes und getragenes **Konzept zur Förderung der sozialen Integration und der individuellen Entwicklung des Kindes**.

Der in QUINT verwendete Begriff des „Hilfeplans" ist in der Rahmenvereinbarung Integrationsplatz verankert. Er zählt zu den *zusätzlichen* Leistungselementen und Maßnahmen, die im Sinne des „behinderungsbedingten Mehraufwands" der Eingliederungshilfe durch die Kindertageseinrichtung zu leisten sind (vgl. Kap. 1.3).

Nun ist der Hilfeplan sozusagen das Ergebnis, **Hilfeplanung hingegen ist der Prozess** der zu einem solchen Hilfeplan führt. Hilfeplanung ist ein Prozess, der Zeit und Vertrauen braucht. Je nach den individuellen Bedingungen einer Integrationsmaßnahme benötigen alle Beteiligten Zeit und Engagement, um eine vertrauensvolle Beziehung aufzubauen, die für den Erfolg der Integrationsmaßnahme entscheidend ist.

Planung ist eine aktive und systematische Gestaltung, die sich auf die Zukunft bezieht. Sie gibt Sicherheit und Orientierung für zukünftiges Handeln.

Planung setzt eine intensive Auseinandersetzung mit dem Kind und seiner sozialen Umwelt voraus.

Begriffsklärung

Planung ist immer auf ein Ziel gerichtet, in diesem Fall besteht das Ziel in der Umsetzung der Eingliederungshilfe.

Damit Planung einen Bezug zur Realität hat, muss sie vorhandene oder mögliche Mittel (Ressourcen) einbeziehen.

Planung muss flexibel sein und sich veränderten Bedingungen anpassen: Menschen können sich ändern, Ziele können sich ändern, Situationen können sich ändern, Angebote können sich ändern. Planung ist dynamisch und nicht statisch zu begreifen. Daher bedürfen Hilfepläne einer regelmäßigen Fortschreibung.

Ist die Planung auch noch so gut – es gibt keine Garantie, dass die Ziele, die Sie gemeinsam mit Eltern formulieren, erreicht werden und der gewünschte Zustand eintritt.

 Tipp: Da Planung ein zentraler Arbeitsschritt in der pädagogischen Praxis ist und den Fachkräften aus anderen Kontexten vertraut ist (z. B. Projektplanung, Förderplanung etc.), bietet es sich an, von den Erfahrungen, die ganz allgemein mit Planung gemacht wurden, auszugehen und sich dann mit der Besonderheit individueller Hilfeplanung zu beschäftigen.

Im Prozess der Qualitätsentwicklung mit QUINT befinden wir uns mit diesem Kapitel an folgender Stelle:

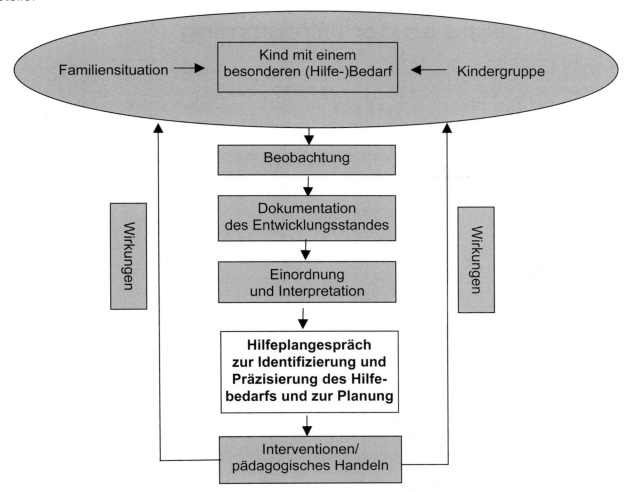

Abb. 9: Qualitätsentwicklungsverfahren QUINT

QUINT bietet in diesem Kapitel praktische Hilfestellungen bei der Entwicklung und Fortschreibung von Hilfeplänen an. Die Kindertagesstätte ist die Institution, in der die Eingliederungshilfe am Integrationsplatz umgesetzt wird. Sie übernimmt daher die Moderation von Gesprächen, die der Hilfeplanung dienen (Hilfeplangespräche).

3. Quintessenz:

Hilfeplangespräche sind Gespräche, an denen mindestens die Fachkräfte der Kindertageseinrichtung und die Erziehungsberechtigten teilnehmen, um die Integrationsmaßnahme gemeinsam zu planen. Sofern es die individuelle Situation des Kindes erfordert und die Erziehungsberechtigten einverstanden sind, sollten weitere Beteiligte zu einem Hilfeplangespräch eingeladen werden (z. B. weitere Vertrauenspersonen des Kindes, die Frühförderung, betreuende Ergotherapeuten, Fachberatung). Ausgehend vom Bedarf des Kindes, den Bedürfnissen und Gegebenheiten der Familie, werden die Ziele für das kommende halbe Jahr miteinander abgestimmt sowie Angebote und Maßnahmen geplant, die der sozialen Integration und der individuellen Entwicklung des Kindes dienen. Hilfeplangespräche sollten halbjährlich stattfinden. Regelmäßige Hilfeplangespräche fördern eine vertrauensvolle, kind- und zielorientierte Zusammenarbeit der Mitwirkenden.

Hilfeplangespräche sind eine besondere Form der Elterngespräche, die im Rahmen von Integrationsmaßnahmen erforderlich sind (vgl. Anlage 1 zur Rahmenvereinbarung Integrationsplatz).

6.2 Beteiligte an der Hilfeplanung

Im Hinblick auf das Gelingen der Integrationsmaßnahme ist es wichtig, *beide* Elternteile zu einem Hilfeplangespräch einzuladen. Das **Kind** ist in geeigneter (alters- und entwicklungsangemessener) Form im Vorfeld dieser Gespräche zu beteiligen, beispielsweise indem sich die Erzieherin mit den Bedürfnissen und Wünschen, die das Kind äußert, beschäftigt.

In Abhängigkeit von der individuellen Situation des Kindes und seiner Familie kann es sinnvoll sein, **weitere Personen** an der Hilfeplanung zu beteiligen, deren Mitwirkung für das Gelingen der Integration und das Kindeswohl wichtig ist. Zu diesen möglichen weiteren Beteiligten in der Hilfeplanung zählen:

- Fachberatung
- Mitarbeiterinnen der Frühförderstelle
- Therapeuten
- Kinderarzt
- Vertreter des Gesundheitsamts
- Vertreter des Jugendamts
- Lehrer der Schule, die das Kind nach dem Abschluss der Integrationsmaßnahme besuchen wird

Die Fachberatung kann Sie bei der Planung und Umsetzung der Hilfe unterstützen.

Erhält das Kind Frühförderung, so kann die zuständige Mitarbeiterin im Hilfeplangespräch wichtige Informationen zur bisherigen Entwicklung und Förderung liefern. Diese Funktion können auch Therapeuten haben, die das Kind bisher betreut haben.

Ähnliches gilt auch für die Heilpädagogische Fachberatung, die allgemeine Informationen und Anregungen zur Förderung geben kann.

Beteiligte an der Hilfeplanung

Der Kinder- oder Amtsarzt wird voraussichtlich nur in Ausnahmefällen an den Hilfeplangesprächen teilnehmen, aber es ist möglich, im Vorfeld telefonisch Informationen aus medizinischer Sicht einzuholen, die für die Hilfeplanung bedeutsam sein können. Voraussetzung ist, dass die Eltern den Arzt von der Schweigepflicht gegenüber den Erzieherinnen entbinden. Es empfiehlt sich, dies bereits bei der Aufnahme des Kindes mit den Eltern zu vereinbaren.

Die Teilnahme von Mitarbeiterinnen des Jugendamtes ist beispielsweise bei Familien mit einem Pflegekind denkbar, oder es könnte eine Mitarbeiterin des Allgemeinen Sozialen Dienstes teilnehmen, wenn die Familie eine erzieherische Hilfe in Anspruch nimmt. Zielsetzungen aus dem Hilfeplangespräch, das im Rahmen der Integrationsmaßnahme geführt wird, können in Hilfeplangesprächen, die im Rahmen der anderen Hilfen geführt werden, berücksichtigt werden und umgekehrt.

Handelt es sich um das letzte Hilfeplangespräch in der Kindertagesstätte, bevor das Kind in eine Schule geht, so kann es hilfreich sein, gemeinsam mit der Schule den Übergang von der einen in die andere Einrichtung zu planen.

4. Quintessenz:

QUINT sollte genutzt werden, um die Kommunikation und Kooperation zwischen **Kindertagesstätte und Schule** zu intensivieren. Im Abschlussbogen der einzelfallbezogenen Dokumentation werden verschiedene Vorschläge zu vorbereitenden Maßnahmen der Kindertagesstätte gemacht. Im Einzelfall kann es sinnvoll sein, Vertreter der Schule zu einem abschließenden Hilfeplangespräch in die Kindertagesstätte einzuladen.

Die Entscheidung darüber, wer zu einem Hilfeplangespräch in die Kindertagesstätte eingeladen wird, liegt bei den Erziehungsberechtigten. Die Kindertagesstätte kann der Familie hierzu einen Vorschlag unterbreiten und diesen begründen. Zu berücksichtigen ist, wie viel Offenheit oder auch Ängste bzw. Befürchtungen bei den Eltern in Bezug auf interdisziplinäre Hilfeplangespräche bestehen. Sie sollten sicherstellen, dass sich Eltern während der Gespräche wohlfühlen. Möglicherweise ist es aus diesem Grunde hilfreich, wenn der Kreis der teilnehmenden Personen *allmählich* erweitert wird, nachdem eine vertrauensvolle Basis geschaffen worden ist.

Sinn und Zweck einer möglichst breiten Beteiligung ist es, dass sich alle mit dem Kind befassten Personen in Bezug auf die Ziele, die sie verfolgen, und die geeigneten Wege miteinander abstimmen. Ein aufeinander abgestimmtes Handeln verspricht eine größere Wirkung und kann zu Synergieeffekten führen. So wird im Zusammenwirken mehrerer Kräfte oft mehr erreicht als in der Summe einzelner Bemühungen. Wird die Verantwortung für das Kind bewusst gemeinsam übernommen, führt dies in der Regel auf allen Seiten zu einer psychischen Entlastung, und die Interdisziplinarität wird als Bereicherung erlebt.

Der Austausch und die gemeinsame Planung finden idealerweise in **halbjährlichen Hilfeplangesprächen** statt, bei denen sich die Beteiligten **an einem Tisch zusammenfinden**. So erhalten alle direkte Informationen, können Fragen sofort miteinander klären und die Hilfe gemeinsam planen. Ist eine Teilnahme einzelner Personen an Hilfeplangesprächen nicht möglich, so kann zumindest im Vorfeld eine telefonische Abstimmung erfolgen.

Auch der **Träger der Kindertageseinrichtung** sollte von der Hilfeplanung Kenntnis nehmen, beispielsweise indem er den zwischen den Beteiligten vereinbarten Hilfeplan unterschreibt.

6.3 Interdisziplinäre Zusammenarbeit

Mit der Vorbereitung und Durchführung von Hilfeplangesprächen kommt auf die Fachkräfte in der Kindertagesstätte eine neue Herausforderung zu, die eine große Chance bietet, interdisziplinäre Zusammenarbeit mit anderen Institutionen und Fachkräften aufzubauen oder zu intensivieren. Nutzen Sie diese Chance und versuchen Sie, in kleinen Schritten den Kreis der Kooperationspartner Ihrer Einrichtung zu erweitern. Jedes Hilfeplangespräch, bei dem es Ihnen gelingt, neben den Eltern eine weitere Person einzuladen, ist eine Chance, das **Netzwerk** Ihrer Kindertagesstätte zu erweitern und bietet die Möglichkeit, von Erfahrungen anderer Fachleute zu profitieren.

Ein für viele Kindertagesstätten sehr wichtiger Kooperationspartner in der Integration ist die **Frühförderstelle**, die in Bezug auf unterschiedlichste Formen von Behinderung über ein breites Fachwissen verfügt. Ein großer Teil derjenigen Kinder, die eine Integrationsmaßnahme in Anspruch nehmen, wurde oder wird in der Frühförderung betreut. Die Frühförderung führt ebenfalls Hilfeplangespräche durch.

> **Tipp:** Sofern das Kind auch in der Frühförderung betreut wird, ist es erforderlich, dass sich beide Institutionen miteinander abstimmen, um beispielsweise zu vermeiden, dass innerhalb von vier Wochen gleich zwei Hilfeplangespräche mit denselben Beteiligten stattfinden, einmal in der Kindertagesstätte und einmal in der Frühförderstelle. Versuchen Sie, Hilfeplangespräche gemeinsam durchzuführen und sich in der Moderation abzuwechseln.

Die Teilnahme an Hilfeplangesprächen bereitet **Therapeuten und Ärzten** oft Schwierigkeiten, da sie keine Möglichkeit der finanziellen Abrechung finden. Wenn ein Weg gefunden ist, wie beispielsweise der Ergotherapeut an einem Hilfeplangespräch teilnehmen kann, ist es ratsam, diese Gelegenheit höchst effizient zu nutzen und spezielle Fragen im Vorfeld zu sammeln – z. B. zu praktischen Anregungen für die Betreuung des Kindes in der Kindertageseinrichtung.

> **Tipp:** Wenn Therapeuten und Ärzte an einzelnen Hilfeplangesprächen nicht teilnehmen können bzw. für mehrere Kinder in Ihrer Einrichtung zuständig sind, lassen sich möglicherweise **interdisziplinäre Runden** organisieren. In diesen Treffen können Sie sich dann zumindest kinderübergreifend mit den anderen Fachleuten austauschen.

In der interdisziplinären Zusammenarbeit sind Offenheit und Kooperationsbereitschaft Grundvoraussetzungen. Ebenso wichtig ist es jedoch, dass sich jede Disziplin ihrer Stärken und Aufgaben bewusst ist und über ein eigenständiges Profil verfügt. Die Integrationsmaßnahme in der Kindertagesstätte bietet beispielsweise einen Rahmen, in dem soziales Lernen einen sehr hohen Stellenwert hat, während das Kind im therapeutischen Setting eine intensive Förderung zumeist ohne Spielpartner erlebt. Interdisziplinäre Runden sind daher auch ein Ort, an dem Rollenklärung stattfindet. Ziel sollte es sein, sich über Gemeinsamkeiten und Unterschiede bewusst zu werden und die Schnittstellen miteinander zu bearbeiten.

6.4 Grundhaltungen für eine partnerschaftliche Zusammenarbeit in der Hilfeplanung

Zusammenarbeit basiert auf Kommunikationsprozessen. Für das Gelingen von Kommunikation spielt die Haltung, mit der wir einander begegnen, eine große Rolle. Unabhängig davon, ob es sich bei den Gesprächspartnern um Kinder, ihre Eltern oder andere Fachleute handelt, stellen die Grundhaltungen, wie sie von Carl Rogers definiert wurden, Voraussetzungen für den Dialog im Rahmen der Hilfeplanung dar.

Unbedingte Annahme

Der eigene Hintergrund (Erfahrungen, Vorurteile, Vorlieben, …) fließt in die Bewertung einer Begegnung mit anderen Menschen ein und löst Interpretationsprozesse aus, für die der Gesprächspartner denkbar wenig kann. Von daher ist es wichtig, die andere Person zunächst einmal in ihrem Sein als Mensch anzunehmen und nicht an ihr „herumzumäkeln", bevor ich sie richtig kennengelernt habe. Unbedingte Annahme oder unbedingte Wertschätzung als die beiden Begriffe, die Rogers verwendet, bedeuten, sich keine Bedingung dafür zu setzen, dass ich eine andere Person, so wie sie ist, annehme. Es bedeutet aber nicht, dass ich mit dem Reden und Handeln einer anderen Person einverstanden sein muss.

Eltern haben ihre eigene Sichtweise, der es als Fachkraft in einer Kindertageseinrichtung möglichst unvoreingenommen zu begegnen gilt. Eltern sind in ihrer Kompetenz und ihrer Rolle als Erziehungsberechtigte anzuerkennen. Das setzt wiederum voraus, sich auch der eigenen Rolle bewusst zu sein und diese professionell auszufüllen. (Eltern übertragen in der Kindertageseinrichtung für eine begrenzte Zeit die Erziehungsverantwortung auf die Fachkräfte. Diese sind professionelle, ausgebildete Erzieherinnen, aber niemals die „besseren Eltern" des Kindes.)

Unbedingte Annahme ist die Voraussetzung, um einander zu verstehen und sich auf die Sichtweisen der Gesprächspartner einlassen zu können.

Echtheit

Selbstbeobachtung ist ein wichtiger Baustein in Bezug auf die Gestaltung von Kommunikationsprozessen. Nur wenn ich mir meiner momentanen Befindlichkeiten bewusst werde und damit „meine ganz eigenen Anteile" an einer Kommunikation kenne, kann ich auf diese Anteile Einfluss nehmen. In vielen Situationen ist es auch hilfreich, die eigenen Anteile in die Kommunikation aktiv einzubringen, das heißt, einer anderen Person z. B. meine Befindlichkeit mitzuteilen. Dieser Aspekt wird von Carl Rogers als „Echtheit" (Kongruenz) bezeichnet.

Im Zuge von Integrationsmaßnahmen intensiviert sich oft die Zusammenarbeit zwischen Kindertagesstätte und Eltern. Das Thema als solches wird bereits dazu führen, dass emotionale Anteile in Gesprächen immer wieder durchbrechen. Sicher ist es nicht generell immer und überall „richtig" und sinnvoll, „offen" oder „transparent" zu sein. Es kann für die Umwelt auch sehr belastend sein, wenn eine Person permanent mitteilt, wie es ihr geht. Es bedarf eines guten „Fingerspitzengefühls" zu erkennen, wann wie viel Selbstöffnung und Transparenz angebracht und notwendig ist. Dies gilt für alle Beteiligten. Auch als Fachkraft darf ich z. B. mitteilen, dass ich in Bezug auf eine bestimmte Sache unsicher oder besorgt bin. Möglicherweise hat genau das in einem Gespräch eine positive Wirkung, da sich Eltern z. B. nicht nur als Ratsuchende, sondern auch als Ratgebende erleben, und die Zusammenarbeit im Sinne einer Partnerschaft ein gegenseitiges Geben und Nehmen ist.

Einfühlungsvermögen

Kommunikation setzt voraus, dass die Gesprächspartner zu erkennen versuchen, wie es dem Gegenüber geht. Hilfeplangespräche können im schlechtesten Fall so ausgehen, dass jeder seine Meinung kundtut und verschiedene Sichtweisen scheinbar unvereinbar nebeneinander stehen bleiben. Das Ziel eines Zusammenwirkens und einer gemeinsamen Planung wird in diesem Fall verfehlt. Wenn ich mich hingegen bemühe, mich in mein Gegenüber hineinzuversetzen und die Befindlichkeit der anderen Person herauszufinden, so habe ich die Möglichkeit, hierauf einzugehen. Allein das Erlebnis, dass sich mein Gegenüber bemüht, auf meine Worte einzugehen, anstatt mit seinen eigenen Gedanken an einer ganz anderen Stelle einzusetzen, verbessert die Kommunikation. Der andere spürt ein Bemühen und erfährt Aufmerksamkeit und Achtung. Wir können versuchen, die Befindlichkeiten anderer zu erraten, oder wir können offen danach fragen. In jedem Fall können wir nur dann darauf eingehen, wenn wir sie kennen.

Konfrontationsvermögen

Partnerschaftliche Zusammenarbeit ist dann stabil, wenn die von mir wahrgenommenen Widersprüchlichkeiten und Konflikte auch thematisiert werden und es zumindest in den meisten Fällen auch gelingt, diese zu klären. Die unterschiedlichsten Sichtweisen zu dem, was gut ist für das Kind, können beispielsweise in der Hilfeplanung deutlich zutage treten. In diesem Fall gilt: Störungen haben Vorrang – in keinem Fall ignorieren, sondern sie mutig ansprechen! Wenn ich eine andere Person mit einer von mir wahrgenommenen Störung konfrontiere, kommt es darauf an, möglichst alle Aspekte dabei zu berücksichtigen und eine einseitige Betrachtung sowie jede Form der direkten oder verdeckten Schuldzuweisung zu vermeiden. Hilfeplanung setzt eine grundsätzliche Offenheit für unterschiedliche Sichtweisen voraus, denn es wird Übereinstimmungen geben, es wird möglich sein, in manchen Bereichen Kompromisse zu schließen, und bei manchen Themen wird es erforderlich sein, unterschiedliche Sichtweisen stehen zu lassen.

6.5 Das Hilfeplangespräch

Vorbereitung

Zur Vorbereitung eines Hilfeplangesprächs schlägt QUINT folgendes Vorgehen vor:

1. Entscheiden Sie im Team, wer das Gespräch führen soll. Es hat sich bewährt, Hilfeplangespräche nach Möglichkeit zu zweit zu führen und im Vorfeld klar abzustimmen, wer die eigentliche **Gesprächsführung** übernimmt und wer für das **Protokoll** des Gesprächs zuständig ist. Der Hilfeplan-Leitfaden kann als Protokollvorlage dienen.

2. Laden Sie die **Eltern** zu dem Hilfeplangespräch ein. Erläutern Sie ihnen dabei kurz, worum es in der Hilfeplanung geht und klären Sie den zeitlichen Rahmen des Gesprächs ab. Wir empfehlen 45 bis 60 Minuten für das Gespräch einzuplanen. In Einzelfällen kann es auch sinnvoll sein, 1½ Stunden zu investieren, länger sollte das Gespräch jedoch in keinem Fall geplant werden. Versuchen Sie den Zeitpunkt so zu planen, dass er den Bedürfnissen der Eltern (und dies heißt auch der Väter) entgegenkommt, und werben Sie für eine Teilnahme beider Elternteile. Stimmen Sie mit den Eltern ebenfalls ab, wer außerdem noch zum Hilfeplangespräch eingeladen werden soll.

3. Nehmen Sie den **Hilfeplan-Leitfaden** (→ Anhang bzw. CD-ROM) **zur Hand**, stellen Sie sich gedanklich auf die Eltern und die **Situation der Familie** ein und entscheiden Sie vor diesem Hintergrund, welche Themen Sie in diesem Hilfeplangespräch ansprechen möchten. Der Hilfeplan-Leitfaden ist nicht als ein Interviewleitfaden zu verwenden, es geht nicht darum, die in diesem

Leitfaden aufgeführten Fragen in der vorgeschlagenen Reihenfolge „abzuarbeiten". Er stellt lediglich eine Struktur- und Orientierungshilfe für die Hilfeplangespräche dar! Versuchen Sie sich auch auf die Werte und Einstellungen der Eltern einzustellen und beachten Sie sprachliche Barrieren, indem sie gegebenenfalls vereinfachte Formulierungen vorbereiten oder für einen Dolmetscher sorgen.

Tipp: Bei gravierenden Sprachbarrieren ist es sinnvoll, eine Person zum Gespräch hinzu zu bitten, die die Funktion eines Dolmetschers übernimmt. Vielleicht gibt es in der Familie eine Person, die diese Aufgabe übernehmen kann oder eine Erzieherin aus der eigenen oder einer anderen Kindertageseinrichtung, welche die Sprache der Eltern beherrscht. Ebenfalls können Sie sich an Ihren Träger, den Trägerverband oder die Fachberatung im Jugendamt wenden und um Unterstützung bitten.

4. Ein Teil der Fragen im Hilfeplan kann bereits vor dem Gesprächstermin vonseiten der Einrichtung bearbeitet werden. Versuchen Sie, die wichtigsten **Informationen im Vorfeld zusammenzutragen**, sodass Sie im Hilfeplangespräch keine Zeit hierauf verwenden müssen. Dies erleichtert die Gesprächsführung und unterstreicht bei den Teilnehmern am Gespräch den Eindruck von Professionalität und Engagement. Um im Hilfeplangespräch überflüssige Fragen zu vermeiden, können vorliegende Informationen vorab in den Hilfeplan-Leitfaden eingetragen werden und im Hilfeplangespräch auf ihre Aktualität hin überprüft und gegebenenfalls ergänzt werden.
5. Wenn Personen oder Institutionen, die für die Hilfeplanung wichtig sind, nicht am Gespräch teilnehmen, sollte in der Vorbereitung des Hilfeplangesprächs z. B. telefonisch Kontakt aufgenommen werden, um konkrete Fragen zu besprechen.
6. Überlegen Sie sich, wie Sie das **Kind direkt und aktiv in seine Hilfeplanung einbeziehen** können.
7. Nehmen Sie den letzten Bogen des Dokumentationssystems zur Hand, den Sie für dieses Kind ausgefüllt haben und entscheiden Sie, wie Sie Ihre hier dokumentierten Beobachtungen sinnvoll in das Gespräch einbringen können. Bedenken Sie dabei, dass es um ein Gespräch geht und ein ausgiebiger Vortrag nicht sinnvoll ist. Reduzieren Sie daher Ihren Input auf das Wesentliche.

5. Quintessenz:

Hilfeplangespräche und Dokumentation sind miteinander zu verknüpfen. Hilfeplangespräche können mit einer Schilderung der Kindertagesstätte zur Entwicklung des Kindes begonnen werden, die auf einer strukturierten und reflektierten Verhaltensbeobachtung basiert. Diese wird durch die Sichtweisen der Eltern und weiterer Beteiligter (z. B. Frühförderung) vervollständigt. Dadurch ist sichergestellt, dass Ziele in einem interdisziplinären Hilfeplangespräche mit einer intensiven Beteiligung der Eltern dialogisch entwickelt werden.

8. Um einen guten Einstieg in das Gespräch zu finden, hat es sich bewährt, einige **einleitende Worte** vorzubereiten, in denen Sie z. B. auf den Sinn und Zweck der gemeinsamen Hilfeplanung und aktuelle positive Erfahrungen/Beobachtungen des Kindes zu sprechen kommen.

Durchführung

Wie bei jedem Elterngespräch ist es auch für den Verlauf eines Hilfeplangesprächs förderlich, wenn z. B. durch einen vorbereiteten Tisch und Getränke eine positive Gesprächsatmosphäre geschaffen wird. Insgesamt sollte die Atmosphäre im Gespräch wohlwollend und unterstützend sein und Störungen (wie etwa das Klingeln des Telefons) sollten vermieden werden. Für alle Teilnehmer sollte eine klare Gesprächsstruktur erkennbar sein. Hierzu sollte die Kindertagesstätte ihre Aufgabe der Moderation klar und erkennbar wahrnehmen. Um allen Beteiligten die Grundstruktur eines Hilfeplangesprächs zu verdeutlichen, können Sie sich an folgender Grafik orientieren:

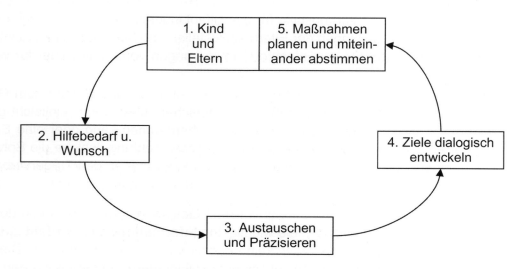

Abb. 10: Grundstruktur von Hilfeplangesprächen

QUINT versteht Hilfeplanung als ein Puzzle, bei dem das gemeinsame Bild vollständiger und ergiebiger ist als das einzelne. Achten Sie daher im Gesprächsverlauf darauf, dass **alle Beteiligten ihre Sichtweisen einbringen**. Da es immer Personen gibt, die sich schwerer tun, ihre Einschätzung aktiv und selbstbewusst zu formulieren, bedarf es hier schon einmal einer Ermunterung durch die Gesprächsleitung. Wenn die anderen Gesprächspartner ihre Sichtweisen schildern, bemühen Sie sich, darauf einzugehen. Im Sinne des **aktiven Zuhörens** können Sie z. B. Rückfragen stellen, um sowohl die Sachebene richtig zu verstehen als auch die Gefühlsebene. Wenn Sie selbst die eigene Sichtweise bzw. die des Teams der Kindertagesstätte einbringen, so achten Sie darauf, dass Sie in der **Ich-Position** bzw. Wir-Position sprechen. Aussagen wie „Peter ist aggressiv" produzieren mit ziemlicher Sicherheit Widerstand. Gut ist es hingegen, wenn es gelingt, zunächst konkrete Beobachtungen zu schildern und im nächsten Schritt die Interpretation klar als die eigene oder die des Teams zu benennen. Gelingt es, sich in einer solchen Form miteinander auszutauschen und das Bild gegenseitig zu vervollständigen, so ist dies ein wichtiges Indiz für ein erfolgreiches Gespräch.

Aus diesem Austausch heraus, der einem gegenseitigen Verstehen und einem gemeinsamen Verständnis dient, lassen sich dann im weiteren Verlauf des Gesprächs gemeinsam Ziele entwickeln, die den Hilfebedarf des Kindes decken (zur Zieldefinition siehe Kap. 6.6). Aufbauend auf den Zielen wird gemeinsam eine Planung für das kommende halbe Jahr vorgenommen, die auch für Außenstehende nachvollziehbar sein sollte. Im Rahmen der Planung kommt es darauf an, dass gemeinsam Verantwortung für die Erreichung der Ziele getragen wird. Diese gemeinsame Verantwortung kann sich beispielsweise darin äußern, dass zwischen Therapeuten und Kindertagesstätte Maßnahmen zum Informationsaustausch vereinbart werden oder Eltern dem Kind zukünftig beim Abholen nicht mehr das Anziehen der Jacke abnehmen. Es kommt nicht darauf an, wie groß die Beiträge der einzelnen Beteiligten sind. Diese gemeinsame Zielvereinbarung und Planung kann im Sinne eines Vertrages verstanden und ihre Verbindlichkeit mit einer Unterschrift betont werden.

Denken Sie daran, am Ende des Gesprächs ein kleines Resümee zu ziehen und allen Teilnehmern für ihre Unterstützung zu danken.

Nachbereitung

Am effektivsten ist es, wenn Sie sich direkt im Anschluss an das Gespräch kurz über den Gesprächsverlauf austauschen und diesen reflektieren, solange die Erinnerungen noch frisch sind:

- Wie war die Gesprächsatmosphäre?
- Wie zufrieden sind Sie mit der Moderation des Gesprächs?
- Hat Sie etwas positiv oder negativ überrascht?
- Was gibt es in Bezug auf die gemeinsame Planung nun in der Kindertagesstätte zu organisieren? Wie gehen wir die Umsetzung der soeben vorgenommenen Planung an?

Die wesentlichen „Erkenntnisse" sollten Sie sich unbedingt notieren.

Alle Beteiligten erhalten eine Kopie des gemeinsam verabschiedeten Hilfeplans.

Der Träger sollte, wie bereits erwähnt, von der Hilfeplanung Kenntnis nehmen.

In manchen Kreisen fordert das Jugendamt die Kindertageseinrichtung auf, den Hilfeplan für eine Integrationsmaßnahme vorzulegen.

6.6 Zielorientierung in der Hilfeplanung

Ziele beinhalten Vorhaben, die über einen **längeren Zeitraum Gültigkeit besitzen**. In QUINT werden Ziele benannt, die jeweils für das kommende halbe Jahr gültig sind. Auch wenn dieser Zeitraum überschaubar erscheint, müssen wir uns bewusst machen, dass die Ziele für das kommende halbe Jahr in eine weit größere zeitliche Dimension eingebettet sind – es geht letztlich darum, dem Kind möglichst gut dabei zu helfen, seinen Lebenszielen näher zu kommen, die zu diesem Zeitpunkt nur grob zu fassen sind. Der Mensch entwickelt seine persönlichen Vorstellungen, wie er sein Leben leben möchte, meist erst im Alter eines Jugendlichen oder jungen Erwachsenen. Die Ziele des Kindes für das nächste halbe Jahr sind ein wichtiger Schritt auf seinem Lebensweg, bei dem es nun Eltern, die Kindertagesstätte und weitere Fachleute unterstützen.

Ziele sind etwas, was ich jetzt noch nicht habe, aber erreichen möchte. Ziele sind also immer auf einen wünschenswerten Zustand in der Zukunft gerichtet. Solch ein **wünschenswerter Zustand** ist nicht zwangsläufig mit einer Weiterentwicklung assoziiert. QUINT wird häufig eine zu starke Orientierung an der Förderung des einzelnen Kindes unterstellt, da wir Ziele scheinbar automatisch mit einer Weiterentwicklung assoziieren. Dies mag Ausdruck einer starken Leistungsorientierung sein, mit der wir uns in unserer Gesellschaft konfrontiert sehen, es ist jedoch nicht die Intention von QUINT. QUINT fordert dazu auf, den wünschenswerten Zustand in einem Ziel klar zu formulieren – dieser kann selbstverständlich auch darin bestehen, einen für das Kind befriedigenden Zustand zu erhalten. Es geht auch nicht darum, möglichst großartige und hohe Ziele zu formulieren, sondern solche, die dem Kind gerecht werden, unabhängig von der objektiven Größe oder Bedeutung des Ziels. *Jedes* Kind hat ein Recht darauf, dass Erwachsene es darin unterstützen, einen wünschenswerten Zustand zu erreichen. Die Kunst liegt darin, *wie* Ziele formuliert werden.

Zielorientierung ist ein **zentrales Steuerungselement für die Hilfe im Einzelfall**. Daher legt QUINT Wert auf eine klare Zielformulierung, welche unter den Beteiligten abzustimmen ist, sowie auf eine regelmäßige Überprüfung, inwieweit die vereinbarten Ziele erreicht worden sind.

Um welche Art Ziele geht es?

QUINT unterscheidet zwischen

- **kindbezogenen Zielen**, die in der pädagogischen Arbeit bei diesem Kind verfolgt werden, und
- **eltern- bzw. familienbezogenen Zielen**, die Vereinbarungen zwischen Eltern und der Kindertagesstätte sind.

Es handelt sich um **individuelle Ziele** in Bezug auf das einzelne Kind, ausgehend von dem Unterstützungsbedarf, den Wünschen und Anliegen des Kindes und seiner Familie. Die Ziele **entspringen daher immer einem Dialog**. Der Zielformulierung gehen Gespräche voraus mit dem Kind, seiner Familie, den Kolleginnen, dem Ergotherapeuten etc.

Wie wird eine Zielorientierung in QUINT gefördert?

Zur Abstimmung von gemeinsamen Zielen dienen regelmäßige Hilfeplangespräche, an denen alle Beteiligten in einem Hilfeprozess zusammenkommen, um im ersten Schritt die gegenwärtige Situation zu klären und im zweiten Schritt die Ziele gemeinsam zu vereinbaren. Neben den Zielen, die im kommenden halben Jahr gemeinsam angestrebt werden, sollte in diesem Gespräch ebenso geklärt werden, was die anwesenden Personen und Institutionen zur Zielerreichung beitragen können. Die vereinbarten Ziele werden in die Dokumentation übertragen. Gemeinsam wird damit begonnen, die vereinbarten Maßnahmen zur Zielerreichung in der Kindertagesstätte und im Zusammenwirken mit den Eltern und weiteren Beteiligten umzusetzen. Mithilfe der Dokumentation wird in halbjährlichen Abständen die Erreichung der vereinbarten Ziele eingeschätzt und reflektiert. Inwieweit vereinbarte Ziele erreicht werden, hängt selbstverständlich nicht allein von der Kindertageseinrichtung ab, Zielerreichung ist immer eine Kooperationsleistung. Sie hängt davon ab, wie gut das Zusammenspiel der Fachkräfte mit dem Kind funktioniert und ein partnerschaftlicher, wechselseitiger Lern- und Entwicklungsprozess gelingt. Sie hängt darüber hinaus von der Kooperation zwischen Kindertageseinrichtung und Elternhaus ab sowie von strukturellen Rahmenbedingungen in der Einrichtung und der Region. (Welche Förderangebote sind verfügbar und lassen sich in der Einrichtung umsetzen?) Dennoch muss die Einrichtung ein Interesse daran haben zu überprüfen, inwieweit die Ziele erreicht werden konnten. Die kontinuierliche Überprüfung der Zielerreichung in der Dokumentation fordert daher in regelmäßigen Abständen dazu auf, die vorliegende Planung zu analysieren, und – wenn erforderlich – die Ziele neu zu definieren. Abweichungen werden als solche erkennbar und bilden damit die Grundlage für ein tieferes Verständnis der Situation und der zu bewältigenden Aufgaben.

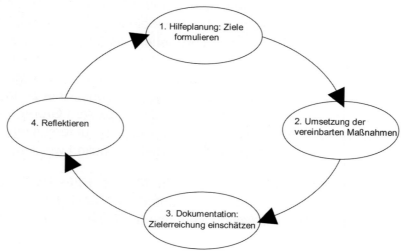

Abb. 11: Zielorientierung im Einzelfall

Worauf ist bei der Formulierung von Zielen zu achten?

Die **aktive Beteiligung** ist eine wichtige Voraussetzung für die Formulierung von Zielen. Jedes Ziel zieht Handeln nach sich – es wird einiges zu tun geben, damit die formulierten Ziele auch erreicht werden. Ein Ziel, auf das wir aktiv Einfluss genommen haben, werden wir mit einer deutlich größeren Motivation durch unser Handeln unterstützen, als Ziele, zu denen wir keinen Bezug haben oder die uns im schlimmsten Fall vorgegeben wurden. Es ist daher darauf zu achten, dass sich gerade bei der Definition von Zielen im Hilfeplan alle Anwesenden im Hilfeplangespräch im Rahmen ihrer Möglichkeiten beteiligen. Verständigt man sich beispielsweise darauf, dass ein kindbezogenes Ziel die „Eingewöhnung in eine neue Gruppe" ist, können die anwesende Heilpädagogin und die Eltern möglicherweise weniger konkrete Maßnahmen benennen, wie dieses Ziel erreicht werden kann, als die Fachkräfte der Kindertageseinrichtung. Eltern können sich aber an dieser Stelle aktiv beteiligen, indem sie Auskunft geben, was ihrem Kind in anderen Situationen dabei hilft, sich wohlzufühlen und Kontakt zu Fremden aufzubauen.

Bei der Zielformulierung im Hilfeplan darf der **Auftrag in einer Integrationsmaßnahme** nicht aus dem Blick geraten. Es geht um ein gemeinsames Leben und Lernen von Kindern mit und ohne Behinderung in der Kindertageseinrichtung und darum das Kind „in seiner individuellen und sozialen Entwicklung zu fördern und dazu beizutragen, Benachteiligungen zu vermeiden und abzubauen" (vgl. Präambel Rahmenvereinbarung Integrationsplatz). Das ist der Rahmen, in dem für das einzelne Kind und seine Familie Ziele zu formulieren sind.

Manche Ziele brauchen Zeit und müssen über einen längeren Zeitraum verfolgt werden. Wenn Sie sich beispielsweise vornehmen, das Kind darin zu unterstützen, Kontakte zu anderen Kindern zu knüpfen und allmählich Freundschaften zu schließen, kann es im Einzelfall sinnvoll und notwendig sein, an diesem Ziel nicht nur sechs Monate, sondern ein Jahr oder länger zu arbeiten. Geben Sie sich, dem Kind und seiner sozialen Umwelt die Zeit, die es braucht. Die Qualität der Hilfeplanung ist nicht danach einzuschätzen, wie schnell oder wie viele Ziele sie erreicht – entscheidend ist an erster Stelle, dass die Ziele für das einzelne Kind und seine Familie sinnvoll gewählt und konsequent verfolgt werden.

QUINT empfiehlt, sich auf maximal drei kindbezogene und maximal drei eltern- bzw. familienbezogene Ziele pro Hilfehalbjahr zu **konzentrieren**. Achten Sie bei der Zielformulierung darauf, dass Prioritäten gesetzt werden. Dafür ist es eventuell hilfreich, zunächst einmal Ziele zu sammeln und sich dann gemeinsam für die wichtigsten Ziele zu entscheiden. Grundsätzlich gibt es die Möglichkeit, für sechs Monate an mehreren Themenbereichen zu arbeiten oder sich einem bestimmten Bereich intensiver zuzuwenden. Dass Sie zu einzelnen Bereichen keine Ziele formulieren, heißt ja nicht, dass Sie hier keine verfolgen oder nichts tun. Die Frage ist, welche Bereiche Sie in der Hilfeplanung nun mit vereinten Kräften gemeinsam angehen wollen.

QUINT schlägt vor, die Ziele **hierarchisch zu ordnen** (vgl. Hilfeplan-Leitfaden). In der Hierarchie ganz oben steht ein relativ abstraktes Rahmenziel, an dem schwerpunktmäßig im kommenden halben Jahr gearbeitet werden soll. Dieses Rahmenziel wird auf der darunter liegenden Ebene konkretisiert. Besteht das Rahmenziel für ein Kind mit schwerer Behinderung beispielsweise im Erhalt der aktuell gegebenen Lebensqualität, so ist auf der darunter liegenden Ebene nun zu präzisieren, was diese ausmacht. Sie kann sich beispielsweise in einem liebevollen Kontakt zu anderen Kindern äußern. Auf der untersten Ebene wird festgehalten, was konkret unternommen wird, um das Ziel „wechselseitiger, liebevoller Kontakt zu anderen Kindern" zu erreichen.

Grundsätzlich sind nur Ziele zu formulieren, die **die Anwesenden aktiv beeinflussen können**. Ist die Ergotherapeutin nicht anwesend, dürfen weder Ziele für die Ergotherapie formuliert werden, noch darf die Ergotherapeutin bei den Maßnahmen eingeplant werden. Sinnvoll und korrekt ist es unter Umständen, bei den Maßnahmen „Kontaktaufnahme mit der Ergotherapie" zu vermerken.

Tipp: Da sich Ziele grundsätzlich auf einen wünschenswerten Zustand beziehen, sind sie **positiv zu formulieren.** Bei einem Kind, das sich aggressiv verhält, wäre das Ziel „Selteneres Treten, Schlagen und Schreien" daher eine wenig gelungene Zielformulierung. Besser wäre es, als Ziel beispielsweise „Kontrolle über aggressive Impulse erlangen" zu formulieren.

Ziele sollten immer eine **Herausforderung** darstellen. Sie geschehen nicht einfach, sondern es bedarf eines absichtsvollen Handelns, damit sie erreicht werden.

Daher ist darauf zu achten, die Ziele weder zu konkret (z. B. „Ausschneiden einer Bastelvorlage") noch zu allgemein („Feinmotorik") zu formulieren. Zu konkrete Ziele bergen die Gefahr, dass Sie aus den Augen verlieren, worum es Ihnen bei der Förderung des Kindes eigentlich geht (Geht es wirklich darum, dass das Kind lernt, eine Bastelvorlage auszuschneiden oder bezwecken Sie damit etwas Umfassenderes?). Zu abstrakte Ziele haben hingegen das Problem, dass sie zu wenig handlungsleitend sind (aus dem Ziel „Feinmotorik" lassen sich „tausendundeine Maßnahme" ableiten, aber worum geht es bei diesem Kind genau?). Oft ist es ausgesprochen schwierig, den richtigen **Konkretheitsgrad** bei der Zielformulierung zu treffen (z. B. „Koordinierter Einsatz beider Hände" oder „Höhere Geschicklichkeit im Umgang mit beiden Händen").

Beispiel:

Rahmenziel: Intensivere Kontakte zu anderen Kindern

1. *Ziel:* stärkeres Selbstbewusstsein
   Maßnahmen: Aufgaben übertragen (z. B. Mithilfe bei hauswirtschaftlichen Tätigkeiten); loben; Rollenspiele; Angebote machen, aus denen das Kind auswählen kann
2. *Ziel:* kommunikative Fähigkeiten ausbauen
   Maßnahmen: Kind loben, wenn es auf andere Kinder zugeht und sie zum gemeinsamen Spiel einlädt
3. *Ziel:* Freunde finden
   Maßnahmen: Sing- und Bewegungsspiele im Stuhlkreis; Rollenspiele; Geburtstagsfeiern etc.

Es ist kritisch zu prüfen, ob die Ziele **realistisch** sind: Können Sie in den kommenden sechs Monaten an allen Zielen, die Sie formuliert haben, so intensiv arbeiten, dass eine gute Chance besteht, die Ziele zumindest teilweise zu erreichen? Sind die Ziele in Bezug auf den Entwicklungsstand des Kindes angemessen, das heißt, stellen sie weder eine Über- noch eine Unterforderung dar?

Eine gelungene Zielformulierung erhöht die Klarheit für alle Beteiligten und fördert eine effektive Zusammenarbeit. Für eine erfolgreiche Förderung und Integration sind einzelfallbezogene Zielformulierungen daher unerlässlich. Qualität und Erfolg von Zielvereinbarungen lassen sich dadurch erhöhen, dass man sich zum einen mit der Thematik inhaltlich auseinandersetzt und zum anderen wie bei einem Handwerk das Formulieren von Zielen übt.

Zielorientierung in der Hilfeplanung

 Tipp: Nachdem Sie sich in QUINT eingearbeitet und einige Kolleginnen bereits in Hilfeplangesprächen Ziele formuliert haben, können Sie sich im Team hierzu austauschen, indem beispielsweise jede Kollegin die Zielpyramide, die sie mit den Eltern und anderen Fachleuten erstellt hat, einmal auf die oben genannten Kriterien überprüft.

Oder Sie üben im Team das Formulieren von Zielen, indem jeder für ein Kind eine Zielpyramide ausfüllt (15–20 Minuten).

Lassen Sie sich nicht entmutigen, denn eine gelungene Zielformulierung ist für jeden eine Herausforderung!

Was sind geeignete Maßnahmen zur Zielerreichung?

Maßnahmen sind das, was getan werden soll, um die Ziele zu erreichen. Die Qualität der Planung hängt stark davon ab, ob es gelingt, **Maßnahmen konsequent aus den zuvor formulierten Zielen abzuleiten.** Besteht kein eindeutiger Zusammenhang zwischen dem Handeln und den Zielen, ist auch nicht zu erwarten, dass die Ziele erreicht werden.

Entwicklungsangemessene Maßnahmen abzuleiten setzt eine Auseinandersetzung mit dem Entwicklungsstand des Kindes voraus (→ letzter Dokumentationsbogen, der bearbeitet wurde). Zu beachten ist, dass die daraus abgeleiteten Maßnahmen sich am Entwicklungsstand des Kindes orientieren sollten und nicht an der für dieses Alter entsprechenden Entwicklung. Das Kapitel 5 „Entwicklungspsychologische Grundlagen" ist in diesem Zusammenhang sehr hilfreich. Es ist jedoch nicht in der Art zu lesen, was das Kind in seinem Alter können sollte, sondern was die nächsten Entwicklungsschritte für dieses Kind sein könnten.

Darüber hinaus ist es erforderlich, **Hypothesen zur Ursache einer Auffälligkeit zu entwickeln**. Reagiert ein Kind auf Aufforderungen nicht, kann dies beispielsweise auf einen organischen Defekt am Sinnesorgan zurückzuführen sein. Ebenso ist es möglich, dass das Problem auf Schwierigkeiten in der neuronalen Verarbeitung der Reize verweist. Und schließlich ist auch eine Verweigerung der Kommunikation aus motivationalen Gründen als mögliche Ursache in Betracht zu ziehen.

Um zu überprüfen, welche Hypothese zutrifft, kann es beispielsweise sinnvoll sein, gezielt und gründlich in der QUINT-Dokumentation die Items zur auditiven Wahrnehmung zu betrachten und die Einschätzung zu überprüfen. Verhärtet sich der Verdacht, kann eine angemessene Maßnahme darin bestehen, in Absprache mit den Eltern eine gezielte Diagnostik in die Wege zu leiten. Kommen Sie hingegen zu der Schlussfolgerung, dass es sich um ein motivationales Problem handelt, könnte eine sinnvolle erste Maßnahme darin bestehen, mit dem Kind über das „Phänomen" zu sprechen, um die dahinter liegenden Gründe zu erfahren. Häufig gibt es nicht nur eine, sondern gleich mehrere Ursachen, denen es durch geeignete Maßnahmen zu begegnen gilt.

Der Integrationsplatz in Hessen soll dazu beitragen, Beeinträchtigungen zu mindern *und* die Teilhabe am Leben in der Gemeinschaft zu erhöhen. In den meisten Fällen ist es nicht erforderlich, dass eine Erzieherin z. B. einmal wöchentlich das Kind aus der Gruppe herausnimmt und mit ihm spezifische Angebote allein durchführt. Geeignete Maßnahmen zeichnen sich vor allem dadurch aus, dass sie **die soziale Integration und die Beziehung des Kindes zur gesamten Kindergruppe** im Blick haben. Es stellt sich also die Frage, wie das einzelne Kind **in der Gruppe** und **mit anderen Kindern**, gegebenenfalls in Kleingruppen, gefördert werden kann.

Beispiel: Kind mit Sehbehinderung oder Blindheit

1. Ziel: Kind soll sich selbstständig auf dem Außengelände bewegen können
Maßnahmen: Kindergruppe legt gemeinsam einen Tastpfad an.
Die anderen Kinder in der Gruppe bekommen in Übungen, die Blindheit simulieren (z. B. mit verbundenen Augen durch die Gruppe gehen), einen Eindruck, wie es ist, beim Sehen beeinträchtigt zu sein.

Selbst spezifische Förderung muss nicht zwangsläufig in einer Einzelsituation erfolgen. Höchstwahrscheinlich gibt es in der Einrichtung weitere Kinder, für die beispielsweise eine spezifische Sprachförderung im Rahmen einer Kleingruppe eine geeignete Maßnahme darstellt.

Eine Aufgabe, mit der ein Kind unterfordert ist, übt oft keinen Reiz aus und führt in der Regel auch zu keinem echten Erfolgserlebnis. Eine Überforderung kann dazu führen, dass das Kind scheitert, Misserfolg erlebt und in der Folge Ängste entwickelt, Situationen vermeidet sowie unter Selbstzweifeln und Minderwertigkeitsgefühlen leidet. Geeignete Maßnahmen stellen für das Kind weder eine Unter- noch eine Überforderung dar. Sie sind für das Kind eine **Herausforderung, die es erfolgreich bewältigen kann**, indem es sie mithilfe seiner Fähigkeiten meistert, sich weitere Fähigkeiten aneignet und/oder andere um Unterstützung bittet. Eine erfolgreiche Bewältigung führt dazu, dass das Kind auch der nächsten Herausforderung mit Neugier und einer positiven Erwartungshaltung begegnen wird. Durch diese Erfolgserlebnisse entwickelt das Kind eine auf Erfahrung beruhende realistische Überzeugung, Herausforderungen gewachsen zu sein. Diese sogenannte Selbstwirksamkeitsüberzeugung zählt zu denjenigen Faktoren, die Kinder psychisch stark machen und dazu beitragen, dass sie sich auch unter belastenden Lebensumständen positiv entwickeln (Resilienz). Außerdem gehen diese Erfolgserlebnisse mit weiteren positiven Emotionen wie Freude und Glück einher, welche sich wiederum positiv auf das Wohlbefinden des Kindes auswirken.

Bei der Suche nach geeigneten Maßnahmen geht es *nicht* darum, möglichst viele *neue* Maßnahmen zu entwickeln. Die Kunst liegt oft darin, **bestehende Angebote** so **umzugestalten**, dass das Kind, um das es in diesem Hilfeplan geht – wie alle anderen Kinder auch – daran teilnehmen und davon profitieren kann. Für Kinder mit einer (drohenden) Behinderung ist häufig mehr Aufmerksamkeit darauf zu verwenden, diese Voraussetzungen zu schaffen als für Kinder ohne Behinderung.

Beispiel: Kind mit einer schweren körperlichen und geistigen Behinderung

Angebot der Einrichtung: Im Oktober finden Angebote zum Thema „Herbst" statt. Die Kinder der Gruppe gehen im Wald Blätter sammeln, basteln mit Naturmaterialien und besuchen den Wochenmarkt.

Maßnahmen, damit das Kind mit Behinderung daran teilhaben kann:
Kinder der Gruppe trocknen die gesammelten Blätter und gestalten ein „Blätterbad", in dem alle das Naturmaterial erfahren können.

Wir empfehlen, eine Beschreibung der Maßnahmen in einer Art **Maßnahmenplan zur Zielerreichung** festzuhalten. Hier können Angebote und Projekte festgehalten werden, Vereinbarungen zur Umgestaltung von Angeboten oder auch konkrete Agendapunkte wie „Beratungstermin mit der Frühförderung vereinbaren". Alles was getan werden muss, um die Hilfeplanziele zu erreichen, wird hier notiert. In einem Maßnahmenplan wird außerdem festgehalten, wer für welche Maßnahmen die Verantwortung übernimmt und wann bzw. mit welcher Regelmäßigkeit die Maßnahmen erfolgen sollen. Der Maßnahmenplan hilft, in den kommenden Monaten im Blick zu behalten, was zu tun ist. Wenn eine Person für eine Maßnahme die Verantwortung übernimmt, heißt das nicht zwangsläufig, dass diese Person die Maßnahme durchzuführen hat. Möglicherweise handelt es sich um einen Punkt, den die Eltern übernehmen wollen, oder es handelt sich um eine Teamaufgabe, an der alle mitarbeiten müssen. Eine Person aus dem Team einer Kindertageseinrichtung muss jedoch im Auge behalten, dass die Maßnahme in der geplanten Form tatsächlich umgesetzt wird. Bei der Entscheidung, *wer* eine Maßnahme tatsächlich umsetzt, sollte die Beziehung dieser Person zum Kind berücksichtigt werden.

 Tipp: Zielformulierung und die Ableitung geeigneter Maßnahmen sind Themen, die Sie hervorragend im Rahmen von Fallbesprechungen bzw. Beratungsterminen mit der Heilpädagogischen Fachberatung oder Arbeitskreisen bearbeiten können.

6.7 Glossar zum Hilfeplan-Leitfaden

Item Nr.	Hinweis
5	**Teilnehmerinnen am Hilfeplangespräch** Siehe Kap. 6.2 „Beteiligte an der Hilfeplanung".
6–7	**Vor dem Hilfeplangespräch wurde Kontakt aufgenommen zu folgenden Personen** Ferner sind in diesem Item Institutionen und Personen aufgeführt, die für eine Hilfeplanung Informationen geben und wichtige Kooperationspartner sein können. Sofern eine Teilnahme am Hilfeplangespräch nicht möglich ist, sollte zu diesen Personen im Vorfeld eines Hilfeplangesprächs telefonischer oder persönlicher Kontakt hergestellt werden. Ein telefonischer Austausch mit anderen Fachleuten macht eine „Schweigepflichtentbindung" durch die Eltern erforderlich (eine Vorlage finden Sie auf der CD-ROM). Alle wesentlichen Erkenntnisse aus Gesprächen, die im Vorfeld stattgefunden haben, sollten notiert und in das Hilfeplangespräch eingebracht werden.
8	**Wie verlief die Entwicklung des Kindes in den letzten Monaten?** Oft ist es für den Gesprächsverlauf hilfreich, wenn man mit einem ehrlich gemeinten „Wie geht es Ihnen?" Interesse am Gesprächspartner signalisiert. Gelingt es am Anfang des Gesprächs, dieses Interesse zu vermitteln und ist man bemüht, aktiv zuzuhören und einige Minuten bei dem zu bleiben, was die Eltern äußern, dann ist diese Frage ein guter Einstieg in ein Gespräch. Versuchen Sie, die Entwicklung des Kindes ressourcenorientiert zu beschreiben und in erster Linie zu erkennen, was das Kind in den einzelnen Bereichen gelernt hat, anstatt den Blick primär darauf zu richten, was das Kind noch nicht kann. Entwicklung in der Kindertagesstätte: Hier ist in erster Linie vonseiten der Kindertagesstätte zu berichten, was das Kind im letzten halben Jahr für Fortschritte in der Entwicklung gemacht hat: • Ein kurzer Bericht kann erfolgen, der auf der QUINT-Dokumentation beruht. Was ist uns im Team bei der Dokumentation und deren Auswertung aufgefallen? Was ergab die Auswertung? Zum Beispiel: Kommunikation gelang zunehmend besser, das Kind geht zunehmend auf andere Kinder zu.

Item Nr.	Hinweis
	• Dies sollte ergänzt werden durch alles andere, was in der Kindertagesstätte auffällt und zur Integration beiträgt. Dieser Punkt kann natürlich nur dann von der Einrichtung eingebracht werden, wenn das Kind bereits seit einiger Zeit in der Einrichtung ist. Handelt es sich um das erste Hilfeplangespräch, so kann an dieser Stelle z. B. ein Bericht über die Eingewöhnungszeit erfolgen. Entwicklung zu Hause: Hier werden die Eltern gebeten zu berichten, was ihnen zu Hause auffällt: z. B.: Kind nimmt vermehrt Kontakt auf zu Kindern in der Nachbarschaft, spielt vorwiegend draußen. Je nach Situation ist es sinnvoller, *zuerst* die Eltern zu Wort kommen zu lassen und erst dann die Beobachtungen aus der Kindertagesstätte zu ergänzen.
10	**Welche bisher durchgeführten therapeutischen und pädagogischen Angebote haben sich bewährt, welche nicht?** Eine an den Bedürfnissen des Kindes orientierte Zusammenstellung von Angeboten, die pädagogische, therapeutische und heilpädagogische Ziele verfolgen, ist eine wichtige Voraussetzung für eine gelungene Hilfeplanung. Mit diesem Item möchten wir die Beteiligten dazu ermutigen, sich darüber auszutauschen, welche Angebote aus ihrer Erfahrung und Beobachtung Sinn machen, und vor allem kritisch zu hinterfragen, wie viele Angebote hilfreich und förderlich sind. Weiterhin ist darauf zu achten, dass alle Angebote primär auf die soziale Integration ausgerichtet sind. So möchten wir gerade bei heilpädagogischen Angeboten anregen, diese nach Möglichkeit im Kindergartenalltag zu integrieren und nicht umgekehrt den Alltag nach den heilpädagogischen Angeboten auszurichten. Im Sinne von Integration sollte bei *jedem* Angebot angestrebt werden, dass neben dem Kind mit Integrationsmaßnahme weitere Kinder der Einrichtung teilnehmen, denen diese spezielle Förderung ebenso zugute kommt. Positiv wäre es, wenn aus dem hier eingeleiteten Dialog ein gemeinsames Fazit gezogen wird, in dem man festhält, welche Angebote beibehalten, reduziert bzw. verändert werden sollten.
11	**Stärken und Interessen der Familie** Integration findet zu Hause und in der Kindertagesstätte statt. Deshalb ist es für die Einrichtung von großem Interesse, was dem Kind im Zusammenleben mit seiner Familie, im Umgang mit Freunden oder Nachbarn Freude bereitet oder eine Herausforderung darstellt. Möglicherweise verfügt das familiäre Umfeld über ein Potenzial, das für die gemeinsame Förderung des Kindes von Bedeutung ist, der Einrichtung aber bisher nicht bekannt war. Zum Beispiel: Familie macht häufig gemeinsame Ausflüge, gemeinsame Hobbys, Eltern sind offen und kooperativ, fördern den Kontakt zu Kindern mit und ohne Behinderung, Eltern gehen auch ihren eigenen Bedürfnissen nach, setzen Grenzen, enge Beziehung unter Geschwistern etc.

Glossar zum Hilfeplan-Leitfaden

Item Nr.	Hinweis
	Wenn es gelingt, im Verlauf des Hilfeplangesprächs zu diesem Punkt etwas zu erfahren, so kann dies hier notiert werden.
12	**Beziehungen zu Freunden und Gleichaltrigen** Beziehungen zu Freunden und Gleichaltrigen tragen in erheblichem Maße zur Integration bei, deshalb wird hierauf besonderes Augenmerk gerichtet. In einzelnen Hilfeplangesprächen haben wir erfahren, dass dies ein sehr zentrales und nicht selten für Eltern ein sehr schmerzhaftes Thema ist. Versuchen Sie, mit viel Einfühlungsvermögen an geeigneter Stelle die Eltern nach ihren Beobachtungen hierzu zu fragen und von Ihren eigenen Beobachtungen im Kindergartenalltag zu berichten. Zum Beispiel: Kontakt zu Kindern in der Nachbarschaft, Kontakt zu Kindern ohne Behinderung, wird gehänselt oder von anderen Kindern gemieden, leidet unter Zurückweisung anderer Kinder, geht offen auf andere Kinder zu, erlebt in den Freundschaften gegenseitiges Geben und Nehmen etc. Hier ist es insbesondere wichtig, dass die Kindertagesstätte die Ressourcen der Gruppe beachtet (→ Dokumentationsbögen „Zusammenleben in der Kindergruppe"). Sie bieten eine Menge Potenzial für eine gelungene Hilfeplanung! Es geht in erster Linie um die Qualität dieser Beziehungen, die Anzahl von Freunden und Spielpartnern ist zweitrangig.
13	**Wie äußert das Kind seine Bedürfnisse?** Diese Frage zielt darauf ab, sich gegenseitig für die Kommunikationswege zu sensibilisieren, die das Kind wählt, um sich und seine Bedürfnisse mitzuteilen. Wenn das Kind nicht in der Lage ist, seine Bedürfnisse klar zu kommunizieren, versucht die Umwelt sie zu erahnen. Machen Sie sich bewusst, dass dies häufig Hypothesen oder Vermutungen sind, die es zu überprüfen gilt. Zum Beispiel: äußert Bedürfnisse verbal, äußert Wünsche im Stuhlkreis durch Gesten oder Mimik, sucht aktiv Körperkontakt.
14	**Aus Sicht des Kindes: Was wünscht und braucht das Kind in der Kindertagesstätte?** Welche Wünsche äußert das Kind? Wovon wünscht es mehr oder weniger? Woran zeigt es Interesse? Was macht ihm besondere Freude? Welche Situationen/Personen sucht es wiederholt auf? Mit wem ist es gerne zusammen? Sofern möglich, sollte das Kind selbstverständlich hierzu direkt befragt werden. Wenn die Kommunikation aufgrund der vorliegenden Behinderung stark eingeschränkt ist, sind nonverbale Äußerungen des Kindes wahrzunehmen und zu interpretieren. **Aus Sicht der Eltern: Was wünscht und braucht das Kind in der Kindertagesstätte?** In welchen Bereichen kann die Kindertagesstätte die Familie unterstützen, indem sie Aufgaben übernimmt, die in der Familie nur schwer machbar sind, oder Rituale und Übungen auch im Kindergartenalltag integriert, mit denen die Familie gute Erfahrungen gemacht hat.

Item Nr.	Hinweis
	Zum Beispiel: Eltern wünschen ausreichend Bewegung für ihr Kind, Vorbereitung auf die Schule, haben keine bestimmten Wünsche, wünschen normalen Kindergartenalltag. **Aus Sicht des Teams: Was wünscht und braucht das Kind in der Kindertagesstätte?** Welche Bedürfnisse lassen sich aus den Beobachtungen des Teams und der Dokumentation mit QUINT ableiten? Zum Beispiel: ist ausgesprochen aktiv, möchte Spielaktivitäten selbst entwickeln und Spielpartner selbst auswählen, wünscht viel Stimulation, sucht häufig Körperkontakt.
15	**Wie können anstehende Übergänge (z. B. in die Schule) gemeinsam gestaltet werden?** Übergänge sind für Kinder und Familien sowohl persönlichkeitsbildend als auch belastend. Um in der Erziehung, Bildung und Betreuung an einem Strang zu ziehen, dem Kind Sicherheit und Orientierung zu bieten und ihm insgesamt den Übergang in eine andere Einrichtung oder in die Schule zu erleichtern, ist es nötig, diese Übergänge bewusst zu gestalten. Der Abschlussbogen des Dokumentationssystems gibt konkrete Anregungen zur Gestaltung von Übergängen. Steht ein solcher Übergang an, sollte das Hilfeplangespräch dazu genutzt werden, diesen gemeinsam zu gestalten. Eltern erleben das eigene Kind in solchen „Übergangszeiten" verstärkt im Vergleich zu anderen Kindern, die Andersartigkeit wird thematisiert und eine verstärkte Ablösung vom Kind ist erforderlich. In dieser Zeit ist es für Eltern besonders wichtig, vertraute Ansprechpartner zu haben, die ihnen unterstützend zur Seite stehen.
16–17	**Ziele** Siehe Kapitel 6.6 „Zielorientierung in der Hilfeplanung". In Bezug auf eltern- und familienbezogene Ziele empfiehlt es sich, im ersten Schritt nach den Wünschen der Eltern zu fragen. Daraus lassen sich dann im nächsten Schritt Ziele ableiten.
19	**In welcher Form ist es für die Eltern möglich, etwas zur Zielerreichung beizutragen?** Inwieweit können und wollen sich die Eltern in der Kindertagesstätte einbringen? Zum Beispiel: Teilnahme an Gesprächskreisen, Hospitation, Organisation von Fahrdiensten für ihr Kind etc.
20	**Welche Leistungen der Frühförderstelle/Heilpädagogischen Fachberatung sind zur Zielerreichung erforderlich?** Sollte sich im Verlauf des Gesprächs herausgestellt haben, dass heilpädagogischer Handlungsbedarf besteht, so sollte an dieser Stelle definiert werden, worin der Bedarf konkret besteht und welche Maßnahmen konkret angestrebt werden.

Glossar zum Hilfeplan-Leitfaden

Item Nr.	Hinweis
21	**Welche weiteren Maßnahmen sind zur Zielerreichung erforderlich und bei welchen Stellen können die Eltern Unterstützung finden?** Sollte sich im Gespräch ein Bedarf ergeben haben, den die anwesenden Personen und Institutionen nicht abdecken können, so kann auf bekannte Beratungsstellen und Dienste aufmerksam gemacht werden. Oder die Einrichtung vermerkt hier, dass sie über die entsprechenden Stellen Informationen einholt und diese an die Eltern weiterleitet. Zum Beispiel: Vermittlung an eine Erziehungsberatungsstelle oder spezielle Diagnostik.
22	**Unterschriften** Mit ihrer Unterschrift demonstrieren alle Beteiligten die Zustimmung zu dem gemeinsam erarbeiteten Hilfeplan. Unterschriften erhöhen die Bindung an die hier getroffenen Vereinbarungen und sind für deren Umsetzung förderlich. Alle Anwesenden erhalten eine Kopie des Dokuments.

Inhalte dieses Kapitels

7	**Anregungen für die Zusammenarbeit mit Eltern**	**161**
7.1	Begleitung von Eltern eines Kindes mit Behinderung	161
7.2	Information und Austausch mit allen Eltern in der Kindertageseinrichtung	165

7 Anregungen für die Zusammenarbeit mit Eltern

Daniela Adams, Ilka Müller

In Ergänzung zur individuellen Hilfeplanung (Kap. 6) bietet dieses Kapitel weitere Anregungen zur Zusammenarbeit mit Eltern.

7.1 Begleitung von Eltern eines Kindes mit Behinderung

Willkommen in Holland

von Emily Perl Kingsley (aus dem Englischen von Andrea Kühne)

Ich werde oft gefragt, wie es ist, ein behindertes Kind großzuziehen. Um Menschen, die diese einzigartige Erfahrung nie gemacht haben, verstehen zu helfen und um sich dieses Gefühl vorstellen zu können. Es ist wie folgt ...

Wenn man ein Baby erwartet, ist das, wie wenn man eine wundervolle Reise nach Italien plant. Man deckt sich mit Reiseprospekten und Büchern über Italien ein und plant die wunderbare Reise. Man freut sich aufs Kolosseum, Michelangelos David, eine Gondelfahrt in Venedig und man lernt vielleicht noch ein paar nützliche „Brocken" Italienisch. Es ist alles so aufregend.

Nach Monaten ungeduldiger Erwartung kommt endlich der lang ersehnte Tag. Man packt die Koffer und los geht's. Einige Stunden später landet das Flugzeug. Die Stewardess kommt und sagt: „Willkommen in Holland." „Holland?!? Was meinen Sie mit Holland?!? Ich habe eine Reise nach Italien gebucht! Mein ganzes Leben lang habe ich davon geträumt, nach Italien zu fahren!"

Aber der Flugplan wurde geändert. Sie sind in Holland gelandet und da musst du jetzt bleiben.

Wichtig ist, die haben uns nicht in ein schreckliches, dreckiges, von Hunger, Seuchen und Krankheiten geplagtes Land gebracht. Es ist nur anders als Italien.

So, was du jetzt brauchst sind neue Bücher und Reiseprospekte und du musst eine neue Sprache lernen und du triffst andere Menschen, welche du in Italien nie getroffen hättest.

Es ist nur ein anderer Ort, langsamer als Italien, nicht so auffallend wie Italien. Aber nach einer gewissen Zeit an diesem Ort und wenn du dich vom Schrecken erholt hast, schaust du dich um und siehst, dass Holland Windmühlen hat ... Holland hat auch Tulpen. Holland hat sogar Rembrandts.

Aber alle, die du kennst, sind sehr damit beschäftigt, aus Italien zu kommen oder nach Italien zu reisen. Und für den Rest deines Lebens sagst du dir: „Ja, Italien, dorthin hätte ich auch reisen sollen, dorthin hatte ich meine Reise geplant."

Und der Schmerz darüber wird nie und nimmer vergehen, denn der Verlust dieses Traumes ist schwerwiegend.

Aber ... wenn du dein Leben damit verbringst, dem verlorenen Traum der Reise nach Italien nachzutrauern, wirst du nie frei sein, die speziellen und wundervollen Dinge Hollands genießen zu können.

Copyright (c) 1987 by Emily Perl Kingsley
All rights reserved
Reprinted with permission of the author

Phasen der Problemverarbeitung

Die Geburt eines Kindes mit Behinderung stellt einen massiven Eingriff in das Leben aller Beteiligten, insbesondere aber in das Leben der Eltern, dar. Oft hat dieses Erleben einen traumatischen Charakter. Emily Perl Kingsley beschreibt in ihrem Text „Willkommen in Holland" poetisch und eindrucksvoll, wie sie die Geburt ihres Kindes mit einer Behinderung erlebt hat und wie sie lernte, mit dem Unerwarteten positiv umzugehen. Der Text macht deutlich, dass Eltern Zeit benötigen, um ihren persönlichen Weg der Verarbeitung zu finden und dass dieser Weg in ganz besonderem Maße die eigene Persönlichkeitsentwicklung beeinflusst.

Den Eltern beziehungsweise der Mutter bleiben häufig nach der Geburt wenig Möglichkeiten und wenig Zeit für den Verarbeitungsprozess, da alle ihre Kräfte in besonderem Maße darauf ausgerichtet sind, das Kind zu versorgen – die Bewältigung des Alltags steht im Vordergrund.

Der Umgang mit Lebenskrisen vollzieht sich nicht schlagartig. Jeder Mensch verarbeitet sie in unterschiedlicher Weise und in seinem individuellen Tempo. Dennoch gibt es auch Gemeinsamkeiten und Parallelen. Nach Erika Schuchardt vollzieht sich die Verarbeitung bzw. Bewältigung dieser Lebenskrisen in der Regel wie folgt.

Es lassen sich im Groben drei Abschnitte unterscheiden: Das Eingangsstadium (Phasen 1 und 2), das Übergangsstadium (Phasen 3 bis 5) und das Zielstadium (Phasen 6 bis 8). Im Detail sehen die einzelnen Phasen wie folgt aus:

Phase 1: Ungewissheit

Die erste Reaktion ist häufig eine Art Schockzustand. Eine Überforderung mit dem völlig unerwarteten Ereignis, Unsicherheit und Unwissenheit, ob und wenn ja, *wie* diese Situation zu bewältigen ist, herrschen vor. In dieser ersten Phase erscheint die Situation oft als nicht annehmbar.

Jetzt ist es besonders wichtig, den Eltern Zeit, Ruhe und Entlastung im Alltag zu geben, damit sie die Möglichkeit haben, ihre unterschiedlichen Gefühle wahrzunehmen und diese auch zulassen können. Menschen, die sich in einer Art Schockzustand befinden, sind oft kaum in der Lage, systematisch über Lösungen nachzudenken. In der Regel brauchen Eltern zu diesem Zeitpunkt daher auch keine Lösungsvorschläge, und Ratschläge führen eher ins Leere.

Phase 2 und 3: Gewissheit und Aggression

Diese Phasen sind durch die Ambivalenz zwischen Wissen und Emotionen geprägt. Der Mensch hat zwar die Wahrheit rational erkannt, verneint sie aber gleichzeitig emotional. Dies geschieht durch sogenannte Abwehrmechanismen, die uns helfen, mit einer Wirklichkeit umzugehen, die wir emotional noch nicht ertragen können. Negative Gefühle wie Ablehnung, Wut oder Zorn werden ausgelöst und können oft sehr impulsiv und ungesteuert hervorbrechen. Häufig entsteht in dieser Zeit ein Teufelskreis. Die Betroffenen klagen ihre Umwelt an und lösen entsprechende Gegenaggressionen aus, die wiederum bei den Betroffenen das Gefühl von „Alle sind gegen mich/uns" noch verstärken. Eltern fühlen sich in dieser Situation verlassen. Durch die gravierenden Veränderungen in ihrem sozialen Umfeld erleben sie soziale Isolation und den Verlust bisher bestehender Kontakte.

Phase 4: Verhandlung

Diese Phase ist dadurch geprägt, dass eine verstärkte Aktivität einsetzt. Eltern versuchen, alle Möglichkeiten auszunutzen und alles in ihrer Macht Stehende zu tun. Emotional kann diese Aktivität mit der Hoffnung verbunden sein, die Behinderung ungeschehen zu machen. Nicht selten hilft diese übermäßige Aktivität Eltern auch dabei, mit eigenen Schuldgefühlen umzugehen.

Phase 5: Depression

Wenn die nach außen gerichteten Emotionen und Aktivitäten erschöpft sind, führt die Unausweichlichkeit der Realität zu Verzweiflung, Resignation und Depression. Nicht selten treten Emotionen wie Hilflosigkeit, Versagens- und Zukunftsängste auf. Diese Phase ist geprägt durch den Abschied von den letzten irrealen Hoffnungen sowie der Trauer über den Verlust des „Wunschkindes" und der Angst vor der Zukunft.

Phase 6: Annahme

Die Eltern haben alle „Kampfphasen" durchlitten, manche fühlen sich leer und erschöpft, jedoch auch entspannt und von einer Last befreit. Der Blick wird in die Zukunft gerichtet, nicht das Wunschdenken, sondern die Bereitschaft, sich der Tatsache der Behinderung ihres Kindes zu stellen und diese anzunehmen, steht nun im Vordergrund. Aus dem Agieren *gegen* die Behinderung wird ein Leben mit *dem* Kind und seiner Behinderung.

Phase 7: Aktivität

Durch die Annahme der neuen Lebenssituation werden in den Eltern neue Kräfte freigesetzt. Sie lernen mit ihrer speziellen Situation zu leben, ihre Aktivitäten sind auf das Ausschöpfen der reellen Möglichkeiten gerichtet.

Phase 8: Solidarität

Diese Phase ist für Schuchardt der Ausdruck einer erfolgreichen Krisenbewältigung. Die Eltern nehmen wieder aktiv am gesellschaftlichen Leben teil. Dabei akzeptieren sie ihre Familie in ihrem Anderssein innerhalb der Gesellschaft. Sie sehen ihr durch die Krisenverarbeitung neu geprägtes Leben als Chance und besondere Aufgabe. Für sie steht weniger eine Leistungsmotivation im Vordergrund als Kooperation und gegenseitige Hilfeleistungen.

Das Besondere an dieser Spiraldarstellung ist, dass die einzelnen Phasen nicht begrenzt und abgeschlossen dargestellt sind, sondern fließend ineinander übergehen, sich ablösen, aber auch nebeneinander bestehen können. In der Verarbeitung von Krisen gibt es Zeiten, in denen wir zwischen höchst unterschiedlichen Emotionen wie Depression und Annahme hin- und hergerissen sind, oder auch in eine Phase, die wir bereits glauben, überwunden zu haben, in die wir zurückfallen.

Modelle wie das hier zitierte Phasenmodell von Erika Schuchardt helfen dabei, den Verarbeitungsprozess von Eltern mit einem Kind mit Behinderung zu verstehen. Modelle sind jedoch immer Verallgemeinerungen, die im Einzelfall selbstverständlich eine andere Ausprägung haben können. Jeder Mensch geht seinen persönlichen Weg der Krisenverarbeitung, der unter anderem auch durch kulturelle Hintergründe geprägt ist, und jeder Mensch hat dabei sein ganz individuelles Tempo. Das Tempo von betroffenen Eltern ist dabei in den seltensten Fällen identisch mit dem Tempo von Fachleuten, die die Situation von außen betrachten. In der Begleitung von Eltern mit einem Kind mit Behinderung ist es erforderlich, dass Sie sich als Fachkräfte auf das Tempo der Eltern einlassen und sie an *der* Stelle unterstützen, wo sie sich in ihrem Verarbeitungsprozess befinden.

Zur Auseinandersetzung mit dem Thema im Team und/oder mit allen Eltern in der Kindertageseinrichtung regen folgende Fragen an:

Erkenntnisleitende Fragen:
- Wie geht es den Eltern mit der Behinderung/Entwicklungsverzögerung ihres Kindes?
- Bemühen wir uns in erster Linie, betroffene Eltern zu verstehen oder zu überzeugen?
- Erleben Eltern die Integrationsmaßnahme eher als Chance/Förderung oder als Stigmatisierung?
- Was würde ich mir als Elternteil wünschen, wenn mein Kind eine Integrationsmaßnahme in Anspruch nähme?
- Besteht die Gefahr der Vereinzelung bei Eltern von Kindern mit Behinderung? Haben sie Kontakte innerhalb und außerhalb der Kindertageseinrichtung und erleben sie soziale Unterstützung?
- Gibt es eine Solidarität unter Eltern, die sich verbal oder durch ganz konkrete Hilfeleistungen zeigt?
- Wie offen gehen Eltern in Ihrer Kindertageseinrichtung mit der Integration um? Sprechen sie positive und kritische Aspekte an?

7.2 Information und Austausch mit allen Eltern in der Kindertageseinrichtung

Integration geschieht in der Kindertagesstätte auf vielen Ebenen. Neben der Interaktion zwischen den Kindern und den Fachkräften ist die Kommunikation mit den Eltern der Kindertagesstätte ein wichtiger Dreh- und Angelpunkt.

Mit der Bewilligung von Integrationsmaßnahmen kommt es zu Veränderungen in der Kindertagesstätte. Beispielsweise wird die Gruppenstärke reduziert und Personalstunden werden aufgestockt. Neben den strukturellen Veränderungen wird auch ein Kind, das eine Integrationsmaßnahme in Anspruch nimmt, in Abhängigkeit von der Art seiner Behinderung Aufmerksamkeit erregen. Es entsteht bei der Elternschaft also in der Regel ein Informationsbedarf, dem es aktiv zu begegnen gilt. Außerdem bietet die Integration einiges an, was die Elternarbeit bereichern kann.

Eltern sollten sowohl im **schriftlichen** (z. B. Flyer, Leitbild, Konzeption) als auch im **direkten Dialog**, beispielsweise im Rahmen eines Elternabends, über die integrative Arbeit informiert werden.

Ein gruppenübergreifender oder ein gruppeninterner **Elternabend** zum Thema Integration hat den großen Vorteil, dass die Kindertagesstätte bei der Information über Integration besser auf Nachfragen und Interessen der Eltern eingehen kann. Darüber hinaus eröffnet sich die Möglichkeit, unterschiedliche Einstellungen der Eltern kennenzulernen und etwas über Erwartungen, Hoffnungen und Befürchtungen zu erfahren. Gerade diese Informationen können Sie nutzen, um innerhalb und außerhalb der Kindertagesstätte Offenheit, Wertschätzung und Gemeinschaft zwischen Menschen mit und ohne Behinderung zu fördern.

Tipp: Informieren Sie Eltern über die wichtigsten strukturellen Veränderungen, die in der Rahmenvereinbarung Integrationsplatz geregelt sind, und erläutern Sie dabei die **Funktion der 15 zusätzlichen Fachkraftstunden** (für den behinderungsbedingten Mehraufwand). Begegnen Sie aktiv der irrtümlichen Annahme, eine (evtl. neu eingestellte) Kollegin sei mit 15 Stunden ausschließlich für das Kind mit einer Integrationsmaßnahme zuständig! Machen Sie deutlich, dass Integration Teamaufgabe ist. Diese Informationen können Sie den Eltern, die für ihr Kind eine Integrationsmaßnahme beantragt haben, im Aufnahmegespräch vermitteln und allen anderen im Rahmen eines Elternabends.

Berücksichtigen Sie bei der Vorbereitung eines Elternabends unbedingt, wie die Eltern, deren Kinder in Ihrer Einrichtung eine Integrationsmaßnahme in Anspruch nehmen, mit der (drohenden) Behinderung Ihres Kindes umgehen. Eltern, die diesen Schicksalsschlag gut oder weitgehend verarbeitet haben, sind möglicherweise sogar bereit, sich aktiv an diesem Elternabend zu beteiligen und von ihren Erfahrungen zu berichten. Eltern, die große Schwierigkeiten bei der Verarbeitung haben oder in diesem Prozess noch ganz am Anfang stehen, haben möglicherweise eine deutliche Vermeidungs- oder Verleugnungstendenz. Für sie kann der Elternabend zum Thema Integration ein gravierendes Problem darstellen. Solange Integration in unseren Köpfen keine Selbstverständlichkeit ist, sondern wir uns aktiv mit dem Thema auseinandersetzen müssen, ist es wichtig, dass die Kindertagesstätte genau dies anregt. Dabei sind die Ängste betroffener Eltern selbstverständlich ernst zu nehmen. Dies kann geschehen, indem etwa das Thema Integration ausschließlich auf der allgemeinen Ebene bearbeitet wird. In diesem Fall wird beispielsweise über konzeptionelle Schwerpunkte oder besondere Angebote im Zuge der Integration berichtet und allen Eltern der Sinn und Zweck einer Integrationsmaßnahme erläutert. Es ist nicht nötig, auf einzelne Kinder sprechen zu kommen. Sind betroffene Eltern hingegen damit einverstanden, dass andere Eltern etwas über die Integrationsmaßnahme ihres Kindes erfahren, kann das Thema für alle greifbarer dargestellt und offener besprochen werden. In jedem Fall ist es wichtig, die betroffenen Eltern im Vorfeld über das Vorhaben zu informieren und zu klären, wie sie sich ihre Teilnahme an dem Elternabend vorstellen.

Zur Auseinandersetzung im Team und mit den Eltern können folgende oder ähnliche Fragen anregen:

Erkenntnisleitende Fragen:
- Sehen wir Behinderung als individuelle Entwicklungsmöglichkeit oder als Entwicklungsdefizit?
- Wo erleben wir Berührungsängste?
- Für welche Erfahrungen im Zusammenhang mit Integration sind wir dankbar?
- Wie ermöglichen wir Kennenlernen von Andersartigkeit und Lernen an Modellen?
- Betonen wir Gemeinsamkeiten? Sie sind entscheidender als Unterschiede: gemeinsam spielen, miteinander streiten usw.
- Inwieweit kann Integration Aussonderung verhindern?
- Was ist uns – bezüglich der Integration – im Umgang mit den Eltern wichtig? Was möchten wir erreichen?

Inhalte dieses Kapitels

8	**Strukturelle Rahmenbedingungen**	**168**
8.1	Hinweise zum Umgang mit den Strukturbögen	168
8.2	Glossar	171

8 Strukturelle Rahmenbedingungen

Daniela Adams

Nach dem in Kapitel 2.1 geschilderten Qualitätsverständnis von QUINT wendet sich dieses Kapitel der Strukturqualität zu.

Unter dem Aspekt der **Strukturqualität** werden die Rahmenbedingungen einer Kindertageseinrichtung verstanden, unter denen die Integrationsmaßnahme durchgeführt wird. Während sich die Dokumentation und Hilfeplanung auf das einzelne Kind beziehen und daher eine regelmäßige Aktualisierung und Fortschreibung erforderlich machen, handelt es sich bei den strukturellen Rahmenbedingungen der jeweiligen Kindertagesstätte um Merkmale, die zeitlich eher konstant sind und sich nur bedingt an Bedürfnisse einzelner Kinder anpassen lassen. Die strukturellen Bedingungen, unter denen Integration in den Einrichtungen stattfindet, beeinflussen das Gelingen integrativer Prozesse und die Ergebnisse jeder einzelnen Integrationsmaßnahme.

Strukturelle Rahmenbedingungen sind eine **notwendige Voraussetzung** für gelungene Integrationsmaßnahmen. Je nachdem, wie einzelne Strukturmerkmale in der Kindertagesstätte beschaffen sind, bestimmen sie Möglichkeiten und Grenzen integrativer Arbeit. Strukturqualität stellt ein Fundament dar, sodass ein Mindestmaß an Strukturqualität nötig ist, damit die Fachkräfte in den Einrichtungen überhaupt integrative Prozesse initiieren und erfolgreich begleiten können.

Eine gute Strukturqualität bietet gleichwohl keine Garantie, dass Integration besonders gut verläuft und gute Effekte erzielt werden. Anders ausgedrückt, es können auch in Kindertagesstätten mit einer schlechten Strukturqualität gute Prozesse gelingen und Erfolge erzielt werden und es gibt Einrichtungen mit guter Strukturqualität, die nicht immer in der Lage sind, diese optimal zu nutzen.

Strukturqualität ist äußerst wichtig für die Qualität des Integrationsplatzes. Trotz steigendem Kostendruck in den Einrichtungen und erschwerten Arbeitsbedingungen dürfen wir gleichzeitig nicht aus den Augen verlieren, dass sie nur *einen* Aspekt von Qualität darstellt und mit der Prozess- und Ergebnisqualität zusammenhängt.

8.1 Hinweise zum Umgang mit den Strukturbögen

QUINT bietet ein Instrumentarium an, das die Erhebung struktureller Rahmenbedingungen ermöglicht. Inhaltlich werden hier z. B. das Konzept der Einrichtung, die personelle, räumliche und materielle Ausstattung, Anzahl, Qualifikation und Fluktuation der Mitarbeiterinnen oder Teamsitzungen und Vorbereitungszeiten ebenso erfasst, wie die Zufriedenheit mit der Zusammenarbeit aus Sicht der Einrichtung und aus Sicht des Trägers. Bei einem dauerhaften Einsatz dieser Strukturbögen in Kombination mit der einzelfallbezogenen Dokumentation kann eine gesicherte Datenbasis aufgebaut werden, die es ermöglicht, nach statistischen Zusammenhängen zwischen den strukturellen Rahmenbedingungen und Prozess- bzw. Ergebnisqualität zu forschen.

QUINT unterscheidet zwischen drei unterschiedlichen Bögen zur Strukturerhebung:
- Strukturbogen Einrichtung: Strukturelle Rahmenbedingungen auf der Einrichtungsebene
- Strukturbogen Gruppe: Strukturelle Rahmenbedingungen auf der Gruppenebene
- Strukturbogen Träger: Befragung von Vertretern des Trägers zur Zusammenarbeit mit der Kindertagesstätte

Hinweise zum Umgang mit den Strukturbögen

Der „Strukturbogen Einrichtung" ist primär von der Leitung der Kindertagesstätte auszufüllen, der „Strukturbogen Gruppe" sollte von einer Mitarbeiterin in der Gruppe ausgefüllt werden, die mit der Durchführung einer Integrationsmaßnahme vertraut ist. Bei offener Gruppenarbeit entfällt dieser Bogen. Der dritte Bogen kann als Fragebogen an Vertreter des Trägers versendet werden.

Mithilfe der Strukturerhebung sollen sich der **Träger und die Leitung einer Kindertageseinrichtung gemeinsam einen Überblick über die Güte der Strukturqualität verschaffen** – die Bögen dienen als Gesprächs- und Diskussionsgrundlage.

Tipp: Vereinbaren Sie mit Ihrem Träger, in welchen Abständen Sie sich auf der Basis dieser Erhebungsbögen über die strukturellen Rahmenbedingungen der Integrationsmaßnahmen austauschen.

Da sich die strukturellen Rahmenbedingungen in der Regel nur selten ändern, ist es vollkommen ausreichend, wenn diese Bögen **einmal pro Jahr** oder auch nur alle zwei Jahre zum Einsatz kommen. Bei spontanen Veränderungen der Rahmenbedingungen, z. B. gravierenden Veränderungen der Personalsituation in positiver wie negativer Richtung, können Sie jederzeit zusätzlich einen Strukturbogen ausfüllen.

Tipp: Gerade für Einrichtungen, die in die integrative Arbeit einsteigen, ist es sehr hilfreich, sich im Vorfeld der ersten Integrationsmaßnahme mit den eigenen strukturellen Rahmenbedingungen zu beschäftigen.

Die Auseinandersetzung mit den Rahmenbedingungen, unter denen Integrationsmaßnahmen stattfinden, ist ein Thema, dem sich **Integrationskonferenzen** widmen sollten (vgl. Kap. 1.4/Empfehlung zu Punkt 7). Die Strukturbögen zu QUINT können in der Vorbereitung dieser Konferenzen eingesetzt und ausgewertet werden.

Erkenntnisleitende Fragen:
- Haben Sie in einer **Konzeption** die pädagogischen Ziele und Haltungen der Integration verankert?
- Wie können Sie die **räumlichen Bedingungen in der Gruppe** nutzen und, wenn erforderlich, in Anbetracht der Bedürfnisse und Bedarfe des Kindes mit einer Behinderung anpassen?
- Kann Ihnen eventuell die Heilpädagogische oder Allgemeine Fachberatung dabei behilflich sein, die räumlichen Gegebenheiten und die Ausstattung der Einrichtung den Bedarfen des Kindes anzupassen?
- Können externe Therapieangebote für das einzelne Kind in der Einrichtung stattfinden, und welche Vorteile hätte dies?
- Welche speziellen Fachkenntnisse werden für die Durchführung einer Integrationsmaßnahme erforderlich?
- Der Träger ist gemäß der Rahmenvereinbarung verpflichtet, den Mitarbeiterinnen Gelegenheit zu bieten, sich beruflich fortzubilden. Dabei ist die Teilnahme an geeigneten sozialpädagogischen und heil- oder behindertenpädagogischen Fortbildungen sowie praxisbegleitenden Beratungsangeboten dringend erwünscht. Welche dieser Möglichkeiten nutzen Sie?
- Haben Sie Klarheit über das Ihnen zur Verfügung stehende Fortbildungsbudget?

- Haben Sie schon einmal versucht, die Vereinbarung eines solchen Budgets zwischen Träger und Einrichtung anzuregen?
- Gibt es Schwierigkeiten, Fortbildungen rechtzeitig im Vorfeld einer Integrationsmaßnahme wahrzunehmen? Es ist möglich, dass Fortbildungen vor Beginn der Maßnahme mit der Maßnahmepauschale finanziert werden, indem die dafür verwendeten Mittel im Verlauf der Maßnahme rückerstattet werden. Erkundigen Sie sich hierzu bei dem zuständigen Jugendamt/Sozialamt.
- Gibt es Arbeitskreise zum Thema Integration in Ihrer Region? Wenn nicht: Möchten Sie sich für die Einrichtung solcher Arbeitskreise einsetzen?

8.2 Glossar

Die Nummern verweisen auf Items im „Strukturbogen Einrichtung". Die ersten drei Erläuterungen beziehen sich gleichermaßen auf den „Strukturbogen Gruppe".

Item Nr.	Hinweis
1	**Einrichtungscode** In QUINT können die Daten über die Verwendung eines Codes anonymisiert werden. Auf jedem Strukturbogen gibt es die Möglichkeit, eine **Einrichtungscodenummer** zu vergeben. Solange Sie die Dokumentation nur in der Einrichtung und mit dem Träger auswerten, können Sie auf die Verwendung von Codes verzichten.
2	**Stichtag** Legen Sie einen Stichtag gemeinsam mit Ihrem Träger fest. So ist erkennbar, dass sich Ihre Angaben auf diesen Zeitpunkt beziehen.
3	**Erhebungsdatum** Hier geben Sie an, wann Sie den Großteil der Fragen beantwortet haben. Möglicherweise sind Sie erst drei Wochen *nach* dem vereinbarten Stichtag dazu gekommen, die Fragen zu beantworten.
9	**Unsere Einrichtung arbeitet nach folgendem pädagogischem Ansatz** Geben Sie in wenigen Worten an, nach welchem Konzept bzw. nach welcher Kombination von pädagogischen Konzepten Sie arbeiten. Hier reichen Stichworte aus, wie z. B. Arbeit nach dem Situationsansatz oder nach Montessori. Es geht um die pädagogische Grundorientierung Ihrer Einrichtung.
10	**Schriftliches Konzept der Einrichtung** Zahlreiche Einrichtungen haben in einem schriftlichen Konzept ihren pädagogischen Ansatz und die Umsetzung ihrer pädagogischen Ziele beschrieben, um den Mitarbeiterinnen und Eltern eine einheitliche Orientierung für ihre pädagogische Arbeit zu geben und ein vergleichbares Qualitätsniveau in allen Gruppen zu gewährleisten. Das Konzept kann bei Bedarf dem ausgefüllten Bogen beigefügt werden.
22	**Personalstunden, die der Träger zusätzlich zur Rahmenvereinbarung für Integration zur Verfügung stellt** Es geht in diesem Item *nicht* um Personalstunden, die der Träger im Zuge der Rahmenvereinbarung gewährleisten muss, sondern darum, was er darüber hinaus freiwillig an Personalstunden zur Verfügung stellt.
28	**Können einzelne Mitarbeiterinnen des Fachpersonals an den Sitzungen des Gesamtteams nicht teilnehmen? Warum?** Gibt es irgendwelche Rahmenbedingungen, die es sehr schwer oder sogar unmöglich machen, dass das Gesamtteam regelmäßig und vollständig zu Besprechungen zusammenkommt?

Item Nr.	Hinweis
33	**Wie zufrieden sind Sie mit folgenden Aspekten der Zusammenarbeit mit dem Träger?** Bitte schätzen Sie die Qualität der Zusammenarbeit mit dem Träger Ihrer Einrichtung in folgenden Bereichen ein: Regelmäßigkeit des Austauschs: Sind Sie mit der Häufigkeit und dem Abstand zwischen Gesprächsterminen zufrieden? Interesse an unserer Kindertagesstätte: Haben Sie den Eindruck, Ihre Ansprechpartner beim Träger interessieren sich für die Belange und Aufgaben Ihrer Einrichtung? Wertschätzung unserer Arbeit: Haben Sie den Eindruck, dass Ihr Engagement sowie die Früchte Ihrer Arbeit hinreichende Beachtung finden? Abläufe bei Reparaturen, Personaleinstellungen etc.: Laufen diese und andere Prozesse reibungslos ab? Eindeutigkeit von Zuständigkeiten: Ist Ihnen klar, an wen Sie sich auf der Seite des Trägers bei einem Anliegen wenden müssen bzw. wer für was zuständig ist? Unterstützung durch den Träger: Haben Sie den Eindruck, dass Vertreter des Trägers die Interessen Ihrer Einrichtung z. B. vor Eltern vertreten? Zum Umgang mit der **Skala**: Wählen Sie das äußere linke Ende der fünfstufigen Skala, wenn Sie absolut zufrieden sind mit diesem Aspekt der Zusammenarbeit. Wählen Sie das äußere rechte Ende der Skala, wenn Sie absolut unzufrieden sind mit diesem Aspekt der Zusammenarbeit. Die mittleren drei Kreise der Skala stehen für folgende Bewertungen (von links nach rechts): überwiegend zufrieden, teils teils, überwiegend unzufrieden. In der rechten Spalte „Bemerkungen" können Sie nähere Angaben zu Ihrer jeweiligen Einschätzung machen.

Auswertung

Inhalte dieses Kapitels

9	**Auswertung**	**174**
9.1	Einzelfallauswertung	174
9.2	Auswertungen, die über den Einzelfall hinausgehen	179

9 Auswertung

Daniela Adams

Damit Dokumentation zu einer Verbesserung von Qualität führt, muss sie eine hilfreiche Gesprächsgrundlage darstellen. Denn über die Reflexion im Team und Gespräche mit den Erziehungsberechtigten, dem Träger, anderen Institutionen oder dem zuständigen Jugendamt werden Verbesserungsprozesse initiiert.

Um die einzelfallbezogene Dokumentation als Reflexionsgrundlage besser verwenden zu können, liefert Kapitel 9.1 Hinweise, wie die zahlreichen Einzelinformationen zusammenfassend aufbereitet werden und wie Sie sich einen Überblick über den Verlauf einer Integrationsmaßnahme verschaffen können. Diese Auswertung kann von den Fachkräften in der Kindertageseinrichtung selbst vorgenommen werden. In Kapitel 9.2 werden Möglichkeiten der einrichtungsübergreifenden Auswertung skizziert, die für Träger von Kindertageseinrichtungen sowie die örtlichen Jugendhilfe- und Sozialhilfeträger von Interesse sein können.

9.1 Einzelfallauswertung

Bei dieser Form der Auswertung betrachten Sie das einzelne Kind und bereiten die Dokumentation so auf, dass Sie einen Überblick über den Verlauf der Entwicklung in den unterschiedlichen Bereichen erhalten und die im Rahmen der Hilfeplanung vereinbarten Ziele sowie deren Erreichung näher betrachten können.

Der erste Teil der Auswertung betrachtet die **individuelle Entwicklung des Kindes im Verlauf der Integrationsmaßnahme**. Hierbei orientiert sich die Auswertung an den Entwicklungsbereichen, wie sie in der Dokumentation als Itemüberschriften verwendet werden („Praktische soziale Selbstständigkeit", „Visuelle Wahrnehmung" usw.)

Auf der beigefügten CD-ROM finden Sie ein Arbeitspapier mit dem Titel „Einzelfallanalyse Mittelwerte und Profil". Mithilfe dieses Arbeitsblattes und der schrittweisen Anleitung auf den folgenden Seiten können Sie ein **Entwicklungsprofil** für das einzelne Kind erstellen.

Der zweite Teil der Auswertung bezieht sich auf die **Zielerreichung in Bezug auf die Hilfeplanziele**. Nehmen Sie hierfür das Arbeitsblatt „Einzelfallauswertung Zielerreichung" zur Hand (→ CD-ROM). Während Sie das Profilblatt über die gesamte Dauer der Integrationsmaßnahme verwenden können und es halbjährlich ergänzen, ist diese zweite Vorlage zur Zielerreichung halbjährlich zu kopieren. Bei dieser Aufbereitung geht es zum einen um eine Übersicht über die Ziele des letzten halben Jahres und zum anderen um eine Gegenüberstellung der Prognose (also Ihrer Erwartungen) und der tatsächlichen Zielerreichung, ein halbes Jahr nachdem die Ziele im Hilfeplangespräch vereinbart wurden.

Tipp: Die Auswertung sollte halbjährlich erfolgen, unmittelbar nachdem der Bogen des Dokumentationssystems ausgefüllt wurde. Sie sollten die Einzelfallauswertung spätestens drei Monate nach Ausfüllen des jeweiligen Dokumentationsbogens abschließen, sodass sie zur Vorbereitung des nächsten Hilfeplangesprächs genutzt werden kann.

Einzelfallauswertung

Schrittweise Anleitung zur Einzelfallauswertung

Schritt 1: Berechnung der Mittelwerte

Nehmen Sie sich das Arbeitsblatt „Einzelfallauswertung Zielerreichung" (CD-ROM) und den zuletzt bearbeiteten Dokumentationsbogen zur Hand.

Die Darstellung des Entwicklungsverlaufs des Kindes basiert auf Mittelwerten, die für die einzelnen Entwicklungsbereiche gebildet werden. Mittelwerte sind hilfreich, um viele Detailinformationen zusammenzufassen.

> Um den Mittelwert eines Bereichs zu erhalten, sind die Werte für alle gültigen Items in einem Bereich zu addieren und durch die Gesamtanzahl zu teilen.

Wenn Sie Items nicht bearbeitet haben, da es sich um Entwicklungsschritte handelt, die das Kind schon sicher beherrscht, dann sind dies gültige Items, die in die Auswertung einfließen! Sie werden so behandelt, als hätten Sie hier „5 = trifft völlig zu" angekreuzt!

Nicht gültig sind alle Items, in denen Sie die Werte 8 (entfällt) und 9 (keine Information) vergeben haben! Da Sie bei diesen Items ja keine Einschätzung vorgenommen haben, gehen die Werte auch nicht in die Mittelwertbildung ein.

Unten stehendes Beispiel dient zur Verdeutlichung der Mittelwerteberechnung.

Im Bereich „Praktische soziale Selbstständigkeit" sind folgende Skalenwerte aufzusummieren: 5 + 4 + 3 + 3 + 5 + 4 + 4 + 4 = 32. Dividiert durch die Anzahl der gültigen Items (= 8) ergibt sich ein Mittelwert von 32 : 8 = 4.

Die Tabelle im unteren Teil des Arbeitsblatts „Einzelfallauswertung Mittelwerte und Profil" dient dazu, die errechneten Mittelwerte einzutragen. Es empfiehlt sich, den errechneten Wert auf zwei Kommastellen gerundet in der Tabelle zu notieren.

In der gleichen Weise gehen Sie für alle Entwicklungsbereiche vor.

11. Praktische soziale Selbstständigkeit	
[✗] Items mit • wurden nicht bearbeitet	
Skala 1	Macht auf seine Bedürfnisse aufmerksam ▸ [1]–[2]–[3]–[4]–[✗] [8] [9]
Skala 2	Wäscht sich allein die Hände ▸ [1]–[2]–[3]–[✗]–[5] [8] [9]
Skala 3	Isst allein ▸ [1]–[2]–[✗]–[4]–[5] [8] [9]
Skala 4	Benutzt selbstständig die Toilette ▸ [1]–[2]–[✗]–[4]–[5] [8] [9]
Skala 5	Zieht sich allein an ▸ [1]–[2]–[3]–[4]–[5] [✗] [9]

Skala 6	Entscheidet selbstständig, was es spielen will
	▸ [1]–[2]–[3]–[4]–[✗] [8] [9]
Skala 7	Beschäftigt sich allein
	▸ [1]–[2]–[3]–[✗]–[5] [8] [9]
Skala 8	Zeigt Vorlieben (z. B. für bestimmte Orte, Spielpartner etc.)
	▸ [1]–[2]–[3]–[✗]–[5] [8] [9]
Skala 9	Sucht Unterstützung, wenn es sie benötigt
	▸ [1]–[2]–[3]–[✗]–[5] [8] [9]

Abb. 12: Ausschnitt aus der Entwicklungsbeschreibung im Bereich Praktische soziale Selbstständigkeit

Eine **Besonderheit ist für die Bereiche der taktilen und der vestibulären Wahrnehmung** zu beachten: Es gibt hier einige Beschreibungen, die wertvolle Hinweise für die Einschätzung der Entwicklung geben, die jedoch nicht eindeutig in eine positive Richtung weisen. So kann beispielsweise Skala 4 der taktil-kinästhetischen Wahrnehmung „Hat Vorlieben für bestimmte Berührungsreize" auf eine Überempfindlichkeit hinweisen, bei der das Kind zwar bestimmte Berührungsreize mag, aber auch auf diese fixiert ist und andere *nicht* toleriert. Die folgenden Items gehen daher nicht in die Auswertung ein:

Taktil-kinästhetische Wahrnehmung	Vestibuläre Wahrnehmung
Skala 4 – „Sucht nach taktilen Reizen"	Skala 1 – „Sucht vestibuläre Reize (Schaukeln, ständiges Herumlaufen)"
Skala 5 – „Hat Vorlieben für bestimmte Berührungsreize"	Skala 2 – „Vermeidet vestibuläre Reize (z. B. Schaukeln)"
Skala 6 – „Vermeidet bestimmte Materialien (z. B. Sand, Fingerfarbe)"	Skala 3 – „Versucht durch Geschwindigkeit Gleichgewichtsprobleme zu kompensieren"
Skala 7 – „Sucht Reize, die die Tiefensensibilität betreffen (z. B. Druck, Zug)"	Skala 4 – „Vermeidet Lage- und Stellungswechsel"

Diese Items sind in der Dokumentation durch kursive Schrift gekennzeichnet!

Einzelfallauswertung

Für das unten stehende Beispiel ergibt sich demnach folgender Mittelwert:

Im Bereich „Taktil-kinästhetische Wahrnehmung" sind folgende Skalenwerte aufzusummieren: 5 + 5 + 5 + 4 + 2 + 5 + 3 = 29. Dividiert durch die Anzahl der gültigen Werte (= 7) ergibt sich ein Mittelwert von 29 : 7 = 4,14.

14. Taktil-kinästhetische Wahrnehmung	
Skala 1	Reagiert auf Berührungsreize ▸ [1]–[2]–[3]–[4]–[✗] [8] [9]
Skala 2	Reagiert auf Vibration ▸ [1]–[2]–[3]–[4]–[✗] [8] [9]
Skala 3	Unterscheidet zwischen rauen und weichen Materialien ▸ [1]–[2]–[3]–[4]–[✗] [8] [9]
Skala 4	*Sucht nach taktilen Reizen* ▸ [✗]–[2]–[3]–[4]–[5] [8] [9]
Skala 5	*Hat Vorlieben für bestimmte Berührungsreize* ▸ [1]–[2]–[3]–[✗]–[5] [8] [9]
Skala 6	*Vermeidet bestimmte Materialien (z. B. Sand, Fingerfarbe)* ▸ [1]–[✗]–[3]–[4]–[5] [8] [9]
Skala 7	*Sucht Reize, die die Tiefensensibilität betreffen (z. B. Druck, Zug)* ▸ [✗]–[2]–[3]–[4]–[5] [8] [9]
Skala 8	Reagiert angemessen auf schmerzhafte Reize von außen ▸ [1]–[2]–[3]–[✗]–[5] [8] [9]
Skala 9	Lokalisiert eine berührte Körperstelle ▸ [1]–[✗]–[3]–[4]–[5] [8] [9]
Skala 10	Erkennt Gegenstände, indem es sie ertastet ▸ [1]–[2]–[3]–[4]–[✗] [8] [9]
Skala 11	Zeigt eine angemessene Kraftdosierung ▸ [1]–[2]–[✗]–[4]–[5] [8] [9]

Abb. 13: Ausschnitt aus der Entwicklungsbeschreibung im Bereich Taktil-kinästhetische Wahrnehmung

Schritt 2: Grafische Darstellung der Mittelwerte

Die berechneten Mittelwerte übertragen Sie im zweiten Schritt auf das Diagramm im oberen Teil des Arbeitspapiers „Einzelfallauswertung Mittelwerte und Profil".

Legen Sie zuerst für jeden der Bereiche eine Farbe fest. Am besten sie markieren die einzelnen Bereiche in der Tabelle im unteren Teil des Arbeitsblatts farbig, damit keine Verwechslung der Farben im Diagramm vorkommen kann. Nun übertragen Sie die in Schritt 1 ermittelten und in der Tabelle eingetragenen Mittelwerte in das Diagramm bzw. auf den entsprechenden Balken. Verwenden Sie für jeden Bereich die entsprechende Farbe. So verfahren Sie bei der ersten Einzelfallauswertung zu Beginn der Integrationsmaßnahme und ergänzen diese Grafik alle sechs Monate bis zum Abschluss der Maßnahme.

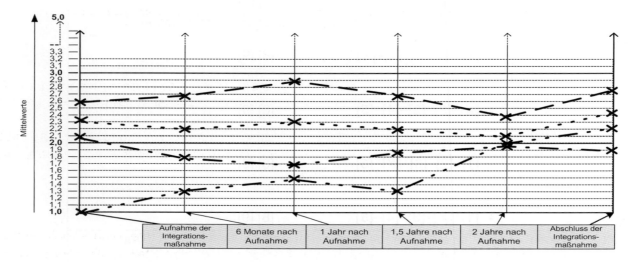

Abb. 14: Einzellfallauswertung Profil

Sobald mehrere Mittelwerte pro Bereich vorliegen, können diese entlang der Zeitachse miteinander verbunden werden. Der Entwicklungsverlauf des Kindes wird so für jeden der zwölf Bereiche veranschaulicht.

Schritt 3: Prognose und Zielerreichung bewerten

Das Arbeitsblatt „Einzelfallauswertung Zielerreichung" (CD-ROM) veranschaulicht die Übereinstimmung oder Differenz zwischen erwarteter und tatsächlicher Zielerreichung bezogen auf das letzte Halbjahr.

Tragen Sie die kindbezogenen Ziele ein, die Sie im letzten halben Jahr verfolgt haben. Schlagen Sie in den letzten beiden Dokumentationsbögen nach, welche Antwortalternativen („keine Änderung", „etwas erreicht", „mittel erreicht", „weitgehend erreicht", „völlig erreicht" und „Ziel übertroffen") Sie gewählt haben und malen Sie die Felder bis zu der von Ihnen gewählten Antwortkategorie aus.

9.2 Auswertungen, die über den Einzelfall hinausgehen

Wenn mehrere Einrichtungen in einer Region mit dem gleichen System die individuelle Entwicklung der Kinder dokumentieren, liegt es nahe, die Auswertung nicht nur innerhalb der Einrichtung vorzunehmen, sondern die Daten mithilfe von EDV-Lösungen zu aggregieren und auf einer übergeordneten Ebene auszuwerten. Dies könnte z. B. im Rahmen der Integrationskonferenzen thematisiert werden.

Die Region könnte sich mit einer Gesamtauswertung einen Überblick verschaffen hinsichtlich
- Hilfebedarf und Entwicklung der Kinder in Integrationsmaßnahmen,
- Hilfeplanzielen und Zielerreichung,
- Maßnahmen der Kindertageseinrichtung, die zur Zielerreichung eingesetzt werden,

oder folgenden Fragestellungen nachgehen:
- Werden bestimmte Hilfeplanziele eher erreicht als andere?
- Wie lässt sich der Bedarf der Kinder, die eine Integrationsmaßnahme in Anspruch nehmen, für unsere Region präzise beschreiben und wie sieht das aktuelle Angebot in der Region aus?

Bei einer ausreichenden Datenbasis könnte darüber hinaus Fragen nach Wirkungszusammenhängen nachgegangen werden. (Beispielhypothese: Je länger die Integrationsmaßnahme dauert, desto größer sind die Effekte beim Aufbau von Ressourcen.)

6. Quintessenz:

Die durch QUINT gewonnenen Daten können innerhalb von Integrationskonferenzen dazu genutzt werden, das Gespräch zwischen den beteiligten Stellen, Kindertagesstätten, Frühförderstellen, Jugendamt, Sozialamt sowie Gesundheitsamt zu fördern, die Klärung der Aufgaben und Zuständigkeiten fortzuführen und zur Qualitätsentwicklung in der Region beizutragen.

Verbesserungsprozesse

Inhalte dieses Kapitels

10	**Verbesserungsprozesse**..	**181**
10.1	Verbesserungsprozesse auf der Ebene des einzelnen Kindes und seiner Familie.....	181
10.2	Verbesserungsprozesse in der Einrichtung.....................................	186
10.3	Verbesserungsprozesse in der Gebietskörperschaft.............................	192

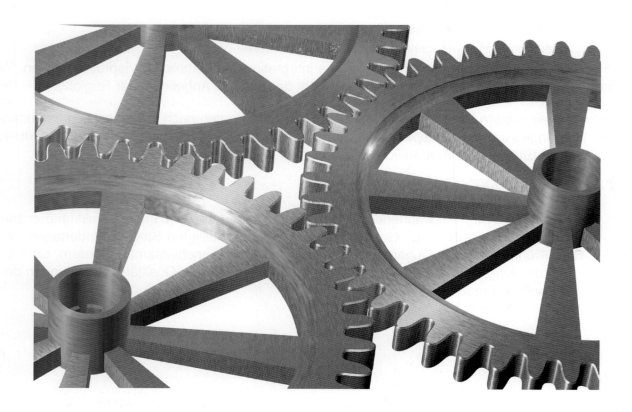

10 Verbesserungsprozesse

Daniela Adams

Ideen zur Verbesserung sind in zahlreichen Kapiteln dieses Handbuchs zu finden. In diesem Kapitel geben wir konkrete Anregungen zur Moderation von Verbesserungsprozessen auf folgenden drei Ebenen:
- das einzelne Kind,
- die Einrichtung und
- der Landkreis/die Stadt.

Die **Instrumente** von QUINT dienen als **Reflexions- und Gesprächsgrundlage**. Sie werden mit dem Ziel eingesetzt, Verbesserungsprozesse zu initiieren.

QUINT spiegelt der Einrichtung über diese Instrumente Aspekte von Struktur-, Prozess- und Ergebnisqualität wider, die auf der Einschätzung der Fachkräfte beruhen. Durch dieses **Feedback, das Sie sich als Einrichtung selbst geben**, regt QUINT zu einem Dialog über das Thema Qualität an. QUINT zeigt Zusammenhänge auf und gibt Hinweise – eine **Interpretation** kann und muss jedoch grundsätzlich **durch die Beteiligten selbst** vorgenommen werden, da jede Interpretation eine gründliche Kenntnis des Kontextes voraussetzt. Die Interpretation wird umso objektiver und umso nützlicher sein, je mehr es gelingt, **verschiedene Sichtweisen** zu berücksichtigen.

10.1 Verbesserungsprozesse auf der Ebene des einzelnen Kindes und seiner Familie

Fallbesprechungen

Regelmäßige Fallbesprechungen sind ein sinnvoller Weg, um mit der Hilfe von Teamkolleginnen die pädagogische Arbeit in Bezug auf das einzelne Kind zu reflektieren und zu verbessern.

Wer an den Fallbesprechungen teilnimmt, ist in Abhängigkeit von den personellen und zeitlichen Rahmenbedingungen in der Kindertageseinrichtung zu entscheiden. Fallbesprechungen können im Gruppenteam stattfinden oder gruppenübergreifend.

Es ist hilfreich, Fallbesprechungen zu strukturieren. Aber es muss nicht bei jeder Fallbesprechung dieselbe Methode angewendet werden. Wenn in einer Einrichtung also Beobachtung und Dokumentation bei allen Kindern zum Einsatz kommen, dabei aber unterschiedliche Methoden (Kiphard, Bildungs- und Lerngeschichten, QUINT etc.) angewendet werden, könnte sich das Team darauf verständigen, dass Fallbesprechungen immer auf der Basis der aktuellen Beobachtung und Dokumentation und nach einem einheitlichen Ablauf stattfinden.

 Tipp: Möglicherweise lässt sich auch im Rahmen der Arbeitskreise zur Integration ein bestimmtes Zeitkontingent für Fallbesprechungen zu Integrationsmaßnahmen nutzen.

Grundsätze kollegialer Beratung

Das **Grundprinzip** der kollegialen Beratung lautet: Jeder ist für die anderen Lehrer und Schüler zugleich.

Kollegiale Beratung ist eine Systematik zur Reflexion des beruflichen Alltags, ein strukturierter Vorgang zwischen Kolleginnen in einer überschaubaren Gruppe und mit einem klar definierten zeitlichen Rahmen.

Kollegiale Beratung trainiert das Verstehen von Situationen, die mit Spannungen und Konflikten besetzt sind.

Kollegiale Beratung ermutigt jeden dazu, sich den Rat seiner Kolleginnen einzuholen, wenn er in einem konkreten Fall an Grenzen stößt. Denn die Methode stellt sicher, dass Kolleginnen zunächst einmal wirklich zuhören, um das Problem zu verstehen, und erst dann einen Rat erteilen.

Ziel ist es, unter Kolleginnen die verschiedenen Blickwinkel auf einen Fall oder eine fachliche Frage zu nutzen. Reflexion beschreibt ein „systematisches Nachdenken über Bedingungen, Möglichkeiten und Grenzen". Reflexion meint außerdem „das Zurückwenden der Aufmerksamkeit nach innen bzw. das Abwenden von den in der Außenwelt gemachten Erfahrungen und Zuwenden auf das individuelle Erleben und Denken" (Fröhlich, 1994). Ein Sinnbild dieses Von-oben-darauf-Schauens ist der **Feldherrenhügel**. Gelingt es möglichst vielen im Kollegenkreis, diese Position auch im alltäglichen Getümmel immer einmal wieder einzunehmen und ihre Beobachtungen, die sie „von oben" machen, zu kommunizieren, so ist dies eine wesentliche Voraussetzung dafür, dass eine Einrichtung Verbesserungsbedarf erkennt. Beim Blick vom „Feldherrenhügel" auf einen konkreten Fall kann sich ein und dieselbe Wirklichkeit für unterschiedliche Betrachter, je nach ihrer Position, völlig unterschiedlich darstellen.

Kollegiale Beratung regt dazu an, sich mit diesen unterschiedlichen Betrachtungsweisen auseinanderzusetzen, sie möglicherweise auch nebeneinander stehen zu lassen. Vor allem jedoch führt sie dazu, dass der Einzelne im Team eine Bereicherung seiner Sicht der Dinge erfährt und den eigenen **Blickwinkel erweitern** kann.

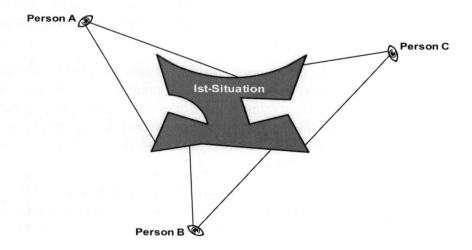

Abb. 15: Erweiterung des eigenen Blickwinkels

Zu diesem Zweck ist die Methode so angelegt, dass sie vorschnelle und einseitige Empfehlungen verhindert und sich stattdessen um kollegiale Ratschläge auf gleicher Ebene bemüht.

Hierarchien stören normalerweise in Gesprächen, in denen jemand nach Rat sucht. In der kollegialen Beratung bringt die Leitung genauso ihre Bewertung ein wie jeder andere in der Runde. Gleiches gilt für die Fachberatung und andere Fachleute, deren Teilnahme je nach Thema der kollegialen Beratung sehr hilfreich sein kann.

Kollegiale Beratung trägt zur Qualitätsentwicklung bei, indem sie
- auf fachlicher Ebene die Beteiligung und Reflexion im Team unterstützt,
- die Entscheidungsfähigkeit der um Rat Suchenden fördert,
- die Wahrnehmung der einzelnen Mitarbeiterinnen zu einem fachlichen Problem erweitert,
- einer übermäßigen Emotionalisierung bei schwierigen Besprechungen entgegenwirkt und sich stattdessen auf die fachliche/sachliche Seite des Problems konzentriert.

Diese Methode hat ihre Grenzen bei Beziehungskonflikten innerhalb der Gruppe und komplexen Spannungen und Konflikten. Hier sollte die Hilfe einer Supervisorin in Anspruch genommen werden.

Anregungen zur Durchführung einer Fallbesprechung

Da die Reflexion mit Kolleginnen fast immer den eigenen Horizont erweitert, ist es sicherlich anzustreben, dass Fallbesprechungen für *jedes* Kind stattfinden. In der Praxis ist dies in der Regel kaum umsetzbar, sodass Sie sich vermutlich bei Fallbesprechungen auf ausgewählte Kinder beschränken müssen. Um die kostbare Zeit effektiv zu nutzen, ist es ratsam, dass die Kolleginnen, die einen Fall vorstellen und um kollegialen Rat bitten, dies anlassbezogen mit einer bestimmten Fragestellung und Zielsetzung tun.

Wenden Sie bei einem Kind QUINT zur Beobachtung und Dokumentation an, sollten Sie
- die Dokumentation (der aktuelle Dokumentationsbogen und/oder die Einzelfallauswertung) sowie
- das Protokoll des Hilfeplangesprächs

zur Vorbereitung der Fallbesprechung nutzen.

In Anlehnung an das Schema von Fallner und Gräßlin (1989) schlagen wir das in der folgenden Tabelle geschilderte Vorgehen vor. Dieses Ablaufschema sollte allen Kolleginnen bei der Fallbesprechung vorliegen, sodass jede weiß, wo sich die Gruppe gerade im Beratungsprozess befindet.

Folgende Hinweise sollten Sie bei der Durchführung beachten:
- Insgesamt sollten für den im Kurzschema beschriebenen Ablauf ca. 45 Minuten eingeplant werden. Je mehr Personen teilnehmen, desto mehr Zeit wird benötigt und desto wichtiger ist eine stringente Moderation.
- Die Reflexionsleitung hat die Aufgabe, die einzelnen Schritte anzukündigen, die Zeit im Blick zu haben und darauf zu achten, dass die Anweisungen im Kurzschema beachtet werden. Es ist eine sehr strenge Reflexionsleitung erforderlich, die darauf achtet, dass sich die Phasen nicht vermischen (z. B. die Reflexionspartner nicht schon in Phase 2 Ratschläge erteilen).

Phasen	Was ist zu tun?	
1. Einstieg (im Vorfeld klären)	Wer bringt einen Fall ein?	Wer übernimmt die Reflexionsleitung?
	Einbringer	**Reflexionspartner**
2. Darstellen und Orientieren (ca. 10 Min.)	„Ich möchte über *[Name des Kindes]* mit euch sprechen. Ich bin in erster Linie daran interessiert, von euch eine Rückmeldung zu bekommen zu *[Auswahl treffen]* • meinem Handeln, • meiner Rolle, • dem, was ich beobachtet habe, • den vereinbarten Hilfeplanzielen."	Zuhören
	Beschreibung der Situation *[auf Grundlage der Beobachtung, Dokumentation und Hilfeplanung]*	Zuhören
	Antworten geben und ggf. Situation weiter ausführen	„Folgendes ist mir noch nicht ganz klar …"
3. Betrachten und Erweitern (ca. 10 Min.)	Sich in die Situation hineinversetzen, ggf. Augen dabei schließen (1–2 Minuten Stille)	
	Zuhören	Nennen Sie Ihre Assoziationen zu der Situation und der Fragestellung der Kollegin, werfen Sie diese Assoziationen unzensiert in den Raum
	Worauf bin ich „angesprungen"? Was hat Widerstand, Interesse, Überraschung usw. bei mir ausgelöst?	Zuhören
4. Differenzieren und Positionieren (ca. 10 Min.)	Stille und Konzentration	
	Zuhören	Einschätzungen, Vorschläge, Anregungen
	„Mein Eindruck hat sich bestätigt/ verändert. Folgendes betrachte ich nun anders/differenzierter/neu …"	Zuhören
5. Entscheiden (ca. 8 Min.)	Zuhören	Ggf. Angebote an die Kollegin formulieren: „Ich biete dir an …"
	„Ich nehme mir vor, …"	Zuhören
6. Abschluss (ca. 7 Min.)	Zuhören	„Ich habe heute für meine eigene Gruppe/Arbeit mitgenommen/gelernt …"
	„Für mich war hilfreich, …" „Es war hinderlich, dass …"	Zuhören

Verbesserungsprozesse auf der Ebene des einzelnen Kindes und seiner Familie

Dieses Vorgehen ist hilfreich und intensiv, allerdings auch zeitaufwendig. Eine verkürzte Alternative könnte so aussehen, dass Sie gemeinsam mit Ihren Kolleginnen einen Fall anhand der folgenden erkenntnisleitenden Fragen reflektieren. Auch bei dieser Vorgehensweise sollten Sie

- die Dokumentation (der aktuelle Dokumentationsbogen und/oder die Einzelfallauswertung) sowie
- das Protokoll des Hilfeplangesprächs

zur Vorbereitung der Fallbesprechung nutzen.

Erkenntnisleitende Fragen:
- In welchen Entwicklungsbereichen hat das Kind Stärken?
  - Einzelfallauswertung: Wo liegen die Mittelwerte auffallend hoch?
  - Welche Informationen dazu liefert das Protokoll des letzten Hilfeplangesprächs?
- In welchen Entwicklungsbereichen braucht das Kind Unterstützung?
  - Einschätzung des Hilfebedarfs im letzten Dokumentationsbogen
  - Einzelfallauswertung: Wo liegen die Mittelwerte auffallend niedrig?
  - Welche Informationen dazu liefert das Protokoll des letzten Hilfeplangesprächs?
- Wie ließen sich die Stärken des Kindes nutzen, um es in den Entwicklungsbereichen zu fördern, in denen es Unterstützung braucht? Beispiel: Das Kind zeigt ein ausgeprägtes Explorationsverhalten und viel Neugier, nimmt aber nur ungern an Bastelangeboten teil und hat Unterstützungsbedarf im Bereich der Feinmotorik. Fragen Sie sich, ob die Bastelangebote für dieses Kind interessanter und anregender gestaltet werden können, indem es etwas zu entdecken gibt.
- Die einzelnen Entwicklungsbereiche dürfen nicht isoliert betrachtet werden. Störungen in der Wahrnehmung bedingen eine Verzögerung in einem weiteren Entwicklungsbereich. (Störungen der vestibulären Wahrnehmung wirken sich beispielsweise auf motorische Fähigkeiten aus, indem das Kind ein auffälliges Gangbild zeigt oder keine Treppen steigen kann.) Welche Zusammenhänge sehen Sie zwischen einzelnen Bereichen? Wo kann Förderung sinnvoll ansetzen, um die Grundlage für Entwicklung in anderen Bereichen zu schaffen?
- An welchen Stellen sind Sie unsicher, wie bestimmte Beobachtungen zu interpretieren sind? Wer könnte Ihnen bei der Interpretation behilflich sein (z. B. die Eltern oder die Frühförderstelle)?
- Wenn Sie bereits zum wiederholten Male Eintragungen im Profilblatt der Einzelfallauswertung vorgenommen haben, so betrachten Sie den Verlauf der Kurve:
  - Macht die Kurve an einer Stelle einen auffälligen Knick?
  - Worauf führen Sie es zurück, wenn die Kurve beispielsweise steil ansteigt oder abfällt?
- In Bezug auf die dokumentierten Ziele:
  - Wie zufrieden sind Sie mit der Zielerreichung?
  - Was war förderlich/hinderlich?
- Würden Sie rückblickend Ihre Prognose als zu mutig oder zu vorsichtig bezeichnen?
- Die Entwicklung eines Kindes muss immer im Kontext seines sozialen Umfelds (Familie, Kindergruppe etc.) betrachtet werden. Welche Zusammenhänge sehen Sie? Könnten Sie soziale Prozesse noch stärker nutzen, um die Entwicklung des Kindes zu unterstützen?

10.2 Verbesserungsprozesse in der Einrichtung

Leitbildprozesse

7. Quintessenz:

Im Vorfeld einer Integrationsmaßnahme ist es erforderlich, dass sich das Team einer Kindertagesstätte mit Wertvorstellungen auseinandersetzt, die der integrativen Arbeit zugrunde liegen. Diese Auseinandersetzung sollte mit der Entwicklung bzw. Weiterentwicklung eines **Leitbildes** verbunden sein.

Die Funktion eines Leitbildes besteht darin, Haltungen und Ziele transparent darzustellen, die sich hinter dem konkreten pädagogischen Handeln in der Einrichtung verbergen. Ein Leitbild transportiert also primär Werte und Intentionen. Dieser Aspekt ist in der Regel auch ein Teil der pädagogischen Konzeption einer Kindertagesstätte. In der Konzeption werden jedoch darüber hinaus noch zahlreiche weitere Informationen formuliert wie beispielsweise das konkrete Angebot der Kindertagesstätte und Informationen zur Eingewöhnungszeit. Das Leitbild wie auch die Konzeption haben die zentrale Aufgabe, sowohl nach innen als auch nach außen Orientierung zu geben und Transparenz zu schaffen. Viele Träger haben Leitbildprozesse initiiert – z. B. haben die Kirchen Leitbilder entwickelt. Geht die Initiative vonseiten der Einrichtung aus, so ist unbedingt an erster Stelle eine Abstimmung mit dem Träger der Einrichtung vorzunehmen.

Um eine Identifikation zu erreichen, müssen die Mitarbeiterinnen an der Entwicklung eines Leitbildes oder einer Konzeption beteiligt werden. Damit das fertige Werk eine Orientierungshilfe für den Alltag darstellt, müssen die allgemeinen Ziele der Einrichtung in einem zweiten Schritt so konkret wie möglich auf das alltägliche Verhalten bezogen werden.

Gerade in der Kindertageseinrichtung ist es wichtig, sich **im gesamten Team** über eine Grundhaltung zu verständigen, diese im nächsten Schritt nach außen zu kommunizieren und ein stimmiges Bild abzugeben. Wenn in der Konzeption einer Einrichtung „Wertschätzung" als Grundsatz zu lesen ist, sollte sich diese Grundhaltung auch im Umgang des Teams untereinander und im Umgang mit dem Träger, den Kindern und Eltern **deutlich** zeigen. Wer in seiner Einrichtung Offenheit propagiert, von dem wird erwartet, dass er auch gegenüber neuen Ansätzen und vor allem in der Kooperation mit verschiedenen Institutionen diese Offenheit an den Tag legt.

Der Begriff der **Corporate Identity** (CI) bedeutet übersetzt die Identität bzw. das Gesicht einer Einrichtung. Das Konzept ist gut geeignet, um sich mit Wertvorstellungen und deren Umsetzung im Team auseinanderzusetzen.

Corporate Identity meint eine stimmige Umsetzung von Grundhaltung/Leitbild einer Einrichtung in
- dem Verhalten der Mitarbeiter (Corporate Behavior),
- der Kommunikation nach innen und nach außen (Corporate Communications) und in
- dem Erscheinungsbild der Einrichtung (Corporate Design).

Eine Einrichtung hat dann eine überzeugende Identität, ein auffallendes Gesicht, wenn es gelingt, eine gemeinsame Grundorientierung zu finden und diese in den drei genannten Bereichen umzusetzen. Dass dieses Idealziel permanenter Auseinandersetzung im Team und unablässiger Aufmerksamkeit bedarf, damit wir überhaupt feststellen können, wann wir von unseren Werten abweichen, versteht sich von selbst. Diverse Einflüsse von außen zwingen uns automatisch zu einer dauerhaften Auseinandersetzung und Anpassung unserer Wertvorstellungen. Häufig sind es die Rückmeldungen von Außenstehenden, die uns signalisieren, dass es uns an einer Stelle ganz hervorragend gelingt, unsere Werte umzusetzen, während es an einer anderen Stelle scheinbar gar nicht ankommt, worum es uns geht, oder wir missverstanden werden. Ähnlich werden wir durch neue Mitarbeiter darauf aufmerksam gemacht, wie eindeutig unsere Grundorientierung kommuniziert und gelebt wird. Neben diesen zahlreichen Anlässen, die genutzt werden können, um an der Identität der Einrichtung zu arbeiten, sollte diese Auseinandersetzung mit einer gewissen Regelmäßigkeit erfolgen.

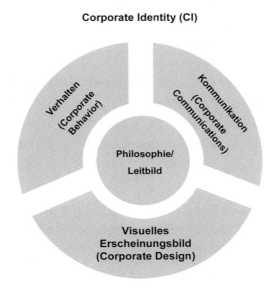

Abb. 16: Corporate Identity

Leitbildentwicklung

QUINT möchte dazu anregen, sich mit der Entwicklung eines Leitbildes und/oder einer Konzeption zu beschäftigen. Dies ist ein lange währender und im Grunde niemals wirklich endender Teamprozess. Wir würden uns freuen, wenn die folgenden Anregungen in Ihre Leitbildentwicklung einflössen.

Das Leitbild kann sich aus Werten, Einstellungen und dem Zweck der Einrichtung zusammensetzen, zu denen einzelne Leitsätze formuliert werden. Wichtig ist, dass das Leitbild konkret und realistisch ist und den Blick in die Zukunft richtet. Es muss mitreißen können und zu den Zielgruppen passen, die Sie ansprechen wollen. Bei der Formulierung eines Leitbildes sind folgende Gruppen zu berücksichtigen:
- Träger
- Mitarbeiterinnen
- Kinder
- Erziehungsberechtigte
- Kooperationspartner der Einrichtung

Ein gelungenes Leitbild übersetzt die eher abstrakte Einrichtungsphilosophie in eine greifbare und anspornende Zielsetzung, die der Einrichtung Schubkraft verleiht.

Die Leitsätze sollten unbedingt schriftlich festgehalten werden, um sich selbst und das Umfeld der Einrichtung immer wieder darauf aufmerksam zu machen. Bei der Erarbeitung des Leitbildes muss die Grundfrage gestellt werden, welche Werte die Einrichtung hat bzw. was in der Einrichtung besonders wichtig ist.

Wir schlagen zur Erarbeitung von Leitsätzen vor, folgende Schritte im Team gemeinsam zu erarbeiten:

1. Schritt:

Aufgabe des Teams ist es, anhand der folgenden Fragen die Einrichtung zu beschreiben:

Erkenntnisleitende Fragen zur Klärung der Einrichtungsmerkmale:
- Welche Wertvorstellungen haben wir?
- Worin unterscheiden wir uns von anderen Einrichtungen?
- Welche Wirkung hat unsere Arbeit?
- Welche Rolle spielt der Standort der Einrichtung?
- Wer sind die wichtigsten Kooperationspartner der Einrichtung?

2. Schritt:

Das Team formuliert anhand der in Phase 1 gewonnenen Erkenntnisse Leitsätze der Arbeit. Reduzieren Sie danach alle Vorschläge auf eine überschaubare Anzahl von Leitsätzen. Achten Sie darauf, dass die Sätze kurz, prägnant und positiv formuliert sind!

Beispiel: Leitsätze der Kindertagesstätte Mittelbuchen (Stadt Hanau):

Integration heißt, *alle* Kinder und Erwachsenen in der Einrichtung einander näher zu bringen.

Integration ist ein Prozess, der Zeit braucht, um das Potenzial des Kindes zu erkennen und gemeinsam zu fördern. Wir setzen an den Stärken des einzelnen Kindes an und möchten jedes Kind darin unterstützen, seine persönliche Form und Balance zu finden.

Integration braucht Austausch am runden Tisch, um gemeinsam die Ziele zum Wohle des Kindes zu erreichen. Integration setzt voraus, dass wir uns im Team regelmäßig austauschen und immer wieder reflektieren, wie die Ziele erreicht werden können, die wir gemeinsam mit allen Beteiligten in der Integration zu erreichen suchen.

3. Schritt:

Überprüfen Sie, inwieweit sich Ihre Leitsätze im Verhalten der Mitarbeiterinnen, der Kommunikation nach innen und außen und dem Erscheinungsbild der Einrichtung widerspiegeln.

Verhalten und Kommunikation

Die folgenden Fragen beziehen sich auf das Innenverhältnis und betreffen den Umgang mit den Kindern, Eltern, dem Träger und innerhalb des Teams:

Erkenntnisleitende Fragen zur Klärung des Innenverhältnisses:
- Was tun wir, um integrative Prozesse zu fördern?
- Wie leben wir als Mitarbeiterinnen den Kindern und Eltern die Werte und Grundhaltungen vor, die wir den Kindern vermitteln wollen?
- Wie thematisieren wir unsere Grundhaltung gegenüber Kindern und Eltern?

Verbesserungsprozesse in der Einrichtung

- Wie gehen die Mitarbeiterinnen miteinander um? Gibt das Team ein gutes Vorbild ab?
- Wie werden Konflikte im Team ausgetragen?
- Wie unterstützt der Träger der Einrichtung die Integration?

Im Außenverhältnis geht es um den Umgang mit Kooperationspartnern der Einrichtung und das Auftreten in der Öffentlichkeit.

Erkenntnisleitende Fragen zur Klärung der Außenverhältnisse:
- Wie beschreiben Außenstehende die Atmosphäre im Haus?
- Erleben Außenstehende durch jede einzelne Mitarbeiterin unsere Philosophie/das Leitbild des Hauses?
- Wie ist der Kommunikationsstil gegenüber Außenstehenden (höflich, distanziert, sachlich, herzlich)?
- Wie meldet sich die einzelne Mitarbeiterin am Telefon?
- Was hat die Einrichtung für ein Image?
- Wie geht die Einrichtung mit Beschwerden und Konflikten um?
- Gibt es Infobriefe und Broschüren, die etwas über unsere Grundhaltung aussagen?
- Wie kommunizieren wir den Sinn und Zweck des Integrationsplatzes in Hessen nach außen?
- Wie ist die Kommunikation zum Kostenträger von Integrationsmaßnahmen, anderen Einrichtungen, Beratungsstellen oder Schulen?

Erscheinungsbild

Das optische Erscheinungsbild einer Einrichtung sollte ebenfalls ihre Grundhaltung widerspiegeln, die in den Leitsätzen formuliert werden. Wenn sich eine Einrichtung zum Beispiel u. a. dem Motto „weniger ist mehr – keine Reizüberflutung!" verschrieben hat, sollte sich dies konsequenterweise auch in der Raumgestaltung zeigen.

Auch das Logo Ihrer Einrichtung und die Gestaltung von Geschäftsbriefen bieten eine Gelegenheit, Ihre Grundhaltung zu zeigen.

Erkenntnisleitende Fragen zur Klärung der Kommunikation nach außen:
- Welchen ersten Eindruck haben Besucher beim Betreten der Einrichtung?
- Wie wirken unsere Broschüren, Flyer, Geschäftbriefe, Aushänge auf Eltern und Außenstehende?
- Welche Symbole oder Bilder können wir nutzen, um unsere Arbeit anschaulich darzustellen?

4. Schritt:

Ziehen Sie im Team regelmäßig Bilanz, wo Sie im Hinblick auf die Umsetzung der Leitsätze stehen.

Pädagogische Angebote hinterfragen und anpassen

Für Kinder, die einen Integrationsplatz in Anspruch nehmen, vollzieht sich Bildung aufgrund ihrer Beeinträchtigungen unter erschwerten Bedingungen. Sie haben ebenso wie Kinder ohne Beeinträchtigungen nicht nur ein Recht darauf, gefördert, sondern auch gefordert zu werden.

An erster Stelle geht es *nicht* darum, *neue* Angebote zu konzipieren. Es braucht vielmehr im Team Offenheit, die bestehenden Angebote zu reflektieren und gegebenenfalls im Hinblick auf den Entwicklungsstand oder die Beeinträchtigung des Kindes anzupassen.

1. Voraussetzungen schaffen!

Für ein Kind mit Behinderung ist es in besonderem Maße erforderlich, Voraussetzungen zu schaffen, damit das Kind an den bestehenden Angeboten teilhaben kann.

Beispiel: *Frühzeitige* Anschaffung von Hilfsmitteln, z. B. Rollstuhlversorgung, Stehbretter etc., damit das gemeinsame Essen am Tisch möglich ist oder einen Kinderwagen für den Transport organisieren, damit das Kind an Ausflügen teilnehmen kann.

Der Zusammenhang zwischen Bindung und Bildung wird in der Literatur vielfach beschrieben. Pesch (2003) nennt als erste Voraussetzung: „Bildung bedingt Bindung". Ahnert (2003) betont in ihrem Aufsatz „Frühe Kindheit: Bindungs- und Bildungsgrundlagen" die Wichtigkeit von Bindungen in der frühen Kindheit. Es sei „für eine allgemeine Bildungsbereitschaft vor allem wichtig, dass ein Kind soziale Beziehungen aufbaut und sich in diesen Beziehungen emotional sicher fühlt, um sie für die Wissensaneignung aktiv nutzen zu können". Sichere Bindungsbeziehung „bewirkt, dass sich das Kind die Welt neugierig erschließt, Lust am Erkunden hat und offen für neue Erfahrungen ist".

2. Angebote individualisieren!

Bildungsmöglichkeiten hängen von der Gestaltung der Umgebung ab. Inwieweit ein Kind seine räumliche, materielle und soziale Umgebung nutzen kann, um Lernerfahrungen zu machen, ist wiederum abhängig von seinem Entwicklungsstand.

Beispiel: Einem Kind, das vier Jahre alt ist, aber ein Entwicklungsalter von zwei Jahren hat, ist es nicht möglich, sich selbst einen Raum zu gestalten, den es mit Freunden erforschen kann.

Es ist daher zu prüfen, ob bestehende Angebote an den Entwicklungsstand, die Lernbedürfnisse bzw. die Lernwege eines Kindes anzupassen sind, damit es von ihnen profitiert.

Beispiel: Damit auch ein sehbeeinträchtigtes Kind am Memoryspiel teilhaben und sein Gedächtnis fordern kann, ist das Spiel umzuwandeln, sodass die Aufgabe auch mit anderen Sinnen gelöst werden kann (z. B. Tastmemory).

Die folgenden Fragen können Ihnen dabei helfen, das aktuelle Angebot ihrer Einrichtung diesbezüglich unter die Lupe zu nehmen:

Erkenntnisleitende Fragen zur Entwicklung von Maßnahmen im Sinne der integrativen Pädagogik:
- Wie können wir Projekte/Angebote so gestalten, dass sich Kinder mit unterschiedlichem Alter und Entwicklungsstand individuell einbringen können und ihr Beitrag am Gesamtergebnis sichtbar wird?
- Wie erreichen wir, dass andere Kinder in der Gruppe die individuellen Leistungen des Kindes mit Behinderung erkennen und anerkennen?
- In Bezug auf unsere Angebote: Wo braucht es Gleichheit und wo braucht es eine Differenzierung, z. B. nach dem Entwicklungsstand der Kinder?
- Erlebt das Kind durch die Teilnahme an unseren Angeboten Gemeinsamkeit und Kooperation mit anderen Kindern einerseits *und* eine individuelle Förderung andererseits?

3. Gemeinsame Lernsituationen und Erfahrungsfelder schaffen!

In Situationen, in denen eine Teilnahme für ein Kind mit Behinderung definitiv nicht möglich ist, ist dem Kind ein anderes Angebot zu machen, das in Zusammenhang mit dem Gruppenangebot steht. Den Zusammenhang zur Gruppenaktivität herzustellen ist eine ganz wesentliche Herausforderung bei der Reflexion von bestehenden Angeboten. An dieser Stelle sei auf die Empfehlung der Bundesvereinigung Lebenshilfe „Gemeinsam Leben und Lernen in Kindertagesstätten" (2005) verwiesen. Hier heißt es: „Die Angebote für Kinder in der Gruppe orientieren sich an gemeinsamen Lernsituationen und Erfahrungsfeldern. Es ist für jedes Kind wichtig zu erleben, dass es mit seinen Möglichkeiten zum Gelingen des Ganzen erfolgreich beitragen kann. Gemeinsame Angebote müssen also so gestaltet sein, dass sich alle Kinder mit ihren Fähigkeiten und Fertigkeiten beteiligen können ... Das Bewegungs- und Aktivitätsbedürfnis sowie das Neugierverhalten der Kinder sind zu fördern, indem selbst kleinste Handlungsansätze und Initiativen aufgegriffen und unterstützt werden."

10.3 Verbesserungsprozesse in der Gebietskörperschaft

Die Qualität des Integrationsplatzes zu sichern und weiterhin zu verbessern setzt Abstimmung, Planung und Kooperation zwischen der Praxis und den beteiligten Behörden, Diensten und Entscheidungsträgern voraus.

Mit QUINT wurde, wie in der Rahmenvereinbarung gefordert, ein Verfahren zur Qualitätsentwicklung und -sicherung gemeinsam mit den Beteiligten entwickelt. Wie jedes Verfahren zur Qualitätsentwicklung muss QUINT jedoch an die Bedingungen vor Ort angepasst und sinnvoll verankert werden. Dieser Prozess wurde im Rahmen der Implementierung von QUINT in zahlreichen Gebietskörperschaften in Gang gesetzt.

Vorausgesetzt ein Landkreis oder eine Stadt entscheidet sich, QUINT in seinem/ihrem Jugendamtsbezirk zu nutzen, möchten wir für diesen Abstimmungsprozess folgende Anregungen geben:

1. Nutzen Sie die in den Empfehlungen zur Rahmenvereinbarung genannten **Integrationskonferenzen**, um im Sinne eines interdisziplinären Dialogs die Qualitätsentwicklung am Integrationsplatz fortzuführen. Zu beteiligen sind die Fachberatung und Jugendhilfeplanung des Jugendamtes, das Sozialamt, das Gesundheitsamt (Amtsärztlicher Dienst), die Frühförderung, Träger und Trägerverbände, Fachberatungen der freien Träger sowie Leiterinnen der Einrichtungen. Entscheidungen obliegen dem Träger, der Kommune, dem Sozialhilfeträger und dem Jugendhilfeträger; sie können von der Integrationskonferenz fachlich und sachlich vorbereitet werden (vgl. Empfehlungen zur Rahmenvereinbarung Integrationsplatz).
2. Erarbeiten Sie mit diesen Beteiligten **Standards** für ihren Jugendamtsbezirk. Die Stadt Kassel hat beispielsweise im Rahmen eines Arbeitskreises, in dem die oben genannten Institutionen vertreten waren, Richtlinien für ihre Stadt entwickelt und mit den Inhalten von QUINT verbunden.
3. Beschäftigen Sie sich in diesem Gremium mit den strukturellen Rahmenbedingungen in den Einrichtungen (vgl. Kap. 8).
4. Setzen Sie Zeichen für eine gemeinsame Qualitätsentwicklung, indem **Fortbildungen und Arbeitskreise trägerübergreifend** organisiert werden.
5. Sofern möglich, versuchen Sie, Fortbildungen zur Integration auch gemeinsam mit der benachbarten Stadt bzw. dem benachbarten Landkreis zu organisieren.
6. Versuchen Sie, die integrationserfahrenen Einrichtungen mit den „Anfängern" z. B. im Rahmen von Arbeitskreisen und Fortbildungsangeboten in Kontakt zu bringen, um ein **Miteinanderlernen** zu ermöglichen. Die **„Anfänger"** profitieren von den „alten Hasen" und diese können gegebenenfalls als Fortbildnerinnen oder Mentorinnen ihren Erfahrungsschatz erweitern.
7. Wenn es mehrere **Fortbildungsangebote** zur Integration gibt, versuchen Sie diese sinnvoll aufeinander **abzustimmen** oder **zusammenzufassen**.
8. Überprüfen Sie, wie sich bereits **existierende Konzepte** zur Qualitätsentwicklung (zum Beispiel ein Leitfaden zur Integration) **mit QUINT verknüpfen** lassen.
9. Klären Sie, wie QUINT in den Verfahrensweg der Verwaltung eingebettet werden kann. Eine Schnittstelle ist beispielsweise die Erstellung von Entwicklungsberichten. In Kap. 5.5 finden Sie Anregungen, wie QUINT in diesem Zusammenhang genutzt werden kann.

Die QUINT-Essenzen im Überblick

1. Quintessenz:

Die **Planung des pädagogischen Handelns** ist an dem **individuellen Bedarf des Kindes zu orientieren**.

Eine Kategorisierung des Kindes in Bezug auf die Behinderungsform ist für die Hilfeplanung zu vermeiden – sie lässt sich mit einer individuellen Hilfeplanung und dem Kerngedanken der Integration nicht vereinbaren. Eine präzise Definition, in welchem Umfang und in welcher Art das Kind Unterstützung und Anregung bedarf, um Stärken auszubauen und Beeinträchtigungen zu mindern bzw. ihnen vorbeugen zu können, ist hingegen eine notwendige Voraussetzung für die Betreuung, Erziehung und Bildung des einzelnen Kindes.

2. Quintessenz:

Eine **handhabbare, standardisierte Dokumentation**, die Entwicklungsfortschritte des Kindes (Ergebnisqualität), die Umsetzung der Integration in der Einrichtung (Prozessqualität) sowie die strukturellen Rahmenbedingungen (Strukturqualität) in der Integration abbildet, bietet eine fundierte **Grundlage für die Reflexion der integrativen Arbeit** im Einzelfall sowie in der Einrichtung.

Die Dokumentation sollte breit angelegt sein und sicherstellen, dass zentrale Entwicklungsbereiche und Lernfelder berücksichtigt werden.

Dabei sollte sie regelmäßig den Blick auf Fortschritte und Stärken des Kindes lenken, ohne den Bedarf des Kindes an Unterstützung und Förderung aus dem Blick zu verlieren. Dokumentation stellt für die Fachkräfte einen wichtigen Bezugspunkt für ihr alltägliches Handeln und ihre Kommunikation nach innen und außen dar.

3. Quintessenz:

Hilfeplangespräche sind Gespräche, an denen mindestens die Fachkräfte der Kindertageseinrichtung und die Erziehungsberechtigten teilnehmen, um die Integrationsmaßnahme gemeinsam zu planen. Sofern es die individuelle Situation des Kindes erfordert und die Erziehungsberechtigten einverstanden sind, sollten weitere Beteiligte zu einem Hilfeplangespräch eingeladen werden (z. B. weitere Vertrauenspersonen des Kindes, die Frühförderung, betreuende Ergotherapeuten, Fachberatung). Ausgehend vom Bedarf des Kindes, den Bedürfnissen und Gegebenheiten der Familie, werden die Ziele für das kommende halbe Jahr miteinander abgestimmt sowie Angebote und Maßnahmen geplant, die der sozialen Integration und der individuellen Entwicklung des Kindes dienen. Hilfeplangespräche sollten halbjährlich stattfinden. Regelmäßige Hilfeplangespräche fördern eine vertrauensvolle, kind- und zielorientierte Zusammenarbeit der Mitwirkenden.

4. Quintessenz:

QUINT sollte genutzt werden, um die Kommunikation und Kooperation zwischen **Kindertagesstätte und Schule** zu intensivieren. Im Abschlussbogen der einzelfallbezogenen Dokumentation werden verschiedene Vorschläge zu vorbereitenden Maßnahmen der Kindertagesstätte gemacht.

Im Einzelfall kann es sinnvoll sein, Vertreter der Schule zu einem abschließenden Hilfeplangespräch in die Kindertagesstätte einzuladen.

5. Quintessenz:

Hilfeplangespräche und Dokumentation sind miteinander zu verknüpfen. Hilfeplangespräche können mit einer Schilderung der Kindertagesstätte zur Entwicklung des Kindes begonnen werden, die auf einer strukturierten und reflektierten Verhaltensbeobachtung basiert. Diese wird durch die Sichtweisen der Eltern und weiterer Beteiligter (z. B. Frühförderung) vervollständigt. Dadurch ist sichergestellt, dass Ziele in einem interdisziplinären Hilfeplangespräche mit einer intensiven Beteiligung der Eltern dialogisch entwickelt werden.

6. Quintessenz:

Die durch QUINT gewonnenen Daten können innerhalb von **Integrationskonferenzen** dazu genutzt werden, das Gespräch zwischen den beteiligten Stellen, Kindertagesstätten, Frühförderstellen, Jugendamt, Sozialamt sowie Gesundheitsamt zu fördern, die Klärung der Aufgaben und Zuständigkeiten fortzuführen und zur Qualitätsentwicklung in der Region beizutragen.

7. Quintessenz:

Im Vorfeld einer Integrationsmaßnahme ist es erforderlich, dass sich das Team einer Kindertagesstätte mit Wertvorstellungen auseinandersetzt, die der integrativen Arbeit zugrunde liegen. Diese Auseinandersetzung sollte mit der Entwicklung bzw. Weiterentwicklung eines **Leitbildes** verbunden sein.

Fachliteratur

Zum Thema Integration

Ahnert, L. (2003): Frühe Kindheit: Bindungs- und Bildungsgrundlagen. In: Zeitschrift frühe Kindheit, Bildungskonzepte für Kindertageseinrichtungen Nr. 5/03.

Böhm, D./Böhm, R./Deiss-Niethhammer, B. (2004): So geht's – Miteinander aufwachsen und voneinander lernen. In: Kindergarten Heute Spot.

Booth, T./Ainscow, M./Kingston, D. (2006): Index für Inklusion. Lernen, Partizipation und Spiel in der inklusiven Kindertageseinrichtung entwickeln. Frankfurt: Gewerkschaft Erziehung und Wissenschaft.

Bundesvereinigung Lebenshilfe für Geistig Behinderte e. V. (2005): Gemeinsam Leben und Lernen in Kindertagesstätten. Marburg: Lebenshilfe.

Dichans, W. (1993): Der Kindergarten als Lebensraum für behinderte und nicht behinderte Kinder. Köln: Kohlhammer.

Kaplan, K./Rückert, E./Garde, D. (1993): Gemeinsame Förderung seelisch behinderter und nicht behinderter Vorschulkinder. Handbuch für den Kindergarten. Weinheim: Beltz.

Kobelt-Neuhaus, D. (2001): Qualität aus Elternsicht: Gemeinsame Erziehung von Kindern mit Behinderung und Kindern ohne Behinderung. Seelze: Kallmeyersche Verlagsbuchhandlung.

Meister, H. (1992): Organisations- und Fortbildungsstrukturen für eine pädagogische und soziale Einzelintegration im Kindergarten. In: Sander, A./Raidt, P. (Hrsg.): Integration und Sonderpädagogik. Referate der 27. Dozententagung für Sonderpädagogik in deutschsprachigen Ländern im Oktober 1990 in Saarbrücken.

Pesch, L. (2003): Bildung im Elementarbereich. In: Zeitschrift frühe Kindheit, Bildungskonzepte für Kindertageseinrichtungen Nr. 5/03.

Pickartz, A. (2000): Gemeinsame Förderung seelisch behinderter und nicht behinderter Vorschulkinder. Wissenschaftliche Begleitung und Evaluation eines integrativen Modellprojektes. Abschlussbericht.

Sächsisches Staatsministerium für Soziales, Gesundheit, Jugend und Familie (Hrsg.) (2000): Qualifizierung von Fachberater(inne)n für Integrationsberatung. Abschlussbericht. Dresden.

Sächsisches Staatsministerium für Soziales, Gesundheit, Jugend und Familie (Hrsg.) (2000): Fachberatung für gemeinsame Erziehung. Ein Werkbuch zur Integrationsberatung in Kindertageseinrichtungen. Chemnitz.

Schnell, I./Sander, A. (2004): Inklusive Pädagogik. Bad Heilbrunn: Verlag Julius Klinkhardt.

Schuchardt, E. (2006): Warum gerade ich? Leben lernen in Krisen. Göttingen: Vandenhoeck & Ruprecht.

Ziller, H./Saurbier, H. (1992): Rechtliche und finanzielle Grundlagen der Integration behinderter Kinder im Kindergarten. München: DJI Verlag.

Zu den Themen Qualitätsentwicklung in Kindertagesstätten und Bildung

Berk, L. (2005): Entwicklungspsychologie. München: Pearson Education Deutschland.

Donabedian, A. (1980): The definition of quality and approaches to its assessment and monitoring (Vol. 1). Ann Arbor, Mich.: Health Administration Press.

Erath, P./Amberger, C. (2000): Das Kita Management Konzept. Freiburg: Herder.

Glöckner-Hertle, U./Wünsche, M. (2000): Qualitätsmanagement in Kindertagesstätten. Offenbach: Burckhardthaus-Laetare Verlag.

Hessisches Sozialministerium, Hessisches Kultusministerium (2005): Bildung von Anfang an. Bildungs- und Erziehungsplan für Kinder von 0 bis 10 Jahren in Hessen. Entwurf für die Erprobungsphase.

Institut für Kinder- und Jugendhilfe (2006): Frühförderung und Frühförderstellen als Orte früher Bildung. Abschlussbericht.

Institut für Kinder- und Jugendhilfe (2006): Qualitätsentwicklung Integrationsplatz (QUINT) Implementierung. Abschlussbericht.

Institut für Kinder- und Jugendhilfe (2003): Qualitätsentwicklung Integrationsplatz (QUINT). Abschlussbericht.

Institut für Kinder- und Jugendhilfe (2002): Qualitätsentwicklung Integrationsplatz (QUINT). Zwischenbericht.

Institut für Bildung und Entwicklung (1998): Die qualifizierte Leiterin: erfolgreiches Sozialmanagement in Kindertagesstätten. München: Don Bosco Verlag.

Kronberger Kreis für Qualitätsentwicklung in Kindertageseinrichtungen (1998): Qualität im Dialog entwickeln. Seelze: Kallmeyersche Verlagsbuchhandlung.

Macsenaere, M. (2001): Qualitätsentwicklung durch leistbare Dokumentation in Kindertageseinrichtungen – Die Evaluationsstudie erzieherischer Hilfen (EVAS). In: Rieder-Aigner, H. (Hrsg.): Zukunftshandbuch Kindertageseinrichtungen – Qualitätsmanagement für Träger, Leitung und Team (I.6/1–I.6/13). München: Walhalla.

Oerter, R./Montada, L. (Hrsg.) (2002): Entwicklungspsychologie. Weinheim: Beltz.

Schäfer, G. (Hrsg.) (2005): Bildung beginnt mit der Geburt. Ein offener Bildungsplan für Kindertageseinrichtungen in Nordrhein-Westfalen. Weinheim: Beltz.

Schmidt, M. H. (2001): Neues für die Jugendhilfe. Ergebnisse der Jugendhilfe-Effekte-Studie. March: Verlag für das Studium der sozialen Arbeit.

Stadt Dormagen (Hrsg.) (2001): Dormagener Qualitätskatalog der Jugendhilfe. Ein Modell kooperativer Qualitätsentwicklung. Opladen: Leske und Budrich.

Sozialpädagogisches Institut des Landes Nordrhein-Westfalen (Hrsg.) (2000): Professionalität und Qualität in Kindertageseinrichtungen. Dokumentation des 4. Workshops am 27.10.2000 in Siegen.

von Spiegel, H. (2004): Methodisches Handeln in der Sozialen Arbeit. München: Ernst Reinhardt Verlag.

Tietze, W. (Hrsg.) (1998): Wie gut sind unsere Kindergärten? Berlin: Luchterhand.

Tietze, W./Schuster, K./Rossbach, H. (1997): Kindergarten-Einschätz-Skala. Berlin: Luchterhand.

Zum Thema Beobachtung und Dokumentation individueller Entwicklung

Ayres, J. (1984): Bausteine der kindlichen Entwicklung. Die Bedeutung der Integration der Sinne für die Entwicklung des Kindes. Berlin: Springer.

Beller, Kuno (2002): Entwicklungstabelle. Freie Universität Berlin.

Bertelsmann Stiftung (Hrsg.) (2005): Guck mal! Bildungsprozesse des Kindes beobachten und dokumentieren. Gütersloh: Verlag Bertelsmann Stiftung.

Breitenbach, E. (1995): Material zur Diagnose und Therapie auditiver Wahrnehmungsstörungen. Würzburg: Edition Bentheim.

Bundeszentrale für gesundheitliche Aufklärung (Hrsg.): Chronische Erkrankungen im Kindesalter – ein gemeinsames Thema von Elternhaus, Kindertagesstätte und Schule. Informationen für Eltern. (Download unter *www.bzga.de*).

Diagnostisches und Statistisches Manual Psychischer Störungen DSM-IV (1998): Göttingen: Hogrefe.

Duhm, E./Huss, K. (Hrsg.) (1979): Fragebogen zur Erfassung praktischer und sozialer Selbstständigkeit 4-6jähriger Kinder. Anleitung für Beobachtung und Elterngespräche, für die Durchführung, Auswertung und Interpretation. Braunschweig: Westermann.

Duhm, E./Althaus, D. (Hrsg.) (1979): Beobachtungsbogen für Kinder im Vorschulalter. Handanweisung für die Durchführung, Auswertung und Interpretation. Braunschweig: Westermann.

Flehmig, I. (1990): Normale Entwicklung des Säuglings und ihre Abweichungen. Früherkennung und Frühbehandlung. Stuttgart: Thieme.

Frey, A. (2001): Verhaltensauffällige Kinder im Kindergarten. Von der Beobachtung bis zur pädagogischen Maßnahme. Landau: Verlag Empirische Pädagogik.

Fröhlich, A. (2005): Wahrnehmungsstörungen und Wahrnehmungsförderung. Heidelberg: Winter.

Fröhlich, A./Haupt, U. (1993): Förderdiagnostik mit schwerstbehinderten Kindern. Entwicklungsbogen. Dortmund: Verlag Modernes Lernen.

Hellbrügge, T. (1973): Die ersten 365 Tage im Leben eines Kindes. Die Entwicklung des Säuglings. München: Knaur.

Henes, H./Trede, W. (2004): Dokumentation pädagogischer Arbeit. Grundlagen und Methoden für die Praxis der Erziehungshilfen. Frankfurt: IGFH-Eigenverlag.

Kiphard, E. J. (2002): Wie weit ist ein Kind entwickelt? Eine Anleitung zur Entwicklungsüberprüfung (11. Auflage). Dortmund: Verlag Modernes Lernen.

Kron, M. (1994): Kindliche Entwicklung und die Erfahrung von Behinderung. Eine Analyse der Fremdwahrnehmung von Behinderung und ihre psychische Verarbeitung bei Kindergartenkindern. Frankfurt a. M.: AFRA Verlag.

Landeswohlfahrtsverband Hessen (2003): Früherkennung von Kindern mit Sinnesschädigungen. Eine Information der Frühförderstellen für sehgeschädigte und hörgeschädigte Kinder. Hessen.

Lueger, D. (2005): Beobachtung leicht gemacht. Beobachtungsbögen zur Erfassung kindlichen Verhaltens und kindlicher Entwicklungen. Weinheim: Beltz.

Martin, E./Wawrinowski, U. (1991): Beobachtungslehre. Theorie und Praxis reflektierter Beobachtung und Beurteilung. Weinheim: Juventa.

Meier, C./Richle, J. (1995): Sinn-voll und alltäglich. Materialiensammlung für Kinder mit Wahrnehmungsstörungen. Dortmund: Verlag Modernes Lernen.

Pauli, S./Kisch, A. (1996): Geschickte Hände. Feinmotorische Übungen für Kinder in spielerischer Form. Dortmund: Verlag Modernes Lernen.

Schaefgen, R. (2000): Sensorische Integrationstherapie. Eine Elterninformation zur sensorischen Integrationstherapie (4. Auflage). Lüchow: Phänomen-Verlag.

Sedlak, F. (2002): Hurra, ich kanns. Den Schulanfang vorbereiten und begleiten. Wien: ÖBV & HPT.

Strätz, R./Demandewitz, H. (2005): Beobachten und Dokumentieren in Tageseinrichtungen für Kinder. Weinheim: Beltz.

Strätz, R./Demandewitz, H. (2000): Beobachten. Anregungen für Erzieherinnen im Kindergarten. Münster: Votum.

Thiesen, P. (2003): Beobachten und Beurteilen in Kindergarten, Hort und Heim. Weinheim: Beltz.

Utz, K./Pfunger-Jakob, M. (2006): Verhaltensauffälligkeiten bei Kindern – Symptome, Hinweise, Hilfen. In: Kindergarten Heute Spezial.

Viernickel, P./Völkel, P. (2005): Beobachten und dokumentieren im pädagogischen Alltag. Freiburg: Herder.

Zimmer, R. (1995): Handbuch der Sinneswahrnehmung. Grundlagen einer ganzheitlichen Erziehung. Freiburg: Herder.

Zum Thema Hilfeplanung

Bayerisches Landesjugendamt (Hrsg.) (2000): Hilfeplan. Aufstellung, Mitwirkung, Zusammenarbeit. Karlsberg: Aldi-Verlag.

Bayerisches Landesjugendamt (Hrsg.) (1994): Vorschlag zum Hilfeplan. München.

Becker, P. N./Sauer, B./Petermann, F. (2000): Kriterien zur Entscheidungsfindung in der Kinder- und Jugendhilfe. Forum Erziehungshilfe, Heft 5.

Becker, P. N. (1999): Welche Qualität haben Hilfepläne? Bundesweite Strukturanalyse und Konzeption eines Handlungsleitfadens. Frankfurt a. M.: Eigenverlag des Deutschen Vereins für öffentliche und private Fürsorge.

Deutscher Verein (Hrsg.) (2006): Empfehlungen des Deutschen Vereins zur Weiterentwicklung der Hilfeplanung nach § 36 SGB VIII.

Deutscher Verein (Hrsg.) (1994): Empfehlungen zur Hilfeplanung nach § 36 KJHG.

Jugendhilfereferate des Diakonischen Werkes Baden und des Diözesancaritasverbandes Freiburg (Hrsg.) (1993): Arbeitshilfen für eine planvolle Hilfegestaltung.

Knab, E./Macsenaere, M. (1995): Vorgehen und Kriterien bei der Erstellung des Hilfeplans gemäß § 36 KJHG. In: BHP, 10 (3).

Rabillard, P. (2004): Vortrag auf der Fachtagung der LAG-Wohnen in Wettenberg bei Gießen am 14.10.2004.

Zum Thema Gesprächsführung

Bröder, M. (1993): Gesprächsführung im Kindergarten. Anleitung, Modell, Übungen. Freiburg: Herder.

Langer, I./Schulz von Thun, F./Tausch, R. (1993): Sich verständlich ausdrücken. München: Ernst Reinhardt Verlag.

Leupold, E. M. (1995): Handbuch der Gesprächsführung. Problem- und Konfliktlösung im Kindergarten. Freiburg: Herder.

Pallasch, W. (1990): Pädagogisches Gesprächstraining: Lern- und Trainingsprogramm zur Vermittlung therapeutischer Gesprächs- und Beratungskompetenz. München: Juventa.

Rogers, C. R. (1990): Die Kraft des Guten. Ein Appell zur Selbstverwirklichung. Frankfurt: Fischer.

Schulz von Thun, F. (2006): Miteinander reden 1–3. Reinbek: Rowohlt.

Watzlawick, P./Beavin, J./Jackson, D. (2000): Menschliche Kommunikation. Formen, Störungen, Paradoxien. Bern: Huber Verlag.

Weinberger, S. (1988): Klientenzentrierte Gesprächsführung. Eine Lern- und Praxisanleitung für helfende Berufe. Weinheim: Beltz.

Sonstige Literatur

Auhagen, E. (Hrsg.) (2004): Positive Psychologie. Anleitung zum besseren Leben. Weinheim: Beltz.

Denzler, E./Friese, A./Kimmich, M./Bach, S. (2004): Recht. Arbeitsmaterialien für die Weiterbildung zum/zur staatlich anerkannten Sozialfachwirt(in).

Fallner, H./Grässlin, M. (1989): Kollegiale Beratung. Einführung in die Systematik partnerschaftlicher Reflexionsverfahren. Hille: Ursel Busch Fachverlag.

Fröhlich, H. W. (1994): Wörterbuch zur Psychologie. Nördlingen: Beck'sche Buchdruckerei.

Hessisches Sozialministerium (Hrsg.): Gemeinsam im Kindergarten – gemeinsam in die Schule. Broschüre.

Klebert, K./Schrader, E./Straub, W. (1995): Kurzmoderation. Hamburg: Windmühle Verlag.

Klebert, K. (1991): Moderation. Hamburg: Windmühle Verlag.

Kraif, U. (2005): Duden, Fremdwörterbuch (8. Auflage). Mannheim: Dudenverlag.

Mutzeck W./Schlee, J. (Hrsg.) (1996): Kollegiale Supervision. Modelle zur Selbsthilfe für Lehrerinnen und Lehrer. Heidelberg: Universitätsverlag C. Winter.

Philipp, E. (2000): Teamentwicklung in der Schule. Konzepte und Methoden. Weinheim: Beltz.

Ratey, J. (2004): Das menschliche Gehirn. Eine Gebrauchsanweisung. München: Piper.

Zimbardo, P. G. (1992): Psychologie (5. Auflage). Berlin: Springer.

Literatur für Kinder

Allgemeine Bilderbücher

Achillis, I./Schliehe, K. (1993): Meine Schwester ist behindert (3. Auflage). Marburg: Lebenshilfe-Verlag.

Becker, A./Niggemeyer, E. (1975): Ich bin doch auch wie ihr – ein Fotobilderbuch. Ravensburg: Otto Mayer Verlag.

Eggli, U./Imbach, R. (1998): Ralph und Luc im Freakland. Solothurn: SVCG.

Lemler, K./Gemmel, S. (1997): Katrin spricht mit den Augen. Wie ein behindertes Kind lebt. Kevelar: Butzon & Bercker.

Weninger, B. (2005): Einer für alle – alle für einen! Kiel: minedition.

Weninger, B./Ginsbach, J. (2001): Lauf, kleiner Spatz. Zürich: Atlantis.

Körperbehinderung

Asare, M. (2003): Als Sosu sein Dorf rettete. München: Bombus Verlag.

Führmann, F. (2002): Anna, genannt Humpelhexe. Rostock: Hinstorff.

Galley, L. (2002): Michaela und Kerstin werden dicke Freunde. Wien: Tyrolia-Verlag.

Heiser, G. (2000): Jakob ist kein armer Vogel (13. Auflage). Reinbek: Rowohlt.

Huainigg, F.-J./Ballhaus, V. (2003): Meine Füße sind der Rollstuhl. Wien, München: Annette Betz Verlag.

Huainigg, F.-J./Richter, A. (1999): Max malt Gedanken. Stuttgart: Thienenann Verlag (nicht mehr lieferbar).

Keith, L. (2000): Gehen auf Rädern. Lüneburg: Saatkorn Verlag.

Pieper, C. (2001): Josefine, der Bär und Peer. Wuppertal: Peter-Hammer-Verlag.

Solotareff, G. (2000): Rollstiefelchen. Frankfurt: Moritz-Verlag.

Wänblad, M./Gustavson, P. (1996): Flügelchen. Hamburg: Carlsen-Verlag.

Willis, J./Ross, T. (2003): Lisa lacht. Oldenburg: Lappan Verlag.

Willis, J./Ross, T. (2000): Susi lacht. Oldenburg: Lappan Verlag.

Trisomie 21 (Down-Syndrom)

Cadler, F. (2002): Ich bin Laura. Hamburg: Oetinger.

Fährmann, W./Ruegenberg, L. (1991): Karl-Heinz vom Bilderstöckchen. München: Middelhauve.

Fleming, V./Coper, F. (1997): Sei nett zu Eddie. Oldenburg: Lappan-Verlag.

Sansone, A. (2002): Florian lässt sich Zeit. Innsbruck: Tyrolia Verlag.

Stougaard, L. (2000): Winni 3 Jahre. Deutsches Down-Syndrom InfoCenter (Hammershöhe 3, 91207 Lauf).

Sprachbehinderung

Arold, M./Rudolph, A. (1997): Primel und das Alibi. Berlin: Wolfgang-Mann-Verlag.

Huainigg, F.-J./Ballhaus, V. (2005): Wir sprechen mit den Händen. Wien, München: Annette Betz Verlag.

Kestner, K. (2002): Manuel und Mira. Ein multimediales Bilderbuch in Gebärdensprache. Guxhagen: Manual Audio Devices.

Räber, M.-A./Vettinger, S. (2003): Stomatenphagetti oder wie Oskar richtig sprechen lernte. Zürich: pro juventute.

Hörbehinderung und Sehbehinderung

Berger, G. (1995): Weit ist das Meer. Wien: Dachs Verlag.

Bernard, F./Francois, R. (2001): Ushi. Hildesheim: Gerstenberg-Verlag.

Huainigg, F./Ballhaus, V. (2005): Wir verstehen uns blind. Wien, München: Annette Betz Verlag.

Schindler, R./Camil, C. (2002): Helen lernt leben. Lahr: Verlag Ernst Kaufmann.

White, P. (1999): Sehen mit den Händen. Lüneburg: Saatkorn-Verlag.

Woolley, M. (2000): Hören ohne Töne. Lüneburg: Saatkorn-Verlag.

Epilepsie

Schröder, S. (1996): Carla – Ein Bilderbuch über Epilepsie. München: Ellermann-Verlag.

Autismus

Lears, L./Ritz, K. (2000): Unterwegs mit Jan. Berg am Irchel: KiK-Verlag.

Lernbeeinträchtigung

Flynn, M./Flynn, P. (1999): Lernen so viel ich kann. Lüneburg: Saatkorn-Verlag.

ADHS

Rusch, R. (1997): Zappelhannes. Weinheim: Beltz & Gelberg (ab 9 Jahre).

Weyermann, U. (2001): Geliebtes Nervenbündelchen. Leben mit einem hyperaktiven Kind. Zürich: pro juventute.

Darüber hinaus noch zu empfehlen

Cave, K./Riddell, C. (1994): Irgendwie anders. Hamburg: Oetinger.

Schreiber-Wicke, E./Holland, C. (1994): Der Rabe, der anders war. Stuttgart: Thienemann.

Empfehlenswerte Bilderbücher für Erwachsene

Kampfer, A. (2003): Aufgenommen – Leben mit Down-Syndrom (Fotobildband). Wien: Böhlau Verlag.

Roca, F./Bernard, F. (2002): Jesus Betz. Hildesheim: Gerstenberg (Verlagsempfehlung ab 6 Jahre).

Internetlinks

Integration in Kindertagestätten

www.sozialministerium.hessen.de

www.bildungsserver.de/zeigen.html?seite=908

www.bildungsserver.de/zeigen.html?seite=1024

www.kindergartenpaedagogik.de/auf.html

www.behinderung.org/integrat.htm

http://dbs.schule.de/zeigen.html?seite=1258

www.familienhandbuch.de

www.familien-wegweiser.de

www.familienratgeber.de

www.behinderte-Kinder.de

www.beepworld.de/members17/erzieherausbildung/integration.htm

www.lag-bw.de

Informationen zu Behinderungs- und Krankheitsbildern

www.kindernetzwerk.de

www.m-ww.de/krankheiten/erbkrankheiten/index.html

www.netdoktor.at/wegweiser/dictionary/frame.asp

www.bildungsserver.de/zeigen.html?seite=1102

www.humgenet.uni-erlangen.de/2k/molekularg_diagnostik_a.html

www.orpha.net/consor/cgi-bin

www.medianovo.com

www.kinderaerzteimnetz.de/bvkj/show.php3?id=1

www.behindertlinkdatenbank.de.vu

www.hon.ch/HONselect/RareDiseases/index_de.html

www.dgs-hessen.de

Internetlinks

www.behindertenbeauftragter.de

http://down-syndrom-netzwerk.de/bibliothek

Literaturlisten

http://dbs.schule.de/zeigen.html?seite=1009

www.bildungsserver.de/zeigen.html?seite=1064

www.integration-bayern.de/kindergarten/literaturliste.htm

www.integrationsnetzwerk.de

Fortbildung

www.lebenshilfe-hessen.de/fortbildunge2/inhalt.php

www.kreis-gross-gerau.de/kreisverwaltung/bereiche/kindergartenfachberatung/Fortbildung.shtml

www.elisabethenstift.de/2ArbeitszentrumFortWeiterbildung/afw_kinder_vorwort.shtml?navid=1

www.kindergarten-heute.de/fortbildung/anbieter_html

Gesetzliche Grundlagen

www.gesetze-im-internet.de

www.gesetze-im-internet.de/sgb_8/index.html

www.behinderung.org/gesetze/intgestz.htm

Stichwortverzeichnis

Akkommodation: 125
Antrags- und Bewilligungsverfahren: 33, 38, 52
Arbeitsgruppe Integration: 18, 19, 27, 40
Arbeitskreise: 31, 45, 58, 69, 73, 155, 170, 181, 192
Auge-Hand-Koordination: 103, 120, 125, 126, 131

Bärengang: 128
Beförderungskosten: 35, 39
behinderungsbedingter Mehraufwand: 29
Bildungs- und Erziehungsplan: 69, 70, 196

Datenschutz: 73
Dolmetscher: 147
doppelter Rechtsanspruch: 15

Eigenwahrnehmung: 110, 120, 125
Eingliederungshilfe: 5, 11, 12, 13, 15, 18, 22, 23, 24, 25, 28, 29, 30, 32, 36, 42, 58, 65, 140, 141, 142
Einrichtungscodenummer: 100, 171
Einzelintegration: 13, 14, 15, 16, 19, 28, 29, 33, 34, 195
Entwicklungsaufgaben: 119
Entwicklungsbereiche: 60, 63, 70, 80, 88, 89, 91, 94, 104, 120, 121, 122, 127, 137, 174, 175, 185, 193
Entwicklungsbericht: 73, 88, 96, 136, 137, 138, 192
Entwicklungsbeschreibung: 91, 92, 93, 176, 177
Entwicklungsschritte: 81, 94, 119, 121, 122, 126, 130, 153, 175
Entwicklungsverläufe: 73, 119
Ergebnisqualität: 62, 63, 89, 168, 181, 193
Erhebungsdatum: 96, 171
Evaluation: 21, 64, 69, 70, 72, 195, 196

Fachkraftstunden: 32, 33, 44, 46, 49, 53, 61, 165
Fallbesprechungen: 73, 155, 181, 183
fallbezogene Prozesssteuerung: 37
Fehlerquellen: 83
Finanzierung von Krankengymnastik: 12
Fortbildung: 3, 4, 15, 16, 17, 20, 28, 30, 31, 33, 37, 45, 46, 58, 71, 73, 118, 169, 170, 192, 195, 205
Frühförderstelle: 5, 14, 19, 56, 57, 63, 66, 69, 99, 101, 116, 127, 142, 144, 158, 179, 185, 194, 196, 198

ganzheitliche Qualität: 64
Gleichgewichtssystem: 105, 106, 123, 124

Stichwortverzeichnis

Grammatik: 121, 133
Gruppengröße: 32, 42, 45

Hand-Hand-Koordination: 120, 129, 130
Hand-Mund-Augen-Koordination: 129
heilpädagogische Fachberatung: 142
Hilfebedarf: 3, 17, 18, 24, 25, 32, 43, 44, 45, 46, 62, 67, 75, 88, 90, 91, 92, 114, 138, 148, 179, 185
Hilfeplangespräch: 66, 67, 68, 70, 72, 73, 76, 92, 96, 97, 98, 101, 115, 142, 143, 144, 146, 147, 148, 150, 151, 153, 155, 156, 157, 158, 174, 183, 185, 193, 194
Hilfsmittel: 23, 190
Hypothesen: 153, 157

Inklusion: 62, 195
Instrumente: 3, 6, 18, 19, 65, 67, 68, 72, 100, 181, 209
Integrationskonferenzen: 46, 47, 69, 169, 179, 192, 194
Integrative Gruppen: 11, 12, 13, 14, 16, 18, 28, 34, 46
interdisziplinäre Runden: 144

Kindcodenummer: 100
Konvergenz: 125
Krankenkassen: 12, 13, 36

Lautbildung: 133
Leistungselemente: 29, 30, 32, 33, 36, 68, 86, 140
Leistungsnachweis: 89, 136, 137

Maßnahmepauschale: 17, 33, 36, 37, 41, 43, 44, 45, 46, 58, 170

Objektpermanenz: 126, 131

palmarer Greifreflex: 129
personelle Besetzung: 18, 44
Planungssicherheit: 18, 41, 46
Problemverarbeitung: 162
Prozessqualität: 62, 63, 89, 193

Rahmenbedingungen: 10, 13, 14, 16, 19, 29, 31, 44, 56, 63, 68, 79, 80, 81, 89, 115, 116, 150, 168, 169, 171, 181, 192, 193
Rahmenvereinbarung Integrationsplatz: 3, 5, 16, 17, 18, 19, 26, 27, 28, 40, 41, 56, 58, 60, 61, 68, 69, 140, 142, 151, 165, 192
Reflexion: 3, 18, 62, 64, 65, 67, 70, 72, 86, 89, 90, 92, 114, 116, 138, 174, 181, 182, 183, 184, 191, 193, 200
Regelprozess: 65, 66
Ressourcenorientierung: 60

Schweigepflichtentbindung: 155
Selbst- und Fremdevaluation: 64
sensible Phasen: 119
Skala: 92, 93, 102, 103, 104, 105, 106, 107, 108, 109, 110, 111, 112, 172, 175, 176, 177, 197
Sonderkindergärten: 10, 11, 12, 14, 16, 18, 20
soziale Integration: 60, 111, 112, 115, 116, 153, 156
Standardisierung: 92, 94
Stichtag: 96, 97, 100, 171
Strukturqualität: 62, 63, 68, 89, 168, 169, 193

Teilhabe: 22, 23, 24, 25, 26, 30, 61, 153, 154, 190
Teilnahme: 23, 31, 36, 80, 101, 113, 140, 143, 144, 146, 155, 158, 166, 169, 183, 191

Übergang: 15, 18, 21, 33, 34, 68, 69, 70, 92, 99, 100, 101, 134, 143, 158, 162

Wahrnehmungsgesetze: 77
Wortverständnis: 127, 132

Ziele: 63, 67, 70, 73, 86, 89, 90, 92, 94, 97, 98, 114, 115, 134, 137, 138, 141, 142, 143, 147, 148, 149, 150, 151, 152, 153, 154, 156, 158, 159, 169, 171, 174, 175, 178, 179, 184, 185, 186, 188, 193, 194
Zielorientierung: 149, 150, 158

Anhang

Auf den folgenden Seiten finden Sie:
1. Hilfeplan-Leitfaden
2. Verlaufsbogen

Die beigefügte CD-ROM enthält:
1. Instrumente (PDF-Format)
   - Hilfeplan-Leitfaden
   - Aufnahmebogen
   - Verlaufsbogen
   - Abschlussbogen
   - Strukturbogen Einrichtung
   - Strukturbogen Gruppe
   - Strukturbogen Träger
2. Arbeitsmaterialien
   - Einzelfallauswertung: Mittelwerte und Profil
   - Einzelfallauswertung: Prognose und Zielerreichung
   - Kurzschema kollegiale Beratung
   - Leitfaden zur Konzeptionsentwicklung
   - Entwicklungsbaum
3. Vorlagen (MS Word)
   - Übersichtstabelle
   - Stammdatenblatt
   - Schweigepflichtsentbindung
   - Hilfeplan
   - Entwicklungsbericht
4. Informationsbroschüren
   - Früherkennung von Kindern mit Sinnesschädigung
   - Informationen zur Früherkennung und Förderung von Kindern mit Sehbehinderung oder Blindheit
   - Früherkennung von Kindern mit Hörschädigung
   - Kurzbeschreibung QUINT zur Information des Trägers

Hilfeplan-Leitfaden

Hilfeplan-Leitfaden

1. **Einrichtung** (Name und Anschrift):

2. **Name des Kindes:**

3. **Stichtag für die Hilfeplanung:**

4. **Gesprächstermin:** Das Hilfeplangespräch fand am .... von ... bis ... Uhr in der Kindertagesstätte ... statt.

5. **Am Gespräch nahmen teil:**

6. **Vor dem Hilfeplan-Gespräch wurde Kontakt aufgenommen zu folgenden Personen:**
▶

7. **Wichtige Informationen aus diesen Gesprächen:**
▶

Leitfragen für die Gesprächsführung:

8. **Wie verlief die Entwicklung des Kindes in den letzten Monaten?**

Entwicklung in der Kindertagesstätte:
▶

Entwicklung Zuhause:
▶

Entwicklung in der Frühförderung:
▶

9. **Wie zufrieden sind die Beteiligten mit dem bisherigen Verlauf der Integrationsmaßnahme (bzw. beim 1. Gespräch: mit der Eingewöhnungszeit)?**
▶

10. **Welche bisher durchgeführten therapeutischen und pädagogischen Angebote haben sich bewährt, welche nicht? Was macht dem Kind besondere Freude?**

Aus Sicht der Eltern:
▶

Aus Sicht des Teams:
▶

Aus Sicht der Frühförderung:
▶

Hilfeplan-Leitfaden

Aus Sicht sonstiger beteiligter Personen:
▶

FAZIT:
▶

---

11. Stärken und besondere Interessen der Familie
(z.B. gegenseitige Unterstützung durch Geschwister, besondere Freizeitaktivitäten)
▶

---

12. Beziehungen des Kindes zu Freunden und Gleichaltrigen

Zuhause:
▶

In der Kindertageseinrichtung:
▶

---

13. Wie äußert das Kind seine Bedürfnisse?
▶

---

14. Was wünscht und braucht das Kind in der Kindertagesstätte?

Aus Sicht des Kindes:
▶

Aus Sicht der Eltern:
▶

Aus Sicht des Teams (siehe einzelfallbezogene Dokumentation!):
▶

Aus Sicht der Frühförderstelle, Heilpädagogischen Fachberatung und weiterer Gesprächsteilnehmer:
▶

---

15. Wie können anstehende Übergänge (z.B. in die Schule) gemeinsam gestaltet werden?
▶

> **Hinweis für die Moderation:** Fassen Sie die Informationen aus dem bisherigen Verlauf des Gesprächs zusammen. Leiten Sie über zum 2. Teil des Hilfeplangesprächs, in dem gemeinsam die Ziele der integrativen Zusammenarbeit zwischen Kindertagesstätte und Familie für das kommende ½ Jahr vereinbart werden.

Hilfeplan-Leitfaden

16. Kindbezogene Ziele für das kommende ½ Jahr

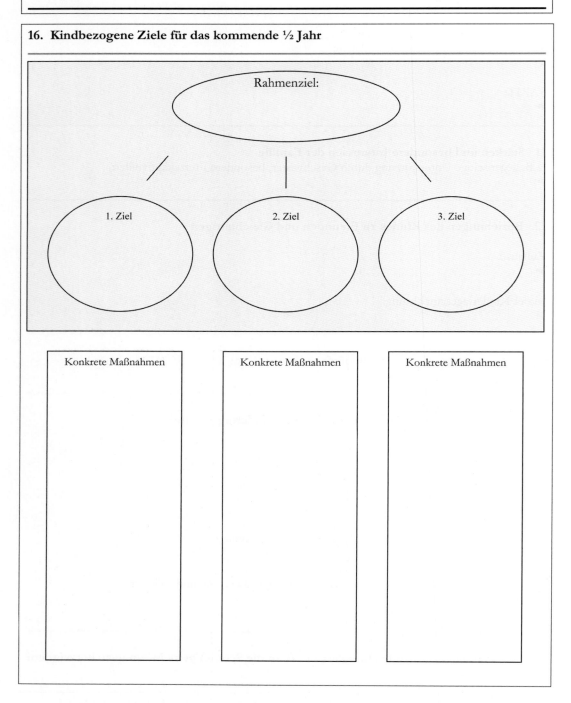

Hilfeplan-Leitfaden

Hilfeplan-Leitfaden

17. Eltern- und familienbezogene Ziele für das kommende ½ Jahr

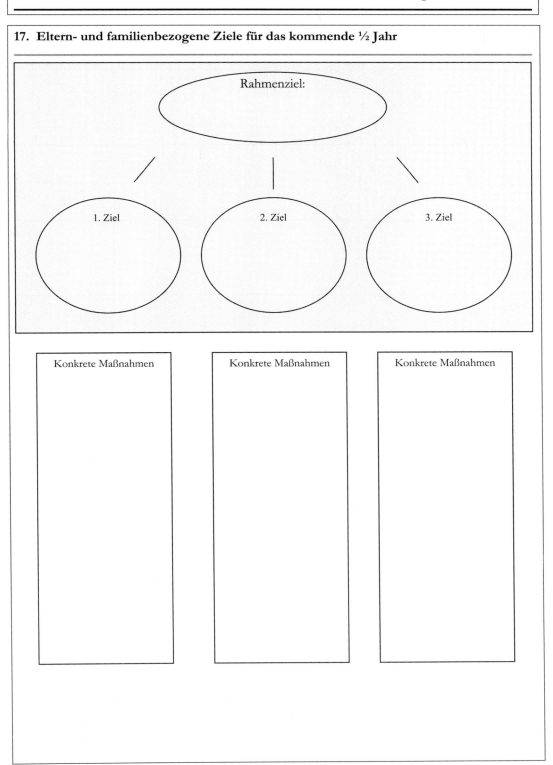

Hilfeplan-Leitfaden

 Hilfeplan-Leitfaden

18. Maßnahmenplan

Nr.	Was?	Wer?	Wann/Wie oft?
1.			
2.			
3.			
4.			
5.			
6.			

▶ Anmerkungen:

Hilfeplan-Leitfaden

 **QUINT**

Hilfeplan-Leitfaden

19. In welcher Form ist es für die Eltern möglich, etwas zur Zielerreichung beizutragen?
▶

20. Welche Leistungen der Frühförderstelle/Heilpädagogischen Fachberatung sind zur Zielerreichung erforderlich? (sofern an der Hilfeplanung beteiligt)
▶

21. Welche weiteren Maßnahmen sind zur Zielerreichung erforderlich und bei welchen Stellen können die Eltern Unterstützung finden?
▶

22. Unterschriften

▶ _____   ▶ _____   ▶ _____
     Team   Eltern

▶ _____   ▶ _____

23. Es wurde vereinbart, dass folgende Stellen eine Kopie des Hilfeplans erhalten sollen:
▶

Ort, 13. Oktober 2006

Verlaufsbogen

QUINT

Verlaufsbogen

1. Code Einrichtung ▸ | | | | |
2. Code Kind ▸ | | |
3. Nummer des Verlaufsbogens ▸ | | |
4. Stichtag ▸ | | | / | | | / | | |
5. Erhebungsdatum ▸ | | | / | | | / | | |

6. Bisherige Dauer der Integrationsmaßnahme (Monate) ▸ | | |

7. Anzahl der Fehltage des Kindes im vergangenen Kindergartenjahr ▸ | | | |

8. Elterngespräche

☐ entfällt, es haben keine Gespräche stattgefunden, weil:
▸

Termine und Dauer der Elterngespräche im vergangenen halben Jahr:
▸

Die Einschätzung wird für jede der folgenden Skalen anhand folgender Skalierung vorgenommen.

1 = trifft gar nicht zu
2 = trifft weniger zu
3 = teils teils
4 = trifft überwiegend zu
5 = trifft völlig zu

8 = entfällt
9 = mangelnde Information

Zutreffendes bitte ankreuzen

10. Zusammenarbeit mit den Eltern

Skala 1	Die Zusammenarbeit ist vertrauensvoll ▸ [1]–[2]–[3]–[4]–[5]	[8] [9]
Skala 2	Die Zusammenarbeit ist konstruktiv ▸ [1]–[2]–[3]–[4]–[5]	[8] [9]
Skala 3	Die Zusammenarbeit wirkt sich positiv auf die Entwicklung des Kindes aus ▸ [1]–[2]–[3]–[4]–[5]	[8] [9]

9. Anzahl der Kooperationsgespräche in den vergangenen sechs Monaten

Fachberatung ▸ | | |
Teamsitzungen zur Integrationsmaßnahme ▸ | | |
Kontakte mit der Frühförderstelle ▸ | | |
Kontakte mit Therapeuten ▸ | | |
Kontakte mit der Schule ▸ | | |
Sonstige: _____ ▸ | | |

▸ _____
_____
_____
_____
_____
_____
_____
_____
_____

QUINT

Verlaufsbogen

Die Einschätzung wird für jede der Skalen anhand folgender Skalierung vorgenommen.

1 = trifft gar nicht zu
2 = trifft weniger zu
3 = teils teils
4 = trifft überwiegend zu
5 = trifft völlig zu

8 = entfällt
9 = mangelnde Information

Zutreffendes bitte ankreuzen

11. Praktische soziale Selbstständigkeit

☐ Items mit ● wurden nicht bearbeitet

Skala	Item		
Skala 1	Macht auf seine Bedürfnisse aufmerksam [1]–[2]–[3]–[4]–[5]	[8]	[9]
Skala 2	Wäscht sich alleine die Hände [1]–[2]–[3]–[4]–[5]	[8]	[9]
Skala 3	Isst alleine [1]–[2]–[3]–[4]–[5]	[8]	[9]
Skala 4	Benutzt selbstständig die Toilette [1]–[2]–[3]–[4]–[5]	[8]	[9]
Skala 5	Zieht sich alleine an [1]–[2]–[3]–[4]–[5]	[8]	[9]
Skala 6	Entscheidet selbstständig, was es spielen will [1]–[2]–[3]–[4]–[5]	[8]	[9]
Skala 7	Beschäftigt sich alleine [1]–[2]–[3]–[4]–[5]	[8]	[9]
Skala 8	Zeigt Vorlieben (z.B. für bestimmte Orte, Spielpartner etc.) [1]–[2]–[3]–[4]–[5]	[8]	[9]
Skala 9	Sucht Unterstützung, wenn es sie benötigt [1]–[2]–[3]–[4]–[5]	[8]	[9]

12. Visuelle Wahrnehmung

☐ Items mit ● wurden nicht bearbeitet

Skala	Item		
Skala 1	Reagiert auf visuelle Eindrücke [1]–[2]–[3]–[4]–[5]	[8]	[9]
Skala 2	Schaut ein Gesicht direkt vor sich an (Blickkontakt) [1]–[2]–[3]–[4]–[5]	[8]	[9]
Skala 3	Erkennt bestimmte Personen wieder [1]–[2]–[3]–[4]–[5]	[8]	[9]
Skala 4	Fixiert Gegenstände [1]–[2]–[3]–[4]–[5]	[8]	[9]
Skala 5	Betrachtet Gegenstände in der Hand [1]–[2]–[3]–[4]–[5]	[8]	[9]
Skala 6	Schaut Personen nach, die das Zimmer verlassen [1]–[2]–[3]–[4]–[5]	[8]	[9]
Skala 7	Findet ein vor seinen Augen verstecktes Spielzeug wieder [1]–[2]–[3]–[4]–[5]	[8]	[9]
Skala 8	Erkennt Gegenstände auf Bildern wieder [1]–[2]–[3]–[4]–[5]	[8]	[9]
Skala 9	Unterscheidet Größen [1]–[2]–[3]–[4]–[5]	[8]	[9]
Skala 10	Unterscheidet Formen [1]–[2]–[3]–[4]–[5]	[8]	[9]
Skala 11	Ordnet Farben zu [1]–[2]–[3]–[4]–[5]	[8]	[9]
Skala 12	Versteht Raum-Lage-Beziehungen (auf, unter, davor, dahinter) [1]–[2]–[3]–[4]–[5]	[8]	[9]
Skala 13	Nimmt gezielt aus einer Reihe von Gegenständen einen benannten Gegenstand heraus [1]–[2]–[3]–[4]–[5]	[8]	[9]
Skala 14	Kontrolliert seine Bewegungen mit den Augen [1]–[2]–[3]–[4]–[5]	[8]	[9]
Skala 15	Setzt die Lage von zwei oder mehr Gegenständen zu einander <u>und</u> zu sich selbst in Beziehung [1]–[2]–[3]–[4]–[5]	[8]	[9]

_____
_____
_____
_____
_____
_____
_____
_____
_____
_____

Verlaufsbogen

Die Einschätzung wird für jede der Skalen anhand folgender Skalierung vorgenommen.

1 = trifft gar nicht zu
2 = trifft weniger zu
3 = teils teils
4 = trifft überwiegend zu
5 = trifft völlig zu

8 = entfällt
9 = mangelnde Information

Zutreffendes bitte ankreuzen

13. Auditive Wahrnehmung

☐ Items mit ● wurden nicht bearbeitet

Skala		
1	Lauscht bei verschiedenen Geräuschen ▸ [1]–[2]–[3]–[4]–[5]	[8] [9]
2	Unterscheidet hohe und tiefe Töne ▸ [1]–[2]–[3]–[4]–[5]	[8] [9]
3	Unterscheidet Stimmen ▸ [1]–[2]–[3]–[4]–[5]	[8] [9]
4	Lokalisiert eine Geräuschquelle ▸ [1]–[2]–[3]–[4]–[5]	[8] [9]
5	Reagiert angemessen auf laute Geräusche ▸ [1]–[2]–[3]–[4]–[5]	[8] [9]
6	Reagiert auf seinen Namen ▸ [1]–[2]–[3]–[4]–[5]	[8] [9]
7	Unterscheidet ähnlich klingende Laute (z.B. Maus, Haus) ▸ [1]–[2]–[3]–[4]–[5]	[8] [9]
8	Merkt sich Lieder und Reime ▸ [1]–[2]–[3]–[4]–[5]	[8] [9]
9	Das Kind ändert bei Aufforderung seine Lautstärke ▸ [1]–[2]–[3]–[4]–[5]	[8] [9]
10	Hört einer Geschichte aufmerksam zu ▸ [1]–[2]–[3]–[4]–[5]	[8] [9]

14. Taktil - kinästhetische Wahrnehmung

Skala		
1	Reagiert auf Berührungsreize ▸ [1]–[2]–[3]–[4]–[5]	[8] [9]
2	Reagiert auf Vibration ▸ [1]–[2]–[3]–[4]–[5]	[8] [9]
3	Unterscheidet zwischen rauen und weichen Materialien ▸ [1]–[2]–[3]–[4]–[5]	[8] [9]
4	*Sucht nach taktilen Reizen* ▸ [1]–[2]–[3]–[4]–[5]	[8] [9]
5	*Hat Vorlieben für bestimmte Berührungsreize* ▸ [1]–[2]–[3]–[4]–[5]	[8] [9]
6	*Vermeidet bestimmte Materialien (z.B. Sand, Fingerfarbe)* ▸ [1]–[2]–[3]–[4]–[5]	[8] [9]
7	*Sucht Reize, die die Tiefensensibilität betreffen (z.B. Druck, Zug)* ▸ [1]–[2]–[3]–[4]–[5]	[8] [9]
8	Reagiert angemessen auf schmerzhafte Reize von außen ▸ [1]–[2]–[3]–[4]–[5]	[8] [9]
9	Lokalisiert eine berührte Körperstelle ▸ [1]–[2]–[3]–[4]–[5]	[8] [9]
10	Erkennt Gegenstände, in dem es sie ertastet ▸ [1]–[2]–[3]–[4]–[5]	[8] [9]
11	Zeigt eine angemessene Kraftdosierung ▸ [1]–[2]–[3]–[4]–[5]	[8] [9]

▸ _____
_____
_____
_____
_____
_____
_____
_____
_____
_____
_____
_____
_____
_____
_____
_____
_____

Verlaufsbogen

QUINT

Verlaufsbogen

Die Einschätzung wird für jede der Skalen anhand folgender Skalierung vorgenommen.

1 = trifft gar nicht zu
2 = trifft weniger zu
3 = teils teils
4 = trifft überwiegend zu
5 = trifft völlig zu

8 = entfällt
9 = mangelnde Information

Zutreffendes bitte ankreuzen

---

15. Vestibuläre Wahrnehmung

Skala 1	*Sucht vestibuläre Reize (Schaukeln, ständiges Herumlaufen)* [1]–[2]–[3]–[4]–[5]	[8] [9]
Skala 2	*Vermeidet vestibuläre Reize (z.B. Schaukeln)* [1]–[2]–[3]–[4]–[5]	[8] [9]
Skala 3	*Versucht durch Geschwindigkeit Gleichgewichtsprobleme zu kompensieren* [1]–[2]–[3]–[4]–[5]	[8] [9]
Skala 4	*Vermeidet Lage- und Stellungswechsel* [1]–[2]–[3]–[4]–[5]	[8] [9]
Skala 5	Geht sicher auf unebenem Untergrund [1]–[2]–[3]–[4]–[5]	[8] [9]
Skala 6	Geht rückwärts [1]–[2]–[3]–[4]–[5]	[8] [9]
Skala 7	Geht Treppe, mit Fußwechsel aufwärts [1]–[2]–[3]–[4]–[5]	[8] [9]
Skala 8	Geht Treppe, mit Fußwechsel abwärts [1]–[2]–[3]–[4]–[5]	[8] [9]
Skala 9	Führt Schlusssprünge aus [1]–[2]–[3]–[4]–[5]	[8] [9]
Skala 10	Steht auf einem Bein [1]–[2]–[3]–[4]–[5]	[8] [9]
Skala 11	Springt auf einem Bein [1]–[2]–[3]–[4]–[5]	[8] [9]

QUINT

Verlaufsbogen

Die Einschätzung wird für jede der Skalen anhand folgender Skalierung vorgenommen.

1 = trifft gar nicht zu
2 = trifft weniger zu
3 = teils teils
4 = trifft überwiegend zu
5 = trifft völlig zu

8 = entfällt
9 = mangelnde Information

Zutreffendes bitte ankreuzen

16. Grobmotorik

☐ Items mit ● wurden nicht bearbeitet

Skala	Item		
1	Dreht sich vom Rücken auf die Seite ▶ [1]–[2]–[3]–[4]–[5]	[8]	[9]
2	Dreht sich von dem Rücken auf den Bauch ▶ [1]–[2]–[3]–[4]–[5]	[8]	[9]
3	Stützt sich auf Hände, wenn es auf dem Bauch liegt ▶ [1]–[2]–[3]–[4]–[5]	[8]	[9]
4	Hebt Kopf, wenn es auf dem Rücken liegt ▶ [1]–[2]–[3]–[4]–[5]	[8]	[9]
5	Robbt ▶ [1]–[2]–[3]–[4]–[5]	[8]	[9]
6	Krabbelt ▶ [1]–[2]–[3]–[4]–[5]	[8]	[9]
7	Kommt selbstständig in die Sitzposition ▶ [1]–[2]–[3]–[4]–[5]	[8]	[9]
8	Geht in den Vierfüßlerstand ▶ [1]–[2]–[3]–[4]–[5]	[8]	[9]
9	Steht frei ohne Ausgleichsbewegungen ▶ [1]–[2]–[3]–[4]–[5]	[8]	[9]
10	Läuft an Möbeln oder Ähnlichem entlang ▶ [1]–[2]–[3]–[4]–[5]	[8]	[9]
11	Geht kurze Strecken frei ▶ [1]–[2]–[3]–[4]–[5]	[8]	[9]
12	Kann frei gehen ▶ [1]–[2]–[3]–[4]–[5]	[8]	[9]
13	Zeigt ein sicheres Gangbild ohne Ausgleichsbewegungen ▶ [1]–[2]–[3]–[4]–[5]	[8]	[9]
14	Zeigt einen flüssigen und koordinierten Bewegungsablauf ▶ [1]–[2]–[3]–[4]–[5]	[8]	[9]
15	Verfügt über differenzierte Bewegungsmuster (gehen, hüpfen, rennen, klettern) ▶ [1]–[2]–[3]–[4]–[5]	[8]	[9]
16	Fährt mit flüssigem Bewegungsablauf ein Fahrzeug ▶ [1]–[2]–[3]–[4]–[5]	[8]	[9]

▶ _____
_____
_____
_____
_____
_____
_____
_____
_____
_____
_____
_____
_____
_____
_____
_____
_____
_____
_____
_____
_____

Verlaufsbogen

QUINT

Verlaufsbogen

Die Einschätzung wird für jede der Skalen anhand folgender Skalierung vorgenommen.

1 = trifft gar nicht zu
2 = trifft weniger zu
3 = teils teils
4 = trifft überwiegend zu
5 = trifft völlig zu

8 = entfällt
9 = mangelnde Information

Zutreffendes bitte ankreuzen

17. Feinmotorik

☐ Items mit ● wurden nicht bearbeitet

Skala 1	Hält Gegenstände fest ▶ [1]–[2]–[3]–[4]–[5]	[8] [9]
Skala 2	Lässt Gegenstände los ▶ [1]–[2]–[3]–[4]–[5]	[8] [9]
Skala 3	Ergreift Gegenstände gezielt (Auge-Hand-Koordination) ▶ [1]–[2]–[3]–[4]–[5]	[8] [9]
Skala 4	Gibt Dinge von einer in die andere Hand ▶ [1]–[2]–[3]–[4]–[5]	[8] [9]
Skala 5	Untersucht Gegenstände mit den Händen ▶ [1]–[2]–[3]–[4]–[5]	[8] [9]
Skala 6	Steckt Dinge in den Mund (Koordination Hand – Mund) ▶ [1]–[2]–[3]–[4]–[5]	[8] [9]
Skala 7	Greift kleine Gegenstände mit Daumen und Zeigefinger ▶ [1]–[2]–[3]–[4]–[5]	[8] [9]
Skala 8	Setzt Klötzchen aufeinander ▶ [1]–[2]–[3]–[4]–[5]	[8] [9]
Skala 9	Bevorzugt eine Hand ▶ [1]–[2]–[3]–[4]–[5]	[8] [9]
Skala 10	Händigkeit ist ausgeprägt ▶ [1]–[2]–[3]–[4]–[5]	[8] [9]
Skala 11	Setzt beide Hände koordiniert ein ▶ [1]–[2]–[3]–[4]–[5]	[8] [9]
Skala 12	Hält Stift im 3-Punkt-Griff ▶ [1]–[2]–[3]–[4]–[5]	[8] [9]
Skala 13	Benutzt Schere mit einer Hand ohne diese zu verdrehen ▶ [1]–[2]–[3]–[4]–[5]	[8] [9]
Skala 14	Schneidet an einer Linie entlang ▶ [1]–[2]–[3]–[4]–[5]	[8] [9]
Skala 15	Malt altersgemäß ▶ [1]–[2]–[3]–[4]–[5]	[8] [9]

QUINT

Verlaufsbogen

Die Einschätzung wird für jede der Skalen anhand folgender Skalierung vorgenommen.

1 = trifft gar nicht zu
2 = trifft weniger zu
3 = teils teils
4 = trifft überwiegend zu
5 = trifft völlig zu

8 = entfällt
9 = mangelnde Information

Zutreffendes bitte ankreuzen

18. Kognition und Lernverhalten

Skala 1	Setzt sich aktiv mit seiner sozialen Umwelt auseinander ▸ [1]–[2]–[3]–[4]–[5]	[8] [9]
Skala 2	Setzt sich aktiv mit seiner materiellen Umwelt auseinander ▸ [1]–[2]–[3]–[4]–[5]	[8] [9]
Skala 3	Räumt Gegenstände aus ▸ [1]–[2]–[3]–[4]–[5]	[8] [9]
Skala 4	Räumt Gegenstände ein ▸ [1]–[2]–[3]–[4]–[5]	[8] [9]
Skala 5	Untersucht Funktionen an einem Spielzeug ▸ [1]–[2]–[3]–[4]–[5]	[8] [9]
Skala 6	Sortiert gleichartige Gegenstände ▸ [1]–[2]–[3]–[4]–[5]	[8] [9]
Skala 7	Das Kind hat ein Mengenverständnis von 1 und viele ▸ [1]–[2]–[3]–[4]–[5]	[8] [9]
Skala 8	Das Kind zählt bis 6 ▸ [1]–[2]–[3]–[4]–[5]	[8] [9]
Skala 9	Das Kind kennt Regeln ▸ [1]–[2]–[3]–[4]–[5]	[8] [9]
Skala 10	Das Kind lernt durch Zusehen und Imitieren ▸ [1]–[2]–[3]–[4]–[5]	[8] [9]
Skala 11	Das Kind lernt durch Wiederholungen ▸ [1]–[2]–[3]–[4]–[5]	[8] [9]
Skala 12	Das Kind lernt durch Erklärungen und Ausprobieren ▸ [1]–[2]–[3]–[4]–[5]	[8] [9]
Skala 13	Kann sich in der Einrichtung orientieren ▸ [1]–[2]–[3]–[4]–[5]	[8] [9]
Skala 14	Beendet seine Aufgabe ▸ [1]–[2]–[3]–[4]–[5]	[8] [9]
Skala 15	Versteht Geschichten, die vorgelesen werden ▸ [1]–[2]–[3]–[4]–[5]	[8] [9]
Skala 16	Zeigt Experimentierverhalten im Spiel ▸ [1]–[2]–[3]–[4]–[5]	[8] [9]
Skala 17	Kann eigenständig einen Plan entwickeln ▸ [1]–[2]–[3]–[4]–[5]	[8] [9]
Skala 18	Kann eigenständig einen Plan in die Tat umsetzen ▸ [1]–[2]–[3]–[4]–[5]	[8] [9]

Verlaufsbogen

 QUINT

Verlaufsbogen

Die Einschätzung wird für jede der Skalen anhand folgender Skalierung vorgenommen.

1 = trifft gar nicht zu
2 = trifft weniger zu
3 = teils teils
4 = trifft überwiegend zu
5 = trifft völlig zu

8 = entfällt
9 = mangelnde Information

Zutreffendes bitte ankreuzen

19. Kommunikation

☐ Items mit ● wurden nicht bearbeitet

Skala	Item		
● 1	Versucht, Geräusche und Stimmen nachzuahmen [1]–[2]–[3]–[4]–[5]	[8]	[9]
● 2	Kann sich mit Mimik und/oder Gestik verständlich ausdrücken [1]–[2]–[3]–[4]–[5]	[8]	[9]
● 3	Versteht Aufforderungen [1]–[2]–[3]–[4]–[5]	[8]	[9]
● 4	Teilt seine Bedürfnisse durch einzelne Worte mit [1]–[2]–[3]–[4]–[5]	[8]	[9]
● 5	Spricht von sich in der 3. Person [1]–[2]–[3]–[4]–[5]	[8]	[9]
6	Spricht von sich in der Ich-Form [1]–[2]–[3]–[4]–[5]	[8]	[9]
7	Spricht klar und deutlich [1]–[2]–[3]–[4]–[5]	[8]	[9]
8	Spricht grammatikalisch richtig [1]–[2]–[3]–[4]–[5]	[8]	[9]
9	Verfügt über ein Vokabular mit dem es sich differenziert ausdrückt [1]–[2]–[3]–[4]–[5]	[8]	[9]
10	Zeigt eine differenzierte Sprachmelodie [1]–[2]–[3]–[4]–[5]	[8]	[9]
11	Kann Erlebnisse so schildern, dass andere sie verstehen [1]–[2]–[3]–[4]–[5]	[8]	[9]
12	Tritt mit anderen Kindern in einen Dialog ein [1]–[2]–[3]–[4]–[5]	[8]	[9]
13	Kann anderen zuhören und lässt sie ausreden [1]–[2]–[3]–[4]–[5]	[8]	[9]

QUINT

Verlaufsbogen

Die Einschätzung wird für jede der Skalen anhand folgender Skalierung vorgenommen.

1 = trifft gar nicht zu
2 = trifft weniger zu
3 = teils teils
4 = trifft überwiegend zu
5 = trifft völlig zu

8 = entfällt
9 = mangelnde Information

Zutreffendes bitte ankreuzen

20. Emotionale Entwicklung

Skala 1	Äußert durch Mimik und/oder Gestik Gefühle wie Freude, Ärger, Traurigkeit ▶ [1]–[2]–[3]–[4]–[5]	[8]	[9]
Skala 2	Drückt seine Gefühle verbal aus ▶ [1]–[2]–[3]–[4]–[5]	[8]	[9]
Skala 3	Hat Kontrolle über besonders intensive Gefühle ▶ [1]–[2]–[3]–[4]–[5]	[8]	[9]
Skala 4	Nimmt Gefühle anderer wahr ▶ [1]–[2]–[3]–[4]–[5]	[8]	[9]
Skala 5	Erkennt sich im Spiegel ▶ [1]–[2]–[3]–[4]–[5]	[8]	[9]
Skala 6	Weiß, was es gut kann ▶ [1]–[2]–[3]–[4]–[5]	[8]	[9]
Skala 7	Setzt seine Fähigkeiten angemessen ein ▶ [1]–[2]–[3]–[4]–[5]	[8]	[9]
Skala 8	Kennt die eigenen Grenzen ▶ [1]–[2]–[3]–[4]–[5]	[8]	[9]
Skala 9	Kann mit Kritik angemessen umgehen ▶ [1]–[2]–[3]–[4]–[5]	[8]	[9]
Skala 10	Erkundet seine Umwelt ▶ [1]–[2]–[3]–[4]–[5]	[8]	[9]
Skala 11	Begegnet neuen und/oder ungewohnten Situationen mit Offenheit und Interesse ▶ [1]–[2]–[3]–[4]–[5]	[8]	[9]
Skala 12	Es begegnet Anforderungen, in dem es sich aktiv mit ihnen auseinandersetzt ▶ [1]–[2]–[3]–[4]–[5]	[8]	[9]
Skala 13	Lässt sich durch Rückschläge nicht entmutigen ▶ [1]–[2]–[3]–[4]–[5]	[8]	[9]

21. Spielverhalten

Skala 1	Spielt ausdauernd und intensiv ▶ [1]–[2]–[3]–[4]–[5]	[8]	[9]
Skala 2	Beachtet Spielregeln ▶ [1]–[2]–[3]–[4]–[5]	[8]	[9]
Skala 3	Nutzt eine Vielfalt von Spielmöglichkeiten ▶ [1]–[2]–[3]–[4]–[5]	[8]	[9]
Skala 4	Entwickelt beim Spielen Phantasie und Kreativität ▶ [1]–[2]–[3]–[4]–[5]	[8]	[9]
Skala 5	Verhält sich im Spiel kameradschaftlich ▶ [1]–[2]–[3]–[4]–[5]	[8]	[9]
Skala 6	Interagiert im Spiel mit seinen SpielpartnerInnen ▶ [1]–[2]–[3]–[4]–[5]	[8]	[9]

▶

Verlaufsbogen

QUINT

Verlaufsbogen

Achtung! Die Skalierung ist in diesem Bereich umgekehrt:

1 = trifft völlig zu
2 = trifft überwiegend zu
3 = teils teils
4 = trifft weniger zu
5 = trifft gar nicht zu

8 = entfällt
9 = mangelnde Information

Zutreffendes bitte ankreuzen

22. Auffälligkeiten im Verhalten

Skala		
1	Steckt vieles in den Mund [1]–[2]–[3]–[4]–[5]	[8] [9]
2	Ist leicht erregbar [1]–[2]–[3]–[4]–[5]	[8] [9]
3	Zeigt starke Schwankungen in seiner Stimmung [1]–[2]–[3]–[4]–[5]	[8] [9]
4	Beschäftigt sich überwiegend mit sich selbst [1]–[2]–[3]–[4]–[5]	[8] [9]
5	Zeigt starken Bewegungsdrang / Unruhe [1]–[2]–[3]–[4]–[5]	[8] [9]
6	Zeigt aggressives Verhalten gegen die eigene Person [1]–[2]–[3]–[4]–[5]	[8] [9]
7	Zeigt Aggressionen gegen Sachen [1]–[2]–[3]–[4]–[5]	[8] [9]
8	Zeigt Aggressionen gegen andere Personen [1]–[2]–[3]–[4]–[5]	[8] [9]
9	Zeigt stereotypes Verhalten [1]–[2]–[3]–[4]–[5]	[8] [9]
10	Hat Ängste vor bestimmten Dingen oder Situationen [1]–[2]–[3]–[4]–[5]	[8] [9]
11	Zeigt distanzloses Verhalten [1]–[2]–[3]–[4]–[5]	[8] [9]
12	Sucht häufig Schutz bei der Erzieherin [1]–[2]–[3]–[4]–[5]	[8] [9]
13	Sonstiges _____ [1]–[2]–[3]–[4]–[5]	[8] [9]

23. Zusammenleben in der Kindergruppe

a) Ressourcen des Kindes

Skala		
1	Reagiert positiv auf Körperkontakt [1]–[2]–[3]–[4]–[5]	[8] [9]
2	Reagiert positiv auf Stimme/Sprache [1]–[2]–[3]–[4]–[5]	[8] [9]
3	Lässt sich durch Zuwendung beruhigen [1]–[2]–[3]–[4]–[5]	[8] [9]
4	Ist in der Lage, eigene Bedürfnisse zeitweise zurückzustellen [1]–[2]–[3]–[4]–[5]	[8] [9]
5	Akzeptiert „Nein" [1]–[2]–[3]–[4]–[5]	[8] [9]
6	Baut Kontakt zu anderen Kindern auf [1]–[2]–[3]–[4]–[5]	[8] [9]
7	Fühlt sich als Teil der Gruppe angesprochen [1]–[2]–[3]–[4]–[5]	[8] [9]
8	Hilft sich bei Auseinandersetzungen mit anderen selbst [1]–[2]–[3]–[4]–[5]	[8] [9]
9	Verfügt über konstruktive Konfliktlösestrategien [1]–[2]–[3]–[4]–[5]	[8] [9]

QUINT

Verlaufsbogen

Die Einschätzung wird für jede der Skalen anhand folgender Skalierung vorgenommen.

- 1 = trifft gar nicht zu
- 2 = trifft weniger zu
- 3 = teils teils
- 4 = trifft überwiegend zu
- 5 = trifft völlig zu

- 8 = entfällt
- 9 = mangelnde Information

Zutreffendes bitte ankreuzen

24. Globaleinschätzung der Ressourcen

Bitte schätzen Sie die Ressourcen des Kindes auf folgenden Skalen ein und orientieren Sie sich an Ihrer Einschätzung der Norm der Gleichaltrigen. Die Einschätzung soll möglichst spontan erfolgen.

- 1 = weit unterdurchschnittlich
- 2 = unterdurchschnittlich
- 3 = durchschnittlich
- 4 = überdurchschnittlich
- 5 = weit überdurchschnittlich

- 9 = mangelnde Information

Zutreffendes bitte ankreuzen

b) Ressourcen der Gruppe

Skala	Item		
Skala 10	Kinder nehmen das Kind in seiner Unterschiedlichkeit an [1]-[2]-[3]-[4]-[5]	[8]	[9]
Skala 11	Kinder interessieren sich für die Befindlichkeit des Kindes [1]-[2]-[3]-[4]-[5]	[8]	[9]
Skala 12	Kinder entwickeln Ideen für das Gruppenleben und berücksichtigen dabei die besondere Situation des Kindes [1]-[2]-[3]-[4]-[5]	[8]	[9]
Skala 13	Kinder erkennen die Bedürfnisse des Kindes und gehen darauf ein [1]-[2]-[3]-[4]-[5]	[8]	[9]
Skala 14	Kinder beziehen das Kind ins Spiel ein [1]-[2]-[3]-[4]-[5]	[8]	[9]
Skala 15	Kinder entwickeln Freundschaften zu dem Kind [1]-[2]-[3]-[4]-[5]	[8]	[9]
Skala 16	Kinder treffen sich außerhalb der Kindertagesstätte mit dem Kind [1]-[2]-[3]-[4]-[5]	[8]	[9]
Skala 17	Kinder erkennen Fortschritte des Kindes [1]-[2]-[3]-[4]-[5]	[8]	[9]
Skala 18	Kinder schätzen das Kind als Spielpartner [1]-[2]-[3]-[4]-[5]	[8]	[9]

Skala	Item	
Skala 1	Integration in der Familie [1]-[2]-[3]-[4]-[5]	[9]
Skala 2	Beziehungen zu Gleichaltrigen [1]-[2]-[3]-[4]-[5]	[9]
Skala 3	Wohlbefinden in der Kindertagesstätte [1]-[2]-[3]-[4]-[5]	[9]
Skala 4	Integration im gesamten sozialen Umfeld [1]-[2]-[3]-[4]-[5]	[9]
Skala 5	Sozial-kommunikative Kompetenzen [1]-[2]-[3]-[4]-[5]	[9]
Skala 6	Interessen und Aktivitäten [1]-[2]-[3]-[4]-[5]	[9]
Skala 7	Bewältigungsstrategien [1]-[2]-[3]-[4]-[5]	[9]
Skala 8	Selbstsicherheit [1]-[2]-[3]-[4]-[5]	[9]
Skala 9	Autonomie (Selbstständigkeit, Unabhängigkeit) [1]-[2]-[3]-[4]-[5]	[9]

Verlaufsbogen

QUINT

Verlaufsbogen

25. Hilfebedarf

a) im Bereich <u>Praktischer sozialer Selbstständigkeit</u>
0= *keinen besonderen Hilfebedarf*
1= *leicht*: das Kind benötigt in einzelnen Aspekten besondere Unterstützung
2= *mittel*: das Kind benötigt deutliche Unterstützung in mehreren Bereichen
3= *schwer*: das Kind benötigt starke Unterstützung in mehreren Wahrnehmungsbereichen
9= *unbekannt*

▷ | |

b) im Bereich <u>Wahrnehmung</u>
0= *keinen besonderen Hilfebedarf*
1= *leicht*: das Kind benötigt in einzelnen Aspekten besondere Unterstützung
2= *mittel*: das Kind benötigt deutliche Unterstützung in mehreren Bereichen
3= *schwer*: das Kind benötigt starke Unterstützung in mehreren Wahrnehmungsbereichen
9= *unbekannt*

▷ | |

c) im Bereich <u>Motorik</u>
0= *keinen besonderen Hilfebedarf*
1= *leicht*: das Kind benötigt in einzelnen Aspekten von Grob- oder Feinmotorik besondere Unterstützung
2= *mittel*: das Kind benötigt deutliche Unterstützung in mehreren Bereichen
3= *schwer*: das Kind benötigt starke Unterstützung in vielen motorischen Bereichen (z.B.: braucht beträchtliche Unterstützung bei der Fortbewegung bzw. ist nicht in der Lage sich ohne Hilfe fortzubewegen)
9= *unbekannt*

▷ | |

d) im Bereich <u>Kommunikation</u>
0= *keinen besonderen Hilfebedarf*
1= *leicht*: das Kind benötigt in einzelnen Aspekten (Sprachverständnis, aktiver Wortschatz etc.) besondere Unterstützung
2= *mittel*: das Kind benötigt deutliche Unterstützung in mehreren Bereichen
3= *schwer*: das Kind benötigt starke Unterstützung in vielen Bereichen der Sprache (z.B.: Kind ist kaum bis gar nicht in der Lage, sich sprachlich zu äußern)
9= *unbekannt*

▷ | |

e) im Bereich <u>Sozialverhalten</u>
0= *keinen besonderen Hilfebedarf*
1= *leicht*: das Kind benötigt in einzelnen Aspekten des Sozialverhaltens besondere Unterstützung
2= *mittel*: das Kind benötigt deutliche Unterstützung in mehreren Bereichen
3= *schwer*: das Kind benötigt starke Unterstützung in mehreren Bereichen des Sozialverhaltens
9= *unbekannt*

▷ | |

f) Gesamteinschätzung des Hilfebedarfs
0= *keinen besonderen Hilfebedarf*
1= *leicht*: das Kind benötigt in einzelnen Bereichen besondere Unterstützung
2= *mittel*: das Kind benötigt deutliche Unterstützung in mehreren Bereichen
3= *schwer*: das Kind benötigt starke Unterstützung in vielen Lebensbereichen, es braucht beträchtliche Betreuung (z.B. bei der körperlichen Hygiene, aufgrund Selbst-/Fremdgefährdung oder Kommunikationsschwierigkeiten)
9= *unbekannt*

▷ | |

26. Versorgung mit Hilfsmitteln

☐ <u>entfällt</u>, es werden keine in der Kindertageseinrichtung benötigt

☐ folgende Hilfsmittel stehen in der Kindertageseinrichtung zur Verfügung:

▷

QUINT

Verlaufsbogen

Rückblick

27. Kindbezogene Ziele des letzten ½ Jahres (siehe Hilfeplan des letzten ½ Jahres)

▹ 1. Ziel:

▹ 2. Ziel:

▹ 3. Ziel:

28. Beschreibung der durchgeführten Maßnahmen zur Erreichung der kindbezogenen Ziele in den Formatvorlagen am Ende des Verlaufsbogens

29. Angabe der aktuellen kindbezogenen Zielerreichung

Grad der Zielerreichung	▹ 1. Ziel	▹ 2. Ziel	▹ 3. Ziel
Verschlechterung	☐	☐	☐
keine Änderung	☐	☐	☐
etwas erreicht	☐	☐	☐
mäßig/mittel erreicht	☐	☐	☐
weitgehend erreicht	☐	☐	☐
völlig erreicht	☐	☐	☐
Ziel übertroffen	☐	☐	☐

30. Begünstigende (bei Erreichung bzw. Übertreffen der Ziele) **bzw. hemmende Faktoren** (bei Verschlechterung bzw. keine Änderungen) **bei der Erreichung der Ziele**

▹ 1. Ziel:

▹ 2. Ziel:

▹ 3. Ziel:

Verlaufsbogen

QUINT
Verlaufsbogen

31. Eltern- bzw. familienbezogene Ziele des letzten ½ Jahres (siehe Hilfeplan des letzten ½ Jahres)

☐ entfällt, keine eltern- bzw. familienbezogenen Ziele

▸ 1. Ziel:

▸ 2. Ziel:

▸ 3. Ziel:

32. Beschreibung der durchgeführten Maßnahmen zur Erreichung der elternbezogenen Ziele in der Formatvorlage am Ende des Verlaufsbogens

33. Angabe der aktuellen eltern- bzw. familienbezogenen Zielerreichung (siehe Hilfeplan)

☐ entfällt, keine eltern- bzw. familienbezogenen Ziele

Grad der Zielerreichung	▸ 1. Ziel	▸ 2. Ziel	▸ 3. Ziel
Verschlechterung	☐	☐	☐
keine Änderung	☐	☐	☐
etwas erreicht	☐	☐	☐
mäßig/mittel erreicht	☐	☐	☐
weitgehend erreicht	☐	☐	☐
völlig erreicht	☐	☐	☐
Ziel übertroffen	☐	☐	☐

34. Begünstigende (bei Erreichung bzw. Übertreffen der Ziele) **bzw. hemmende Faktoren** (bei Verschlechterung bzw. keine Änderungen) **bei der Erreichung der eltern- bzw. familienbezogenen Zielerreichung**

▸ 1. Ziel:

▸ 2. Ziel:

▸ 3. Ziel:

QUINT	
	Verlaufsbogen

Ausblick

35. Kindbezogene Ziele für das nächste ½ Jahr (siehe neuen Hilfeplan)

▸ 1. Ziel:

▸ 2. Ziel:

▸ 3. Ziel:

36. Prognose zum Zielerreichungsgrad in einem ½ Jahr (voraussichtliche Zielerreichung für jedes kindbezogene Ziel (s.o.) ankreuzen)

Grad der Zielerreichung	▸ Erreichung des 1. Ziels	▸ Erreichung des 2. Ziels	▸ Erreichung des 3. Ziels
keine Änderung	☐	☐	☐
etwas erreicht	☐	☐	☐
mittel erreicht	☐	☐	☐
weitgehend erreicht	☐	☐	☐
völlig erreicht	☐	☐	☐
Ziel übertroffen	☐	☐	☐
unbekannt	☐	☐	☐

37. Eltern- bzw. familienbezogene Ziele für das nächste ½ Jahr (siehe neuen Hilfeplan)

☐ entfällt, keine eltern- bzw. familienbezogenen Ziele

▸ 1. Ziel:

▸ 2. Ziel:

▸ 3. Ziel:

Verlaufsbogen

QUINT

Verlaufsbogen

38. Prognose zum Zielerreichungsgrad in einem ½ Jahr (voraussichtliche Zielerreichung für eltern- bzw. familienbezogene Ziele (s.o.) ankreuzen)

Grad der Zielerreichung	Erreichung des 1. Ziels	Erreichung des 2. Ziels	Erreichung des 3. Ziels
keine Änderung	☐	☐	☐
etwas erreicht	☐	☐	☐
mittel erreicht	☐	☐	☐
weitgehend erreicht	☐	☐	☐
völlig erreicht	☐	☐	☐
Ziel übertroffen	☐	☐	☐
unbekannt	☐	☐	☐

39. Grundlage der kindbezogenen Einschätzungen (Mehrfachnennungen möglich)

Informationen vom Kind selbst	☐
Informationen von den Eltern	☐
Beobachtungen der MitarbeiterInnen der Einrichtung	☐
Informationen aus Akten	☐
Andere Informationen: _____	☐

Stand: 30.08.2006

QUINT

Verlaufsbogen

Maßnahmen zur Erreichung der kindbezogenen Ziele	Beschreibung der Durchführung	Reaktionen des Kindes
Bezeichnung der Maßnahme: ☐ Einzelsetting ☐ Kleingruppe ☐ Großgruppe Regelmäßigkeit:		
Bezeichnung der Maßnahme: ☐ Einzelsetting ☐ Kleingruppe ☐ Großgruppe Regelmäßigkeit:		
Bezeichnung der Maßnahme: ☐ Einzelsetting ☐ Kleingruppe ☐ Großgruppe Regelmäßigkeit:		
Bezeichnung der Maßnahme: ☐ Einzelsetting ☐ Kleingruppe ☐ Großgruppe Regelmäßigkeit:		

17

Verlaufsbogen

QUINT

Verlaufsbogen

Maßnahmen zur Erreichung der kindbezogenen Ziele	Beschreibung der Durchführung	Reaktionen des Kindes			
Bezeichnung der Maßnahme: ☐ Einzelsetting ☐ Kleingruppe ☐ Großgruppe Regelmäßigkeit:					
Bezeichnung der Maßnahme: ☐ Einzelsetting ☐ Kleingruppe ☐ Großgruppe Regelmäßigkeit:					
Bezeichnung der Maßnahme: ☐ Einzelsetting ☐ Kleingruppe ☐ Großgruppe Regelmäßigkeit:					
Bezeichnung der Maßnahme: ☐ Einzelsetting ☐ Kleingruppe ☐ Großgruppe Regelmäßigkeit:					

18

QUINT

Verlaufsbogen

Maßnahmen zur Erreichung der elternbezogenen Ziele	Beschreibung der Durchführung	Reaktionen des Kindes
Bezeichnung der Maßnahme:	▼	▼
Bezeichnung der Maßnahme:	▼	▼
Bezeichnung der Maßnahme:	▼	▼
Bezeichnung der Maßnahme:	▼	▼

Eigene Notizen

Eigene Notizen

Eigene Notizen

Eigene Notizen